Hubertus von Schoenebeck, geboren 1947, lebt mit seiner Frau und seinen beiden Kindern in Münster. Nach einjähriger Lehrertätigkeit erforschte er von 1976 bis 1978 die theoretische Antipädagogik in einem Praxisprojekt mit Kindern, anschließend Promotion im Jahr 1980. Seit 1978 ist er publizistisch und therapeutisch tätig im »Freundschaft mit Kindern – Förderkreis e.V.«, um die erziehungsfreie Lebensführung bekannt zu machen. 1985 begründete er das »Selbst-Verantwortungs-Training (SVT)« zur Entfaltung der Selbstverantwortlichkeit. Er referiert in Universitäten, Volkshochschulen, Schulen und Elternkreisen im In- und Ausland und führt eigene Seminare zum Erlernen postpädagogischer Beziehungen durch.

W0105072

Von Hubertus von Schoenebeck ist außerdem erschienen

Ich liebe mich, so wie ich bin (Band 3954)

Dieses Buch wurde auf chlor- und säurefreiem Papier gedruckt.

Mit einem aktuellen Nachwort versehene Taschenbuchausgabe Juli 1993
Droemersche Verlagsanstalt Th. Knaur Nachf., München
© 1984 und 1988 Kösel-Verlag GmbH & Co., München
Umschlaggestaltung Graupner & Partner, München
Umschlagfoto Krystyna Schulte, Münster
Druck und Bindung Elsnerdruck, Berlin
Printed in Germany 5 4 3 2 1
ISBN 3-426-84019-7

Hubertus von Schoenebeck

Unterstützen statt erziehen

Die neue Eltern-Kind-Beziehung

Inhalt

Für Felix

I Einführung

Aufbruch

Wir erleben den Aufbruch einer neuen Elterngeneration.
Diese Mütter und Väter haben eins gemeinsam: Sie bemühen
sich, kinderfreundliche und kinderloyale Geschwister ihrer
Kinder zu sein. Sie unterscheidet von der traditionellen
Elternrolle, daß sie sich frei gemacht haben von der »Erziehungsverantwortung«: Die neuen Eltern gründen ihre Lebensphilosophie darauf, daß jeder Mensch für sich selbst die
Verantwortung trägt – auch Kinder für sich. Sie setzen auf die
Selbstbestimmungsfähigkeit des Menschen von Geburt an. Die
Belastung der alten Erziehung, für die Kinder zu wissen, was
für sie gut sei und dies auch »zu ihrem Besten« durchzusetzen,
ist den neuen Eltern fremd, und sie haben sie entweder verlernt
oder kennen sie überhaupt nicht.

Die neue Elterngeneration hat ein neues Selbstverständnis. Sie
versuchen, ihre Kinder so zu unterstützen, wie die Kinder es
von ihnen wünschen und in ihrer eigenen Sprache mitteilen.
Diese Eltern sind zutiefst davon überzeugt, daß sie ihren
Kindern nur in dieser Weise – beistehen und unterstützen, wie
das Kind es aus sich heraus bekundet – wirkliche Eltern sein
können. Die kinderfreundlichen Eltern sind erfüllt von der
Achtung vor dem ihnen anvertrauten souveränen und selbstbestimmten jungen Menschen – dem Neugeborenen, dem Baby,
dem Kleinkind, dem Kind, dem Jugendlichen. Und der
Gedanke, anstelle ihrer Kinder die Verantwortung für sie zu
tragen und sie zu erziehen oder zu Erwachsenenzielen zu
führen, ist ihnen absurd.

Die neue Elterngeneration enthält therapeutische Züge. Es
wird das jeweilige Sosein der Kinder – die Identität, wie sie vom

Kind selbst verstanden wird – ohne Einschränkung angenommen. Diese Mütter und Väter lassen sich auf das Ich ihrer Kinder ein und müssen es nicht, wie in der alten Beziehung, erziehen oder verbessern. Die neue Beziehung dieser Eltern und Kinder ist entscheidend realistischer als die alte Erziehungsbeziehung: Sie gründet sich auf die tatsächliche Realität und das tatsächliche Selbstverständnis des anderen. Die Eltern praktizieren ihre therapeutische Haltung nicht als neue Methode, sondern sie leben sie spontan, aus sich heraus, denn sie entspringt ihrer Grundstimmung. Und sie haben den Blick frei auf das große und noch so gut wie unbekannte therapeutische Potential der Kinder: Auf ihrem neuen Weg zur befreiten Elternschaft können sie die Kinder als hilfreiche Ressource für sich selbst und ihr Miteinander erleben.

Die neuen Mütter und Väter wissen auch um ihre eigene Realität, und sie haben gelernt, sich selbst nicht zu vernachlässigen. Ihre eigenen Wünsche, Bedürfnisse und Gefühle bringen sie in die Beziehung von Anfang an ein, und gelegentlich setzen sie sich – ohne schlechtes Gewissen – über die Wünsche ihrer Kinder hinweg: Zu ihrem, der Eltern, eigenen Besten. Die Zweifel und Schuldvorwürfe der alten Erziehungsbeziehung, Kindern gegenüber nicht »egoistisch« sein zu dürfen, halten sie für wirklichkeitsfremd und krankmachend. Da sie um ihre von Bedingungen und Erziehung freie Hilfe wissen, stört es sie nicht, wenn sie in dringenden Fällen ihre Kinder overpowern. Und es stört sie auch nicht, wenn ihre Kinder dies gelegentlich mit ihnen tun.

Ich rechne mich zur Generation dieser neuen Eltern. Ich habe die neue Beziehung erforscht und praktiziere sie in meiner Familie. Ich möchte Ihnen sagen, daß ich aus eigener Erfahrung weiß, worüber ich schreibe und daß die neue Beziehung eine Mitteilung der Praxis ist, keine theoretische Konzeption. Sie ist viel mehr in meinem Herzen verwurzelt als in meinem intellektuellen Wissen – und sie verwirklicht sich in mir stets weiter, als ich das nach draußen mitteilen kann. Dieses Buch ist eine Fotografie meines augenblicklichen Wissens – und ich wünsche mir, daß es hilft, wiederzufinden, was die pädagogische Kultur bei uns groß gewordenen Kindern mehr und mehr zugeschüttet hat: Uns selbst zu lieben, wie wir sind und unsere fantastische Fähigkeit, die anderen so zu lieben wie uns selbst. Die neue Beziehung zeigt uns einen Weg, wie wir den Frieden, den uns die Geburt eines Kindes schenkt, ein Leben lang bewahren können.

Freundschaft mit Kindern

Freundschaft mit Kindern – so habe ich die neue Beziehung genannt. Zu diesem Namen kam ich, als ich 1975 die »Antipädagogik« von Ekkehard v. Braunmühl (Weinheim 1975) las und ich überlegte, wie sich statt des negativen Anti-Begriffs (»Antipädagogik«) ein konstruktiver finden ließe. v. Braunmühl selbst hatte einen kleinen Abschnitt seines Buches mit »Freundschaft mit Kindern« überschrieben und darin konstruktive Perspektiven aufgezeigt. Für mich drückte diese Kurzformel all das aus, was in der neuen Beziehung verwirklicht werden kann. Für meine wissenschaftliche Arbeit führte ich »Amication« (von engl. amicable, d. h. freundlich) als Fachausdruck für *Freundschaft mit Kindern* ein, und seit 1978, dem Beginn der Öffentlichkeitsarbeit für die neue Beziehung, machte ich *Freundschaft mit Kindern* zum Markenzeichen für das neue Miteinander der Generationen.

Freundschaft mit Kindern – die neue Beziehung des Miteinanders von Erwachsenen und Kindern – fußt in drei Positionen: In den Aussagen der Antipädagogik, der Kinderrechtsbewegung und in psychodynamischen Erkenntnissen. Die Antipädagogik ist ein spezieller deutscher Beitrag zur Kinderrechtsbewegung, aber doch so eigenständig und in bezug auf Erziehung und Pädagogik so umwälzend, daß ich in ihr eine eigene Grundlage der neuen Beziehung erkenne.

Die wesentliche Aussage der Antipädagogik ist es, den »Erziehungsanspruch« (die »pädagogische Ambition«) als Grundlage erzieherischen Handelns ausgemacht zu haben und diesen abzulehnen. Erziehungsanspruch – dies ist die Grundhaltung eines Menschen, der von sich sagt, er wisse besser als der andere (den er erziehen will), was für diesen gut sei und er werde es durchzusetzen versuchen. Wobei das »und er werde es durchzusetzen versuchen« wichtig ist, denn dies drückt den Anspruch aus, selbst wertvoller zu sein als der andere, der erst noch zu einem vollwertigen Menschen – per Erziehung – gemacht werden müsse. Die neue Beziehung hat die Absage an den Erziehungsanspruch von der Antipädagogik übernommen. In der neuen Beziehung bin ich frei von dem Anspruch, für die Kinder besser zu wissen als sie selbst, was für sie gut ist und dies durchsetzen zu wollen. Es kommt schon vor, daß ich meine, besser zu wissen, was gut ist. Aber in der neuen Beziehung fehlt der Anspruch, daraus dann auch Taten folgen zu lassen und dabei auch noch ein Gefühl zu haben, im Recht zu sein. (Unter »Erziehung« verstehe ich nur die vom Erziehungsanspruch getragenen Verhaltensweisen und unterscheide deutlich die »Beeinflussung« von der Erziehung. Beeinflussung geschieht stets und ist im Unterschied zur Erziehung frei vom Erziehungsanspruch. Um Mißverständnisse zu vermeiden, schlage ich vor, in »Erziehung und Herrschaft« Seite 55 ff. über meine Verwendung des Begriffes »Erziehung« weiter nachzulesen, auch S. 187 ff.)

Kinderrechtsbewegung: Gleichberechtigung des Kindes

Die Kinderrechtsbewegung fordert die Gleichberechtigung des Kindes: Jeder Mensch ist von Geburt an selbstbestimmt. Daraus ergibt sich die grundlegende Forderung, jungen Menschen Zugang zu allen Rechten und Privilegien zu verschaffen, die Erwachsenen zugänglich sind. Es soll eine staatliche

Garantie geschaffen werden, die dafür sorgt, daß junge Menschen an der Ausübung von Rechten, die auch Erwachsene ausüben können, von niemandem mehr behindert werden. Dabei ist klar, daß diese Rechte den Kindern nicht verliehen werden – sie haben sie von Geburt an. Es wird in einem Abwehrverfahren lediglich dafür gesorgt, daß sie an der Ausübung ihrer Rechte nicht gehindert werden. Denn grundlegende Rechte lassen sich nicht verfügen, sie sind vorhanden. Wie zum Beispiel das Recht, sein Lernen selbst zu bestimmen, an Wahlen teilzunehmen oder das Recht auf Freizügigkeit. Die neue Beziehung basiert auf derselben Grundlage wie die Kinderrechtsbewegung und andere Befreiungsbewegungen der Menschheit: Der Selbstbestimmung.

Psychodynamik: Das neue Gefühl

Die Psychodynamik gibt der neuen Beziehung ihre emotionale Komponente und damit auch ihre Sprengkraft. Während die Antipädagogik eine theoretische, Kinderrechtsbewegung eine politische Angelegenheit ist, ergänzt die Psychodynamik vom Gefühl her. »Ich mag nicht mehr ein Herrscher über Kinder sein« – es entsteht ein gefühlsmäßiger Kontakt zu einer neuen Lebensauffassung. In der Wiederbegegnung mit eigenen Kindheitsdimensionen und Kindheitswahrheiten befreien sich die Erwachsenen von den erlernten Umgangsformen, die sie als einzig gültig für den Umgang mit Kindern kennen. »Ich selbst wußte damals, was für mich gut war. Aber die Erwachsenen bestimmten dauernd über mich. Das war gemein und schlimm. Und ich mußte mich beugen und in geheime Winkel meines Ichs zurückziehen. Heute, mit Hilfe von Selbstreflexion und Gruppen anderer Erwachsener erkenne ich, daß wir Kinder damals wirklich im Recht waren und daß es ein guter Weg für mich ist, auf dieser Basis mit den eigenen Kindern zusammenzuleben.«

Die Psychodynamik verleiht der neuen Beziehung einen besonderen drive. *Freundschaft mit Kindern* ist kein theoretisch-abstraktes Beziehungsmodell, sondern eine Konzeption, die sich nur mit den Herzen der Erwachsenen durchführen läßt. Man muß ein »neuer Erwachsener« werden, man muß ein neues Selbstverständnis annehmen. Nicht nur theoretisch verstehen, worum es geht, sondern auch gefühlsmäßig so und nicht mehr anders sein wollen und sein können. Wir kennen solche gefühlsmäßigen Grundpositionen in unserem Leben, z. B. politische Überzeugungen, religiöse Bindungen, unsere Grundeinstellung zu Mann und Frau, zu verschiedener Hautfarbe der Menschen, zu fremden Völkern, zur Toleranz. Die neue Beziehung fußt in ihrem gefühlsmäßigen Wert auf einer inneren Grundüberzeugung. Dies kann man von außen kaum beobachten: Jedermann kann sagen, er stehe auf dem Boden der neuen Beziehung. Erst in seinem konkreten Umgang mit Kindern zeigt sich, wo er wirklich steht.

Emotionales Umlernen

Um ein neuer Erwachsener zu werden, ist es notwendig, die Normen und Selbstverständlichkeiten der bisherigen Erwachsenenwelt mit dem neuen Gefühl zu überprüfen. Diese Werte hatten bislang ihren Sinn, denn an ihnen konnte der tägliche Umgang mit Kindern ausgerichtet werden. Erstmals erfuhren wir von den alten Erwachsenenregeln für den Umgang mit Kindern, als wir selbst Kinder waren. Wir bekamen mit, wie die Erwachsenen mit uns umgingen, wie sie anscheinend mit uns umzugehen hatten. Wenn uns nicht gefiel, was die Erwachsenen mit uns anstellten, erlebten wir doch, daß ein Erwachsener *so und nicht anders* mit Kindern umzugehen richtig fand. Dann, selbst erwachsen geworden, blieb uns nichts anderes übrig als auf diese abgeguckten Muster zurückzugreifen: Denn diese Art des Erwachsenen-Kind-Umgangs hatte sich uns tief und alternativlos eingeprägt. Und mit der Zeit entwickelten wir ein positives Gefühl zu unserem eigenen Erwachsenenverhalten. Unsere Beziehung zu den Kindern mit ihren Regeln, Normen

14

und Werten, die mit denen der anderen Erwachsenen übereinstimmten, fanden wir normal.

Heute wird diese Normalität in Frage gestellt. Es wird wiederum angeknüpft an die Kindheitserfahrungen – aber diesmal an die *Gefühle* von damals und nicht an das, was wir uns von den Erwachsenen absahen. Als Kinder fühlten wir die Wahrheit – das, was tatsächlich gut oder schlecht für uns war –, wenn Erwachsene mit uns zu tun hatten. Diese Wahrheit – das Gefühl, das aus dieser Wahrheit kommt – wird nun übertragen auf den neuen Umgang mit Kindern. Als alte Erwachsene verleugneten wir diese Gefühle (»Ach, die Kinder können doch noch nicht wissen, was für sie gut ist«) und stützten uns auf das, was üblich und anerkannt ist für eine Mutter und einen Vater. Die Gefühle wurden verdrängt, und statt dessen wurde ein spezielles – das pädagogische – Erwachsenengefühl entwikkelt. Heute nun erschüttern die neuen Erwachsenen ihre Gefühlswelt und finden durch dieses Erdbeben in sich selbst zurück zur Realität: Zurück zu dem, was tatsächlich in ihnen und in den Kindern geschieht, wenn sie miteinander zu tun haben. Die neuen Erwachsenen nehmen die Wahrheit ihrer Kindheit wieder an und öffnen sich tief für die Gefühle, die in einem jedem unter dem Schutt der pädagogisch verzerrten Sicht leben.

Das emotionale Umlernen – das Beenden der Verleugnung der Kindheitswahrheit – ist eine nicht so einfache Sache, da mit der anerkannten Wertewelt gebrochen wird. Es ist hilfreich, dies nicht allein, sondern mit Gleichgesinnten zu tun. Das gemeinsame Ermutigen und Unterstützen mit anderen Eltern ist so, als ob die nun erwachsen gewordenen Geschwister mit der Kraft ihres Erwachsenenseins alle Normen und Regeln von »denen da oben – diesen großbeinigen und stimmgewaltigen Riesen« unter die Lupe nehmen *und sie ihren eigenen Maßstäben unterordnen*. Dies durfte ein Kinderleben lang nicht geschehen! Und in der pädagogischen Kultur auch später nicht. Doch selbst erwachsen geworden hat in Wahrheit ein jeder die Macht hierzu. Die nun groß gewordenen Geschwister führen eine

Revolution im Normensystem des »richtigen Erwachsenenver-
haltens« durch – wie dies ihnen die Wahrheit ihrer Kindheit
eingibt und es der neuen Beziehung entspricht. Hierbei gibt es
viele Möglichkeiten des gemeinsamen emotionalen Umlernens. Ich selbst entwickelte eine eigene Form, die »antipädagogische Encountergruppe«.

Das emotionale Umlernen kann auch unabhängig von anderen
Erwachsenen geschehen – im Zusammensein mit Kindern.
Dabei kann man sich, getragen von der Kraft, Spontaneität und
Echtheit der Kinder, vorwagen zu den einem selbst so gut
bekannten alten Werten und Normen der eigenen Kindheit.
Die Kinder werden dann als Vertraute und Geschwister erlebt,
die bereits *tun,* was im Kreis der erwachsenen Geschwister erst
mühsam über die Ablösung der Erwachsenennormen gelernt
wird. Die Befreiung geschieht dann durch das unmittelbare
Anknüpfen an die eigenen alten Gefühle, die von den Kindern
wachgerufen werden. Für diese Art des Umlernens ist es
allerdings die Voraussetzung, in sich selbst bereits mit den
Normen und Werten der Erwachsenenwelt im Grundsatz
gebrochen zu haben, sich bereits sicher zu sein, mit der neuen
Beziehung leben zu wollen.

Therapeutische Grundlagen

Die gefühlsmäßige Komponente der neuen Beziehung basiert
auf einigen Grundgrößen. Es sind dies Elemente, die sich
beispielsweise in der Gesprächspsychotherapie von Carl R.
Rogers und der auf ihr aufbauenden Rogers'schen Encountergruppe finden (so, wie sie in Kalifornien am Center for Studies
of the Person realisiert wird, nicht so wie ihre oft verunglückten
Nachahmungen). Diese Grundgrößen sind: Echtheit (Kongruenz) – »ich bemühe mich, der zu sein, der ich bin«, Annehmen
(Akzeptanz) – »ich lasse dich den sein, der du sein willst und
bist«, und Mitschwingen (Empathie) – »ich stelle mich auf
deine Gefühle ein und schwinge mit ihnen«. Hinzu kommt eine
wesentliche Aussage der Encountergruppe: »In einer Bezie-

hung zwischen Personen wissen nur diese letztlich, wie sie sinnvollerweise miteinander umgehen. In ihrer Begegnung (encounter) liegt das Risiko für Glück und Leid, wie es nicht durch Außenstehende erfaßt werden kann. Ein Außenstehender kann allerdings seinerseits zur Beziehung hinzustoßen und eine eigene Ich-Du (Ihr)-Beziehung zu den anderen aufnehmen.« Dies bedeutet insbesondere eine klare Absage an jegliches Expertentum über die zwischenmenschliche Beziehung: Niemand kann den anderen zu Recht sagen, wie sie sich verhalten sollen, jeder spricht für sich.

Neue Politik

Die neue Beziehung ist politisch: Im Mikrobereich wird eine andere Politik betrieben. Die Politik der Beziehungen zwischen Menschen wird vom hierarchischen Oben-Unten wegorientiert zum gleichberechtigten Miteinander. Hierbei wird auch der Erwachsene nicht ausgenutzt – auch Kindern gegenüber gilt das Notwehrrecht der Selbstbehauptung in zwischenmenschlichen Beziehungen. Im Makrobereich wird diese neue Beziehungs-Politik Auswirkungen haben, wenn die Anzahl der die neue Beziehung praktizierenden Personen entsprechenden Umfang gewonnen hat. Dann wird es zu gesellschaftlichen Veränderungen kommen und es werden Gesetze durchgesetzt, die den Forderungen der Kinderrechtsbewegung entsprechen.

Erwachsenensache

Die neue Beziehung – *Freundschaft mit Kindern* – ist eine Sache der Erwachsenen. Es geht zunächst nicht um die Kinder, sondern um die Erwachsenen. Erwachsene übernehmen ein neues Selbstverständnis – sie werden wie die Geschwister ihrer Kinder – und gehen mit dieser neuen Rolle auf die Kinder zu. Nicht um der Kinder willen, sondern um ihrer selbst willen: Diese Erwachsenen wollen und können nicht mehr anders sein als achtungsvoll, gleichberechtigt und freundschaftlich im

17

Umgang mit sich selbst und den anderen. Hinzu kommt, daß sie von der Selbstbestimmung des Menschen von Geburt an ausgehen und mit ihren Kindern von Anfang an eine Beziehung aufnehmen, in der die Souveränität dieser jungen Menschen ernst genommen wird. Aufgrund dieses neuen Erwachsenen-Selbstverständnisses wächst ihnen eine neue Praxis im Miteinander mit Kindern zu. Es ist dies keine Erziehung mehr, sondern erziehungsfreie Unterstützung, in der Achtung die Grundlage ist und in der die Freundschaft mit Kindern das Ergebnis sein kann.

Unterstützen statt erziehen

In der neuen Beziehung tritt an die Stelle des Erziehens – des mit erzieherischem Anspruch versehenen Verhaltens – das Unterstützen. Unterstützen ist etwas, das jeder von uns kennt: In vielen großen und kleinen Dingen sagen wir Bescheid, wenn wir Hilfe benötigen. Wir bitten unseren Partner, Verwandte, Freunde, Nachbarn, Fachleute – kurz: jedermann um Unterstützung, wenn wir meinen, daß er uns helfen könnte. Um Unterstützung bitten, Unterstützung erhalten und sich unterstützen lassen ist für uns Erwachsene eine alltägliche und selbstverständliche Umgangsform.

Das Unterstützen läßt sich von zwei Seiten her sehen: Von dem, der um Unterstützung bittet und von dem her, der unterstützt. Wenn die neue Beziehung für Unterstützen statt Erziehen eintritt, dann ist für uns Erwachsene interessant, wie wir das hinbekommen, die Kinder zu unterstützen. Wir können im Erwachsenenleben niemandem unsere Unterstützung aufzwingen – wer sie nicht will, der dreht ab. Grundelement der Unterstützung ist ihre Freiwilligkeit. Zwischen den Unterstützungspartnern gibt es einen eindeutigen Konsens: Der eine möchte unterstützt werden und der andere ist bereit, Unterstützung zu gewähren. Allein schon dieses Element der Freiwilligkeit unterscheidet das Unterstützen kompromißlos vom Erziehen, das mit seinem Anspruch »Ich weiß, was für dich gut ist und werde es durchzusetzen versuchen« Herrschaft des einen über den anderen in die Beziehung trägt.

Wir Erwachsenen können den Kindern unsere Unterstützung gewähren, wenn sie uns darum ersuchen. Bei jungen Menschen, die unsere Sprache noch nicht sprechen, ist ihre Bitte auf Unterstützung für uns oft schwer zu verstehen, aber auch sie teilen uns souverän mit, was sie von uns wollen: Wir müssen hier gewaltig dazulernen. Neben der Reaktion auf eine Bitte um Unterstützung können wir auch von uns aus aktiv werden und etwas anbieten. Auch dies kennen wir aus dem Erwachsenenleben, und wir wissen nur zu gut, daß wir unseren Freunden nur etwas anbieten, nie aber mit wirklichem Erfolg aufdrängen oder »zu deinem eigenen Besten« überstülpen können.

Junge Menschen, die sich auf unsere Unterstützung verlassen können, werden in ihrer Ich-Sicherheit und Souveränität nicht beeinträchtigt, wie dies beim Erziehen geschieht. Sie haben alle Energie, um sich und die Welt zu erkunden, bei sich – statt sie in Abwehrkämpfen gegen das »Ich weiß, was für dich gut ist« zu vergeuden. Und sie haben darüber hinaus noch die Unterstützung ihrer erwachsenen Vertrauten. Diese jungen Menschen teilen aus sich heraus mit, wann und wie sie unsere Unterstützung benötigen, und sie entscheiden aus sich heraus, ob sie unsere Unterstützungsangebote annehmen oder ablehnen. Ihrer Ich-Sicherheit und Souveränität steht unsere Ich-Sicherheit und Souveränität zur Seite.

Das Unterstützen geschieht auf einer gleichberechtigten Basis: Der Autorität der Kinder steht unsere Autorität gegenüber. So, wie die Kinder in der neuen Beziehung in ihren eigenen Angelegenheiten selbst entscheiden – und Unterstützung erbitten oder einfordern, Unterstützungsangebote annehmen oder ablehnen –, entscheiden wir frei und ohne »Verantwortungs«gefühle des alten Schuldmechanismus der Erziehung, ob wir die Kinder unterstützen und ob wir ihnen Unterstützungsangebote machen oder ob wir ihnen Unterstützung nicht gewähren (z. B. aus Überforderung, Angst, Zeitmangel, Ärger, Bedenken u. a.). Ob wir uns gegenseitig zustimmen oder ablehnen macht nicht den Punkt aus, auf den es ankommt. Im selbstbestimmten, erziehungsfreien, achtungsvollen, gleichberechtigten und freundschaftlichen Miteinander liegt stets Unterstützung und hilfreiche Energie.

Mein persönlicher Hintergrund

Ich möchte Ihnen gern etwas über meinen Weg zu *Freundschaft mit Kindern* mitteilen. Die wichtigsten Grundlagen für ein neues Miteinander von Erwachsenen und Kindern lernte ich 1975 kennen, als ich – damals noch im Schuldienst tätig – die Bücher »Entwicklung der Persönlichkeit« von Carl R. Rogers und »Antipädagogik« von Ekkehard v. Braunmühl las. Der therapeutische und menschenfreundliche Geist des Rogers'-schen und der menschenrechtsbewußte und kämpferische Geist des Braunmühlschen Buches beeindruckten mich so sehr, daß ich die Schule mit ihrem Oben-Unten-Schema 1976 verließ, um in einem wissenschaftlichen Forschungsprojekt die neue Beziehung zu ergründen.

Ich erlebte dann zwei Jahre – von 1976 bis 1978 – in der empirischen Phase des Projekts mit Kindern im Alter von drei bis siebzehn Jahren 2600 Stunden lang diese neue Art des Miteinanders und habe gelernt, mich darin zurechtzufinden. 1976 und 77 beriet ich mit Carl R. Rogers, dem Begründer der Gesprächspsychotherapie und Wegbereiter der therapeutischen Gruppenbewegung, die neue Beziehung und meine Forschungsergebnisse. 1980 konnte ich die wissenschaftliche Arbeit über die neue Beziehung mit einer Promotion in Psychologie (Dr. phil.) abschließen.

1978 begann ich, meine Erfahrungen mit dem neuen Miteinander öffentlich bekannt zu machen. Ich hatte 1977 in den USA das »Children's Rights Movement« kennengelernt und den Begriff »Kinderrechtsbewegung« in Deutschland eingeführt. Seit 1975 arbeite ich mit Ekkehard v. Braunmühl, dem Begründer der Antipädagogik, zusammen. Nach anfänglichen Versuchen, die neue Beziehung mit Hilfe des Deutschen

20

Kinderschutzbundes bundesweit bekannt zu machen, gründete ich 1978 einen eigenen gemeinnützigen Verein, um die Öffentlichkeitsarbeit und das Erlernen der neuen Beziehung organisatorisch zu unterstützen. Er wurde nach der neuen Beziehung genannt: »*Freundschaft mit Kindern* – Förderkreis e. V.«

Die Kapitel des Buches

Freundschaft mit Kindern ist kein theoretisch perfektes Gebäude, sondern etwas Lebendiges. Ich mache mit diesem Buch den Versuch, dieses Beziehungsmodell – das aus der Praxis kommt, in der Theorie Unterstützung findet und für die Praxis da ist – verstehbar werden zu lassen. Ich habe die Kapitel so geschrieben: »Was läßt sich über die neue Beziehung sagen? Welche Fragen gibt es? Was müßte deutlicher werden?« Mir fielen zu Beginn viele Stichworte ein – und aus ihnen entstanden die einzelnen Abschnitte der Kapitel. Es war eine lose Folge von Fragen, die ich aufgriff: Ich habe mich auf die neue Beziehung und meine Erfahrung mit der Öffentlichkeitsarbeit – also die Fragen der Erwachsenen – konzentriert und geschrieben. Erst später überlegte ich mir eine Gliederung, und ich meine, sie ist nun so geworden, daß sich *Freundschaft mit Kindern* nach und nach verstehen läßt.

I Einführung
Ich versuche, die wichtigsten Züge von *Freundschaft mit Kindern* kurz im Zusammenhang darzustellen.

II Aus eigener Erfahrung
Bevor es in den nächsten Kapiteln in die Erörterung von Sachfragen geht, möchte ich anschaulich machen, was *Freundschaft mit Kindern* bedeuten kann. Ich berichte von meinem neuen Umgang mit Kindern in Form von kleinen Szenen aus dem Forschungsprojekt.

III Unterdrückung und Befreiung

Ich setze mich mit dem pädagogischen Denken auseinander und mache deutlich, warum die neue Beziehung notwendig geworden ist.

IV Die neue Beziehung

Ich stelle verschiedene inhaltliche Aspekte von *Freundschaft mit Kindern* dar und vertiefe die Grundlagen der neuen Beziehung.

V Fragen aus der Praxis

Anknüpfend an konkrete Fragen zu *Freundschaft mit Kindern* gehe ich auf viele Einzelfragen ein.

VI Wegbereiter

Dieses Kapitel soll zeigen, daß *Freundschaft mit Kindern* in einem großen übergeordneten Zusammenhang steht. Ich stelle exemplarische Passagen zur neuen Beziehung von einigen renommierten Autoren aus Wissenschaft und Kinderrechtsbewegung vor und zeige, daß die neue Beziehung Tradition hat – bei den Indianern Nordamerikas.

VII Anfang und Unterstützung

Ich mache Vorschläge für den Start mit *Freundschaft mit Kindern*, gebe Tips für die Öffentlichkeitsarbeit und stelle den *Freundschaft mit Kindern* – Förderkreis e. V. vor.

II Aus eigener Erfahrung

Wie läßt sich die neue Beziehung möglichst konkret darstellen? Ich bin dies immer wieder gefragt worden. »Wissen Sie keine Beispiele?« Ich wußte Beispiele, denn ich hatte *Freundschaft mit Kindern* ja zwei Jahre lang in meiner Forschung über neue Wege der Erwachsenen-Kind-Beziehung erkundet. Aber kann man mit Beispielen denn das Wesentliche deutlich machen? Nun, dies ist immer das Problem mit den Beispielen, jeder versteht sie auf seine Art.

Ich stelle Ihnen Erlebnisse mit Kindern aus der Zeit des Forschungsprojekts vor und möchte gern anschaulich machen, wie ich die neue Beziehung verwirklicht habe. Ich traf mich nachmittags, abends, an Wochenenden und zu Ferienhausaufenthalten mit Kindern. Sie waren zwischen drei und siebzehn Jahren alt, und wir kamen in kleinen Gruppen bis zu sechs Teilnehmern zusammen. Wir verbrachten gemeinsame Zeit miteinander, so, wie es ist, wenn man sich mit Freunden verabredet. Ich lernte in dieser Zeit von den Kindern, wer ich selbst bin, wer sie sind und wie wir auf neue Art Beziehung herstellen können.*

*

---

* Der Bericht über meine Forschung ist in den Universitäten vorhanden (Mikrofilm-Lesegerät, 750 Seiten). Er kann aber auch bei mir zum Unkostenpreis als Lose-Blatt-Kopie bezogen werden über den *Freundschaft mit Kindern* – Förderkreis e. V. (Anschrift am Schluß des Buches), verkleinert auf DIN-A-5 (ca. 40 DM). Titel der Arbeit: Determinanten personaler Kommunikation mit jungen Menschen – das Kommunikationsmodell Amication. Ergebnisse von Kleingruppenforschung mit Teilnehmern im Alter von drei bis siebzehn Jahren, basierend auf Kommunikationsvorstellungen von Carl R. Rogers und der Antipädagogik.

Kirmes. Petra (12 Jahre alt) ist mit mir im Raketenkarussell. Vor einer Stunde habe ich sie mit den anderen aus der Gruppe getroffen. Ich spüre, wie sehr ich noch ein »richtiger Erwachsener« bin. Ich merke, daß ich mich so benehme, wie es sich eben gehört, wenn man mit Kindern zur Kirmes geht. Als das Karussell abhebt und wir langsam aufsteigen, dann schneller werden – da sehe ich zu ihr und sie sieht zu mir: und es ist, als löse ich mich mit ihrem Lachen vom Erwachsenenstern, um mit ihr dorthin zu gleiten, wo sie und ihresgleichen leben – in ihre souveräne und fantastische Welt.

*

Eine Schaukel im Hinterhof. Ich bin mit Melanie (3) nach draußen gegangen. Sie will auf dem Sitz der Schaukel stehen. Ich rücke mir eine Kiste zurecht, daß ich nah sitze und zugreifen kann, wenn sie fallen sollte. Ich soll sie höher schaukeln. Ich bin sehr aufmerksam und konzentriert wegen der »Gefahr«. Für Melanie muß es sehr schön sein. Als sie sich wieder setzt und sich weiter schaukeln läßt, sieht sie mich an – und sie lacht und ist glücklich. Wir sehen uns durch und durch an: sie ist befreit, seit einer Stunde sind wir zusammen, und ich habe sie noch nicht gestoppt. Ich spüre, wie sie hier – beim Schaukeln, wie sie es will – zu sich kommt, wie sie mir ihr Innen zuwendet: »Ich kann die sein, die ich sein will. Du läßt mich Ich sein.« Sie läßt den Kopf nach hinten fallen und macht die Augen zu. Sie setzt sich wieder hin und sieht mich an und lacht. Ich bin glücklich, daß ich mich durch die Ängste der »Gefahr« durchgetraut habe. Ich kann ihr dort begegnen, wo sie jetzt gerade ist.

*

Es hat geregnet, die Wiesen und der Wald sind feucht. »Wer kommt mit spazieren?« Moni (11) hat Lust. Wir ziehen durch den Wald. Ich lasse mir von ihr zeigen, wie sie dies alles erlebt. Sie führt mich durch den Wald und zu den Blumen. Und sie führt mich zu einer Art des Erlebens zurück, die bei mir in Vergessenheit geriet. Wir überqueren einen Bach, und es ist, als betrete ich verlorenes Land. Die Blume, die wir von dort mitbringen, wächst wieder in mir.

*

Arnd (14) und Netty (14) sind beim Rudern auf dem See ins Wasser gefallen. Es war sehr lustig. Aber »wenn meine Eltern merken, daß ich ins Wasser gefallen bin, kriege ich Ärger«. Ich manage: »Los, es ist vier Uhr. Wir fahren zu mir, ich bringe eure Sachen in die Schnellreinigung. Das könnte bis sechs fertig werden.« War es dann auch. Und das Wassererlebnis blieb schön bis zum Schluß.

*

Es ist 2.00 Uhr nachts. Ich bin mit Antje (13), Doris (13) und Ulla (12) in der Feriendiskothek am See. Sie haben viel getanzt und Jungen kennengelernt. Doris und Antje wollen mit ihnen im Zelt übernachten. Ins Ferienhaus, wo wir vier Tage sind, wollen sie heute nicht. Ich habe Angst, daß sie mit den Jungen schlafen könnten und daß »etwas passiert«. Und daß mir dann etwas passiert, wenn es passiert! »Das ist für mich zu riskant. Ich habe es lieber, wenn ihr mitkommt.« Aber ich habe mich bereits innerlich draufeingelassen, ich mag mich nicht in ihre Entscheidungen befehlshaberisch reinhängen. Ich sage nur, wie mir zumute ist. »Ich überlasse die Entscheidung euch, auch, wenn ihr dann macht, was ich nicht gut finde.« Sie beraten. »Wenn du uns läßt, bleiben wir lieber hier.« Ich lasse sie, und fahre mit Ulla zum Häuschen. »Morgen mittag treffen wir uns um eins wieder hier«, sage ich – ich lasse sie ziehen, so, wie man seine Freunde in Abenteuer ziehen läßt. Ihr müßt da schon selbst sehen. Und ich warte auf ihre Rückkehr.

*

Antje (13) und Doris (13) sind mit mir, Brigitte (24) und Karin (21) zum Essen ausgegangen. Beim Nachtisch sehen sie auf die Zigarettenpackung auf dem Tisch. Ich sehe zu ihnen. Was stimmt nicht? Sie rauchen beide, sonst. Hinterher frage ich sie, warum sie meine Freundinnen nicht gefragt haben, ob sie eine Zigarette abbekommen können. Sie sind sonst problemlos damit. Es waren die beiden anderen Großen. »Meine Freundinnen, vor denen habt ihr Angst?« wundere ich mich. Ich merke, daß ihr Vertrauen ein kostbares Gut ist. Sie übertragen es nicht leicht, auch nicht auf Freunde von mir.

*

Ich bin mit vier Kindern im Auto. Andy (13) sitzt vorn neben mir. Sie will lenken. Ich sage »o.k., versuch es«, und sie lenkt vom Beifahrersitz aus. Ich konzentriere mich sehr und kann jederzeit eingreifen. Aber sie lenkt souverän. Der Wagen liegt ruhig. Sie bekommt das mit der Einschätzung von Geschwindigkeit, zurückgelegter Wegstrecke und Lenkmanövern hin. Als es auch andere versuchen, merke ich, daß jeder anders lenkt. »Ich will nicht«, auch das gibt es. Später, nach vielen Fahrten, lenkt Andy so gut wie ich. Selbst bei 100 Stundenkilometern ruhig und sicher. (Wir haben uns einsame Strecken ausgesucht.) Ich bin froh, daß ich mich getraut habe, ihnen zusehen zu können.

*

»Theo (15), mach dir doch die Schuhe sauber, ehe du reinkommst. Es gibt hier keinen Staubsauger.« Wir sind im Ferienhaus. Ich bin ärgerlich, daß die Kinder nicht aufpassen. Diesmal werden die Schuhe sauber, aber beim nächsten Mal sind sie wieder dreckig. Da denke ich nach: Würde ich die Erwachsenen, die nächste Woche mit mir hier sein werden, auch dauernd so anmachen? Ich würde einmal eine spaßhafte

26

Bemerkung machen, damit sie Bescheid wissen. Und es dann ihnen überlassen, wie sie es machen. Aber Theo gegenüber dränge ich dauernd darauf, daß er seine Schuhe sauber macht. Ich erwische mich beim Herrschen und lasse ihn dann in Ruhe. Ich bekomme es hin, ihn mehr zu mögen als saubere Schuhe. Es ist schwer – aber ich mag mich, daß ich mich da so anstrenge.

*

Es ist heiß. Ich habe Miriam (3), Reinke (4) und Julian (4) vom Kindergarten abgeholt. »Es ist so warm.« Ich schlage vor, etwas zu Trinken zu besorgen. Wir fahren zum Supermarkt. Sie suchen und zeigen mir dann, welche Limonade sie wollen. Ich bin auf sie konzentriert. Wir sind eingeflochten in unser Miteinander. So war ich noch nie in einem Supermarkt! Ich erlebe die Kinder – nicht den Supermarkt. Die Regale und die Erwachsenen treten zurück. An der Kasse tauche ich kurz auf, um zu bezahlen. Wir sprechen keine Worte – wir sprechen mit unseren Augen. Draußen gehen wir ein paar Meter abseits. Ich knie mich hin und mache die Flasche auf. Wir trinken und sehen uns an. Reinke geht etwas weg. Wir bilden einen Ruhepol im Gewimmel der Fußgänger. Und wir haben alle Zeit.

*

Melanie (3) will Rad fahren. Sie hat ein Rad mit Stützrädern. Ich soll sie schieben. Ich fasse an den Lenker und tu es. Wir wandern so eine Dreiviertelstunde. Durch die Straßen bis zum Feld. Sie kennt sich aus. Sie sagt mir, wo es langgehen soll. Ich staune, daß sie so gut Bescheid weiß. Ich mache eine Entdeckung: Sie will meine Schiebekraft, nicht meine Füh-rung. Ich soll nicht lenken beim Schieben. Ich soll nur schieben. Immer wieder ertappe ich mich, daß ich drauf und dran bin, beim Schieben auch zu lenken. 10 cm vor dem Gitter dreht sie den Lenker, und ich hatte mich schon zum Stoppen bereitgemacht. Einmal kriegt sie die Kurve nicht hin. Ich sah es kommen – und habe es geschafft, nicht einzugreifen. Sie sieht mich an – tja, Rückwärtsgang!

*

Die Kinder stehen hinten auf der Stoßstange des Autos (VW-Käfer). Ich fahre langsam, abgelegene Pfade, Feldwege. »Schleichwege fahren« nennen sie das. Es war ihre Idee, einer kam drauf. »Dürfen wir hinten mitfahren?« Es kam nur auf mein o.k. an. Auf nichts sonst, sie überlegten nichts weiter. Aber ich: Ist das erlaubt (sicher nicht), was sagen die Eltern (nein, zu gefährlich), was kann nicht alles passieren. Wie kommt es, daß ich ja sage? Da gibt es eine Größe in mir, die sich nicht mit dem Intellekt erfassen läßt. Es ist ein sicheres Gefühl. Ein gutes Gefühl zu den Kindern – parallel dazu ein schlechtes Gefühl zu der Erwachsenenwelt. Ich möchte meinem guten Gefühl nachgeben. Es ist einfach wertvoller, mit den Kindern zu leben, bei ihnen gute Gefühle zu haben, als die Regeln der Erwachsenenwelt zu befolgen. Das »wenn etwas passiert« ist bei den Kindern ganz anders aufgehoben als bei den Erwachsenen. Es ist, als ob wir uns alle das Risiko teilen. »Wenn etwas passiert« – daraus wird mir kein Vorwurf werden. Wir sind von gleicher Art. Wenn wir etwas tun, ist jeder für sich selbst zuständig. Ich vertraue ihnen, daß sie mir nichts vorwerfen werden. Ich habe keine Angst vor ihnen. Und weil ich keine Angst vor ihnen habe, kann ich bei ihnen der sein, der ich sein will: Ich kann sie auf der Stoßstange mitfahren lassen. Wir fahren durch Felder und Wälder, Sommerwind. Wir sind glücklich. Ich lasse mich in dieses Spiel fallen, und nachdem ich rausgefunden habe, bei welchem Tempo ich noch ruhig bin und sie noch Spaß haben, tun wir dies so oft, wie es uns bei unseren Treffen in den Sinn kommt.

*

Silvia (11) ist von der Stoßstange gefallen. Ich merke es schnell, weil ich sie dauernd im Rückspiegel habe. »Was ist passiert?« Sie hält sich ihr Knie. »Ich habe vergessen, mich festzuhalten.« Ich hatte Seile zum Festhalten angebracht. Die Hose ist kaputt. »Ich kriege Ärger.« Ulla (12), ihre Schwester: »Ach, ich sag Ingrid Bescheid, die näht das zu und sagt nichts weiter.« Sie problematisieren nicht, daß man vielleicht gar nicht hätte auf der Stoßstange fahren dürfen – in mir tauchte diese Angst sofort auf. Für die Kinder war das nicht das Problem dabei. Wir haben unser Spiel gespielt. Aber es könnte zu Hause Ärger geben – das ist ein Problem. Ich fahre dann rasch zu einer Apotheke, um etwas zum Desinfizieren zu holen. Bei Mechthild (28), einer Verbündeten, waschen wir das Knie und kleben ein Pflaster drauf. Wir halten zusammen und erleben Wichtiges.

*

Arnd (14) und Theo (15) haben das Auto gerollt, als ich gerade nicht da bin. Dabei stand die rechte Tür offen, sie stieß vor einen Balken und hat sich verzogen. »Die Tür geht nicht mehr zu.« Ich kann nicht gelassen reagieren, ich bin sauer. Aber sie sind so verdattert, daß ich schnell wieder zu dem komme, wie ich sonst bin. Ich denke an die Beulen auf dem Dach und daran, daß ich erwachsenen Freunden dazu gesagt habe »Souvenirs von den Kindern.« Genauso ist es doch mit der Tür! Oder mit ihren Schreibereien und Bildern innen unter dem Autodach. Ich gehe ins Jugendzentrum und hole ein Brecheisen. Ich biege die Tür zurecht, sie geht wieder zu, sieht aber etwas mitgenommen aus. »Ist es schlimm?« fragen sie. »Die Tür geht doch zu«, sage ich.

*

Wir fahren ins Ferienhaus. Moni (11), Silvia (11), Claudia (12) und Jürgen (13). Ich bin neugierig, ob sie sich allein verpflegen können. Und ich habe auch keine Lust, für sie vier Tage lang zu kochen. »Wir fahren in den Supermarkt. Kauft euch, was ihr für vier Tage braucht.« Sie haben Geld mitbekommen und teilen es sich ein. Sie beraten sich und ich berate sie ab und zu auch. Sie kaufen teils gemeinsam, teils jeder für sich. Die vier Tage machen sie es dann selbst: sich ernähren. Manchmal koche ich etwas für sie mit, manchmal sie für mich. Wenn sie sich allein ihr Essen machen und dann zufrieden essen, dann finde ich sie sehr souverän.

*

Es ist 23.00 Uhr. Ich bin mit Kindern und Brigitte (24) im Ferienhaus. Claudia (12) hat etwas vor die Nase bekommen, sie ist riesig dick. »Kriegst du Luft?« Es sieht nach Bagatelle aus, morgen wird es weg sein, denke ich. Sie sagt, daß sie zum Arzt will. Wir fahren ins Krankenhaus, klingeln die Nachtbereitschaft raus, und die Nase wird untersucht. Es dauert insgesamt drei Stunden, bis wir zurück sind. »Morgen soll sie zum Nachsehen und Röntgen kommen«, sagt der Arzt. Am nächsten Morgen hat Claudia keine Lust dazu. O.k., ich akzeptiere. »Aber die Kinder können das doch gar nicht überblicken« höre ich in mir. Wenn Claudia Brigitte wäre, würde ich ein »ich hab keine Lust« auch akzeptieren. »Du wußtest doch, daß es nicht so schlimm war, wieso fährst du dann überhaupt los?« höre ich in mir. Ich respektiere Claudias Wunsch, so wie ich Brigittes Wunsch respektiert hätte. »Und deswegen erst um zwei im Bett« – ich habe ganz andere Perspektiven. Ich habe mit Claudia erlebt, wie das von elf bis zwei war: Die Angst, ihr Vertrauen »Fährst du mich zum Arzt?«, die Fahrt, die Ankunft vor dem Krankenhaus, im Fahrstuhl, die Untersuchung, die Rückfahrt und die Erleichterung. Wir waren unter uns, ich fühlte mit ihr und sie vertraute mir ihre Sorge an.

*

Ich stehe am Auto. Ricky (11) kommt mit einer Krach-Pistole auf mich zu. Er schießt, es ist riesig laut und dröhnt mir in den Ohren. »Hör auf, ich kann's nicht ab!« fahr ich ihn an. Als er wieder schießt, schrei ich ihn so laut an, wie ich kann – er »fliegt« ein paar Meter weg. Ich bin wütend, setze mich ins Auto und fahre eine Runde. Dann bin ich wieder ruhig »und werde ihm dieses Ding wegnehmen, wenn er nochmal auf mich losgeht«. Als er mich sieht, entschuldigt er sich. Ich merke, daß er mitbekommen hat, daß ich angemacht war. Mein Gefühl hat ihn erreicht, und wir verstehen uns wieder.

*

Andi (7) weint. Wir sind in einem Zeltlager, ich bin zu Besuch. Ich kenne sie erst ein paar Stunden. Die anderen sind gerade nicht da. Ich knie mich vor sie hin, sie steht drei Schritte weg. Sie hält die Arme vors Gesicht, sieht ab und zu her und weint. Ich bin ganz konzentriert und mache mich auf. Ich *höre ihr zu* und ich habe Raum in mir für ihre Tränen. Ich sage mit meinen Augen: »Hallo Andi, ich höre dir zu und habe Platz für deine Tränen. Du kannst mir dein Leid erzählen.« Sie kommt langsam auf mich zu, bleibt stehen, sieht her und weint weiter. »Du kannst kommen und dich in den Arm nehmen lassen. Du kannst aber auch dort bleiben und mich zuhören lassen«, sage ich ihr mit meinen Augen und mit meinen Gefühlen aus dem Bauch. Ich beginne, mich weiter zu ihr fallen zu lassen, sie beginnt, weiter auf mich zuzugehen. Plötzlich kommt ihre Gruppenleiterin – Glas zerbricht, eine Kreissäge kreischt, Singvögel fallen zu Boden. »Wer wird denn weinen«, sie nimmt Andis Hand und zieht sie ins Zelt. Ich bleibe voll Schmerz zurück, voll Schmerz über diesen Erwachsenen.

*

Ruth (16) hat Zeit. Wir haben uns am Jugendzentrum getroffen. Wir fahren mit dem Auto raus. Auf einem Feldweg halten wir. Sie erzählt. Ich merke, daß sie jemanden zum

Zuhören gut brauchen kann. Das tu ich – aber mit dem Gefühl, ein Zuhör-Experte zu sein. Dies gibt mir eine ganz bestimmte Distanz. Unsere Augen treffen sich – und da traue ich mich, sie anzufassen. Es wird ganz anders: In mir flutet Zärtlichkeit und Vertrauen. Sie erzählt weiter von sich, doch ich höre ihr nun ganz anders zu.

*

Ich treffe Alexander (5), Florian (6), Reinke (4) und Julian (4) am Kindergarten. »Was machen wir heute?« »Wir könnten mal in den Wald fahren.« Die Kinder kennen eine schöne Stelle. Jetzt sind wir mitten in der Stadt, und ich glaube nicht, daß sie den Weg finden. »Ich rufe bei euch zu Hause an und laß mir erklären, wo es ist.« Nein, sie wissen es selbst. Ich glaube es kaum, aber ich lasse mich drauf ein. Wenn wir woanders landen – na gut. Nach 20 Minuten sind wir da. Sie wußten genau Bescheid.

*

Jessica (8) war ein paar Tage bei ihrer Tante in den Ferien. In dieser Zeit habe ich am Buch gearbeitet und auch etwas Aktuelles über ihre Schwester Diana (5) geschrieben. Als ich Jessica erzähle, daß Diana im Buch vorkommen wird, merke ich, daß sie auch gern vorkäme. »Leider warst du nicht da«, sage ich. Als sie nach Hause geht, denke ich nach. Jessica wäre auch gern im Buch. Warum nicht? Wo ist da das Problem? Ich kann doch tun, was ich will. Und ich kann mit Jessica so spielen, wie wir das wollen. Sie hat einen Wunsch, und ich kann ihn erfüllen. Ich nehme ein Beispiel aus dem Text und schreibe dies hier. Morgen werde ich sie damit überraschen.

*

Melanie (3) ist mit mir im Kaufladen. Sie streicht um die Regale. Die Verkäuferin erwartet von mir, daß ich sage, was das Kind will. Ich sage nichts, gehe hinter Melanie her und lasse sie tun, was sie tun will. Wir kommen hierhin und dorthin. Ich bin neugierig, was sie sucht. Aber ich frage sie nicht. Ihr Suchen ist ein feines Netz, und meine Fragerei könnte es zerstören. Sie weiß, daß ich da bin, und wenn ihr danach ist, wird sie mich zu Hilfe holen. Dann landen wir am Eingang, bei der Eistruhe. Melanie will ein bestimmtes Eis. Ich verstehe nicht, welches. Aber ich sehe die Auswahltafel, löse sie vom Haken und halte sie ihr hin. Sie zeigt auf das Eis. Ich kaufe es ihr und mir auch eins. Wir setzen uns auf den Bordstein vor dem Geschäft und essen Eis. Ich nehme ihr Papier und bringe es weg. Sie sieht mir zu. Wir haben keinen Satz miteinander gesprochen, doch wir verstehen uns und wissen um uns.

*

Stefanie (6) schläft. Ich setze mich neben sie und höre ihr zu. Wir sind im Ferienhaus, zwei Kinder und acht Erwachsene. Die anderen sind draußen am Feuer. Ich nehme die Ruhe des Raumes auf und spüre die Ruhe, die von ihr ausgeht. Ich sinne über ihre Tränen nach und über meine. Ich habe mir Zeit genommen, neben diesem schlafenden Kind zu sitzen und die Stille und ihr Leben in mich aufzunehmen.

*

Miriam (3). Wir sind auf dem Spielplatz. Sie sitzt einen Meter vor mir und sieht vom Sand auf. Sie steht auf. Sie sieht zu mir hin, ich sehe zu ihr. Ihre Augen erzählen davon, wie fern von allen Menschen sie sich verstecken muß. Ich komme nicht näher. Ich schicke ihr ohne Worte eine Botschaft. Zu Hause schreibe ich ein Gedicht darüber, wie so oft, wenn ich das Erleben mit den Kindern für die Dissertation festhalten will und etwas notiere (Dissertation S. 356):

Miriam –
du bist,
du lebst,
du hilfst mir,
du bist schön.

Miriam –
ich sehe und fühle,
daß du geflohen bist
auf einen ganz fernen Stern.
Ich lasse dich schon in Ruhe,
aber ich blinke dir zu,
und dies *immer fort* –
vielleicht wärmt dich mein Licht,
vielleicht blinkst du zurück:

Miriam –
ich habe Zeit und warte.

*

»Uns fehlen noch 50 Pfennig.« Doris (13) und Bärbel (13) wollen sich Zigaretten kaufen. Wenn sie erwachsen wären, wäre es kein Problem für mich, ihnen die 50 Pfennig zu geben. Ab 16 dürfen sie offiziell rauchen – machen drei Jahre den Unterschied? Selbstverständlich nicht. Ich bin froh, daß ich mit ihnen allein bin und gebe ihnen das Geld. Ich erfülle eine Bitte, und dies ist selbstverständlich.

*

»Können wir die Zigaretten bei dir lassen? Wenn zu Hause gemerkt wird, daß wir welche haben, kriegen wir Ärger.« Claudia (12), Jürgen (13), Silvia (11) und Moni (11) vertrauen mir ihre Zigaretten an. Als sie zu Hause sind, sehen mich die Zigaretten auf der Fensterbank an. Mache ich mit, wenn sie sich ihre Gesundheit ruinieren? Sie haben mir etwas anvertraut, und ich habe ihnen geholfen. So, wie ich meinen erwachsenen Freunden auch helfe. Natürlich kennen sie das Raucherrisiko, das ist überhaupt nicht das Problem. Es geht um ihre eigene Lebensführung, und da unterstütze ich sie, kompromißlos. Das Gerede von »gesundheitsgefährlich« mit dem Ton »aber ihr müßtet doch...« ist dumm und mißachtet ihre Souveränität und Würde.

*

»Spendierst du uns eine Schachtel Zigaretten?« Susi (13) und Andy (13) haben Lungenschmacht. Aber ich habe keine Lust, ihr Rauchen so massiv zu fördern. Eine ganze Packung – da mache ich nicht mit. Ist das anders, als wenn ich ihnen das fehlende Geld für eine Packung gebe oder ihre Zigaretten bei mir zu Hause aufbewahre? Mein Gefühl signalisiert mir einen Unterschied, auf den ich mich verlasse. 50 Pfennig zuschießen ist eine freundschaftliche Geste, Zigaretten aufheben ist Vertrauenssache. Eine ganze Packung kaufen ist mir zu viel. Ich finde meine Grenze willkürlich, aber ich akzeptiere mein Gefühl. Und sie verstehen mich.

*

Yvonne (7) und Karina (7) hatte ich auf dem Geburtstag von Meike (8) kennengelernt. Eine Woche später bin ich bei Freunden und sehe sie wieder. Nachbarskinder. Ich repariere an meinem Auto rum. Sie kommen und helfen, Rost abzuschmirgeln. Es ist schönes Wetter. »Wenn ihr Lust habt, fahren wir ein bißchen raus«, schlage ich vor. Sie haben Lust, und ruckzuck fahren wir los. Ich sage meinen Freunden Bescheid. Wir fahren zum Kanal und sehen den Schiffen zu. Ringsum sind Wiesen. Es ist warm und wunderschön. Sie erzählen von wichtigen Dingen und ich habe Zeit zum Zuhören. Sie werfen Steine ins Wasser, sammeln Blumen, malen Bilder in den Sand. Wir haben uns getroffen und sind losgefahren.

*

Heike (4) kommt zu mir auf den kleinen Berg, der von den Bauarbeiten noch da ist. Ich sitze dort in den Blumen und spiele Mundharmonika vor mich hin. Es ist Fete, Freunde haben mich eingeladen. Als es mir mal zuviel wird und ich einen Moment Ruhe brauche, gehe ich eben ein Stück abseits auf den Erdhügel. Ich freue mich über Heikes Besuch. Sie setzt sich einfach neben mich und hört zu. Dann kramt sie im Sand. Ich mache sie auf Scherben aufmerksam und merke, daß sie es nicht als Verbot auffaßt. Später, als ich wieder bei den Erwachsenen bin, soll ich mal mitkommen. Aufs Feld. Sie zeigt mir einen Tümpel. Auf dem Rückweg frage ich sie, ob sie mich führt, wenn ich die Augen zumache. Sie versteht und tut es. Ich spüre, wie ich ihr Schritt für Schritt mehr vertraue. Als mir einmal ein Ast durchs Gesicht streift, fällt mir ein, daß sie ja so viel kleiner ist als ich. »Sieh mal ab und zu nach oben, damit ich mit dem Kopf nicht irgendwo anstoße«, sage ich. Als ich nach Hause muß, gebe ich ihr die Mundharmonika.

*

Claudia (12) liebt Pferde. »Halt an, ich will dort zu den Pferden.« »Aber nicht über den Zaun.« Wenn sie so einfach in die Koppel geht, das könnte gefährlich werden, denke ich. Am Zaun gibt es Krach. Sie will rüber, ich habe Angst. »Mir wäre lieber, wenn du nicht rübergehst.« Beginne ich, Claudia zu beherrschen? Ich merke, daß ich damit anfange. Mir fällt etwas ein: Ich gehe zum Auto und will nicht dabei sein, wenn sie über den Zaun klettert. Sie weiß, wie ich darüber denke, und die anderen, die dabei sind, können es bestätigen, wenn etwas passiert. Ich mauschel mich irgendwie aus der Affäre, aber ich habe Machtkämpfe satt. Und ich überlege mir, daß ich mich beim nächsten Mal nicht mehr so anstellen werde. Claudia kommt dann rasch nach, wir kommen ins Gespräch über Pferde. Ich erfahre, daß sie Turniere reitet. Na bitte – wieso muß ich immer Angst haben?

*

Claudia (12) muß heute auf einen Hund aufpassen. Wir fahren zu meiner Wohnung, und ich sage: »Der Hund bleibt im Auto. Er ist mir zu schmutzig, und ich habe keine Lust, nachher extra sauber zu machen.« (Er starrt wirklich vor Dreck!). Nach einer Weile schleppt Claudia den Hund in die Wohnung. Ich bin sauer und fühle mich nicht akzeptiert. »Ach, der tut doch nichts«, sagen die anderen. Sie verstehen nicht, wieso ich gegen den Hund bin. Aber sie bekommen mit, daß ich nicht will. Sie reden auf Claudia ein, den Hund wieder rauszubringen. Aber sie will nicht. Ich ärgere mich. Erst als wir wieder zurückfahren, nach zwei Stunden, werde ich gelassener. Sie hat eben gewonnen, sage ich mir. Das kommt vor. Ich kann die Niederlage jetzt annehmen und habe zu Claudia wieder gute Gefühle. Und ich denke listig, daß wir nicht wieder zu meiner Wohnung fahren, wenn »so ein süßer Hund« dabei ist.

*

Claudia (12) hat wieder den Hund dabei. »Der kommt nicht in die Wohnung.« Das steht fest. »Wir können ja auch woanders hinfahren«, biete ich an. »Ist gut, er kann im Auto bleiben.« Claudia ist einverstanden. Dann aber, in meiner Wohnung: »Der ist doch so allein im Auto.« Daß sie mit ihm im Auto bleiben kann, oder daß wir alle woanders hinfahren, will sie nicht. »Laß ihn doch rein.« Als ich dann mal nicht aufpasse, ist der Hund da. Ich kommandiere ihn auf den Balkon und lasse mich auf nichts ein. Claudia ist wütend. Sie geht mit auf den Balkon. Sie redet nicht mehr mit mir. Ich habe blöde Gefühle, aber auch keine Lust, mich schon wieder overpowern zu lassen. »Claudi friert«, sagen die anderen. Sie sind auf ihrer Seite. Bin ich zu kleinkariert? Ich will eben nicht. Wir hatten schließlich ein Abkommen, und wir hätten ja auch woanders hinfahren können. »Dann bringt ihr doch eine Jacke«, reagiere ich. Auf der Rückfahrt sagt mir Claudia, wie gemein ich bin. Ich lasse ihr ihre Meinung und denke nicht daran, sie »umzustimmen«. »Ich hatte keine Lust auf den Hund in meiner Wohnung« ist alles, was ich sage. Und: »Letztes Mal hast du gewonnen, heute Hubertus. Ihr könnt euch wieder vertragen«, sagt Moni (11). »Besser, du bringst den Hund nicht mehr mit«, sagt Jürgen (13).

Beim nächsten Treffen verstehen wir uns wieder. Über die Hundegeschichte wird nicht mehr geredet.

*

Fete. Es sind 12 Kinder da im Alter von 13 bis 15. Sie spielen »Wahrheit oder Pflicht« und stellen Kußaufgaben. Ich spiele so etwas zum ersten Mal. Erst sehe ich nur zu. Distanz, die gesamte Erwachsenenwelt mit ihrem Berührungs- und Zärtlichkeitstabu Kindern gegenüber hat mich fest im Griff. Dann gebe ich mir einen Ruck: »Ich mache mit.« Als ich dran bin, denken sie sich aus: »Christiane 10 Sekunden auf den Mund küssen.« Ich mach es – und Blumen explodieren aus einem Sonnenvulkan. Ich lerne und lerne, und es ist wunderschön, von ihnen geküßt zu werden, auch wenn es nur im Spiel ist. Als ich später beim »Dornröschen« Sabine wachküssen muß – da merke ich, daß ich endlich aus dem 100jährigen Erwachsenen-Tabu-Schlaf geweckt werde. Seitdem spüre ich die Präsenz dieser Dinge – Körperkontakt und Erotik –, auch wenn ich nur so mit ihnen zusammen bin. Sie haben diese Dimension eben einfach, wie die Erwachsenen, wie jeder Mensch. Und wenn ich mich traue und wenn sie mir trauen, dann bekomme ich davon etwas mit und etwas ab.

*

Es ist 23.00 Uhr. Antje (13) kommt zu spät nach Hause. Alle Kinder wissen, daß ich es ihnen überlasse, das Signal für »ich muß nach Hause« zu geben. Ich soll mir jetzt etwas ausdenken, damit ihre Mutter nicht schimpft. Das finde ich überhaupt nicht gut. Ich unterstütze sie ja – aber so direkt lügen (»Wir hatten eine Autopanne ...«) fällt mir schwer. Außerdem mag ich

Antjes Mutter. Dann hab ich's: »Ich gehe mit zur Tür und werde ein bißchen mit deiner Mutter reden.« Ich mache ein Ablenkungsmanöver – aber es ist nicht nur Manöver, denn ich komm ganz gern mit.

*

Britta (7) und Elke (10) sind sauer auf mich. Weil ich Sandra (9) mal vorn im Auto sitzen lasse. Wir sind abseits der Straße, auf einem Feldweg. Die beiden steigen aus. Es fängt an zu regnen, ein Aprilschauer. »Kommt in den Wagen«, rufe ich. Sie gehen den Weg weiter. Ich denke, daß sie sich erkälten werden, und fahre mit dem Auto langsam hinter ihnen her. Sie merken es und fangen an zu rennen. Blödes Spiel! Ich will doch keine Verfolgungsjagd machen. Ich bleibe stehen und lasse sie laufen. Als sie gerade noch zu erkennen sind, fahre ich wieder los. Ich bewundere, daß sie so einfach weglaufen, sie wissen doch überhaupt nicht, wo wir sind. Auf ihrer Höhe angekommen, ruft Sandra, daß jetzt Elke wieder vorn sitzen kann. Sie möchte, daß die beiden wieder mitmachen. Ich hätte nicht gewußt, wie ich das hinkriegen sollte, daß sie wieder einsteigen. Außer warten – Zeit hatte ich. So aber regeln sie das unter sich. Und dann helfe ich wieder: »Wir fahren zu mir nach Hause, da lassen wir eure Sachen trocknen«, schlage ich vor. Das ist ihnen eigentlich egal, aber da es mir wichtig ist, machen sie mit.

*

Ich möchte zu Sechsjährigen Kontakt bekommen und eine neue Gruppe bilden. Ich frage Susi (13), ob sie nicht jemanden kennt. Es geht um ein paar Ecken: Susi kennt Elke, die ist 10. Und Elkes Freundin Martina (10) hat eine Schwester, Claudy, die ist sieben. Nach ein paar Minuten sind wir bei Martina. Sie sagt, daß Claudy im Jugendzentrum ist. Sie gehen mit mir dorthin und zeigen sie mir: »Dahinten sitzt sie.« Sie ziehen wieder ab. Claudy spielt mit zwei anderen Kindern und zwei

Erwachsenen ein Würfelspiel. »Hallo Claudy«, sage ich, »ich habe gerade mit Martina gesprochen.« Ich beginne, ihr zu erzählen, was ich will. »Wo ist Martina?« fragt sie. Wir gehen sie suchen. Die beiden Mütter am Tisch, mit denen ich kein Wort gesprochen habe, sehen mich entgeistert an. Da kommt einer und nimmt ein Kind mit...

*

Es ist Zeit zum Zurückfahren. Claudy (7) will nicht ins Auto einsteigen. Sie ist das zweite Mal in der Gruppe dabei. »Hör mal, ich muß noch andere Kinder besuchen«, sage ich. Die anderen steigen wieder aus und sehen sich an, was los ist. Claudy will nicht. Was tun? Da ich wirklich unter Zeitdruck bin, fahre ich schweres Geschütz auf: »Wenn du nicht einsteigst, habe ich keine Lust, wenn du in der Gruppe mitmachst. Wenn es drauf ankommt, will ich mich von euch nicht im Stich gelassen fühlen. Und ich habe versprochen, um sechs Uhr bei anderen Kindern zu sein.« Die anderen reden auf sie ein. Aber Claudy will nicht. O.k., ich seh ein, daß ich verloren habe und gehe wieder in meine Wohnung. Natürlich zwinge ich sie nicht mit Anfassen oder Anschreien. Stehen lassen kann ich sie auch nicht, wie sollte sie nach Hause kommen? Wenn sie älter wäre, würde ich ihr fünf Mark geben, die Bushaltestelle erklären und bei ihr zu Hause anrufen. So aber hat sie mich. Ich bin nicht einmal wütend. Sie hat eben gewonnen, aus. Aber ich weiß auch, daß ich keine Lust habe, mit so jemanden etwas zu unternehmen. Ich fühle mich nicht geachtet. Und ich habe auch keine Energie, nachzuforschen, was bei ihr los ist. Dafür sind einfach zu viele Kinder um mich rum, die ich neu kennenlerne. Da brauche ich erst einmal ein gutes Grundgefühl, eh ich mich weiter einsetzen kann. Sonst wird es Krampf. Ich merke, daß ich zu Claudy kein solches gutes Gefühl habe und daß wir nicht Freundschaft schließen werden. Es tut weh – aber das gibt es eben auch. Nach einer halben Stunde kommen die anderen und sagen, daß Claudy jetzt nach Hause will. »Kann sie das nächste Mal wieder mitmachen?« fragen die anderen. »Nein«, sage ich.

*

Beate (12) ist mit Petra (13) und Belinda (14) zu Besuch. Wir verlängern um eine Stunde, um noch eine. Dann taucht die Idee auf, ins Kino zu fahren. Prima Idee – ich werde sie einladen. »Das darf ich bestimmt nicht. Es wird zu spät«, sagt Beate. Ich steige in die Erwachsenenwelt um und rufe ihre Mutter an. Ich stelle mich als ehemaliger Lehrer von Beate vor, das schafft erst mal Vertrauen. Ich erzähl ihr dann, wie schön es heute nachmittag ist und daß ich die Kinder ins Kino einladen möchte. »Um halb elf ist Beate zu Hause, ich fahre sie vorbei.« Da morgen Sonntag ist und ich mich mächtig ins Zeug gelegt habe, ist ihre Mutter einverstanden.

*

Tanja (3) wohnt ein Stockwerk unter uns. Wir sehen uns gelegentlich. Heute ist sie nach oben gekommen und hat geklingelt. Ich mache auf. Sie hat einen Ball mitgebracht. Ich knie mich hin und sehe sie durch die Wohnungstür draußen im Treppenflur. Wir sehen uns an. »Hallo«, sage ich. Sie lacht. Sie kommt auf mich zu, bis zur Tür, und gibt mir den Ball. Ich rolle ihn ihr zu. Sie freut sich riesig, und wir spielen eine Viertelstunde. Dann wird sie gerufen und geht zurück.

*

Alexandra (9) ist zu Besuch bei meiner Mutter, wie ich. Im Keller kramen wir in alten Spielsachen. Alexandra entdeckt einen kleinen Springball. Als sie wieder nach Hause fährt, merke ich, daß sie das Flummi noch hat. Gute Idee, denke ich, es macht ihr Freude, und im Keller liegt es nur rum. Dann merke ich, daß Alexandra nach dem Ball gefragt wird. Bevor ich schnell sagen kann, daß ich ihn ihr geschenkt habe, wird sie schon gefragt: »Hast du den Ball abgegeben?« Ich sehe sie an und weiß, daß es jetzt für sie unmöglich ist, den Ball noch als ihren Ball anzunehmen. Sie gibt ihn ab, und ich sage nichts weiter dazu. Als sich unsere Blicke treffen, wissen wir beide Bescheid.

*

Ich bin im Zug. Ich streife umher und sehe mir die Leute an. Als ich zum dritten Mal an einem Abteil mit zwei Kindern vorbeikomme, kommen wir ins Gespräch. Joan (7) und Lisa (7) erzählen von sich, sie kommen zu mir auf den Gang. Sie sind schon länger im Zug und zeigen mir die Wagen, die sie sich schon angesehen haben. Das macht viel Spaß und ist ein schönes Spiel. Als Lisa dann wie ich aussteigen muß, und Joan im Zug bleibt, rede ich noch durchs Fenster mit Joan. Lisa merkt, daß ich mit ihr englisch rede. »Woher kennst du Joan?« fragt sie. »Ich kenne sie nicht so lange wie du, ich habe sie eben erst zusammen mit dir kennengelernt.«

*

III Unterdrückung und Befreiung

1. Die lähmende Verantwortung

»Es könnte doch etwas passieren« – wenn wir Erwachsene mit Kindern zu tun haben, sind wir besorgt, daß die Kinder zu Schaden kommen. Es wird von Erwachsenen generell erwartet, dafür zu sorgen, daß Kindern nichts passiert, wenn sie dabei sind. Ganz besonders gilt das für »zuständige« Erwachsene, also für die unter uns, denen Kinder privat oder beruflich anvertraut sind. Ihnen wird die »Aufsicht« über die Kinder übertragen. Man wird als Erwachsener zur Rechenschaft gezogen, wenn den Kindern etwas passiert. Es besteht ein allgemeiner moralischer Anspruch, eine gesellschaftliche Regel, daß anwesende Erwachsene »die Verantwortung für Kinder haben«, von den juristischen Verantwortlichkeiten ganz zu schweigen.

»Hätten Sie das nicht verhindern können?«: Den Sturz von der Mauer, den Schnitt mit der Glasscherbe, den verdorbenen Magen, die verschmutzten Schuhe, das demolierte Fahrrad, den gebrochenen Arm. Nun, als Erwachsener paßt man auf, so gut man kann. Damit nichts passiert. Schließlich übernehmen wir ja die Verantwortung. Für die Kinder.

Es ist nun nicht so, daß die anderen Erwachsenen stets über einen herfallen, wenn wirklich einmal etwas passiert. Ich habe viel öfter erlebt, daß man verständnisvoll reagierte, wenn die Kinder unter der Aufsicht Erwachsener etwas angestellt hatten oder wenn ihnen etwas passiert war. Ich möchte auch auf etwas anderes hinaus, auf etwas anderes aufmerksam machen. Auf etwas, das tief drinnen wirkt.

In der Beziehung von mir, dem Erwachsenen, und den Kindern lebt ein Fremdkörper, ein Gefühl, das von außen kommt. Wenn ich mit Kindern zu tun habe, ist noch jemand mit von der Partie – jemand, der stört und mich den Kindern entfremdet: Das Pflichtgefühl, dafür sorgen zu müssen, daß nichts passiert. Ich Erwachsener bin zuständig (gemacht worden), daß nichts passiert. Die anderen Erwachsenen erwarten von mir, daß ich achtgebe. Sie erwarten es nicht so sehr von den Kindern selbst – »die können das doch noch gar nicht richtig übersehen« –, sondern sie erwarten es von mir. Die Erwachsenenwelt sieht zu, wenn ich mit Kindern zusammen bin.

Ich bin nicht allein mit Theo (15) und Arnd (14), wenn wir draußen ein Feuer machen. Ich bin nicht allein mit Doris (13) und Antje (13), wenn wir in einer Diskothek sind. Ich bin nicht allein mit Reinke (4) und Miriam (3), wenn wir im Supermarkt einkaufen. Ich bin nicht allein mit Silvi (11), Moni (11), Jürgen (13) und Claudia (12), wenn wir ein Wochenende im Ferienhaus verbringen. Die Erwachsenenwelt ist dabei: »Das hätten Sie aber voraussehen müssen« – »Sowas unternimmt man nicht mit Kindern« – »Das können Kinder in dem Alter noch nicht einschätzen« – »Da hätten Sie energisch durchgreifen müssen« – »Ihr Verhalten ist unverantwortlich«.

Verantwortlich – das ist der Kern des Problems. Wer hat das Recht, Normen für die Verantwortung im Umgang mit Kindern aufzustellen? Wer hat überhaupt das Recht, Erwachsenen eine Verantwortung aufzuerlegen, die sie für die Kinder (an ihrer Stelle, »weil die das noch nicht können«) ausüben sollen – die sie *über* die Kinder ausüben sollen?

Wir stellen diese Fragen nicht. Wir denken nicht darüber nach. Wir denken nur darüber nach, wie wir diese unbefragte Verantwortung gut erledigen können. So, daß man uns nicht vorwerfen kann: »Sie sind im Umgang mit Kindern einfach unverantwortlich.« Wir haben eine tiefsitzende, nicht mehr befragbare, tabuisierte Angst, daß man uns zu verantwortungslosen Erwachsenen abstempeln könnte. »Verantwortungslose Eltern!« – »Verantwortungsloser Lehrer!« – »Verantwortungsloser Erzieher!« – »Eine verantwortungslose Mutter!« – »Ein verantwortungsloser Vater!«

Die Verantwortung, die wir im Umgang mit den Kindern innerlich angenommen haben – die Stimmen und Normen der Erwachsenenwelt in uns – beeinflussen ganz konkret das Erleben mit den Kindern. Bei den oben genannten Beispielen sieht das dann so aus: »Komm von der Mauer runter« – »Laß die Scherbe liegen« – »Iß nicht so viel davon« – »Paß auf, wo du hintrittst« – »Fahr langsam« – »Hampel nicht so herum«. Die Angst, die aus dieser Verantwortung kommt, die Angst davor, daß man uns unverantwortlich nennen könnte, läßt uns zu den Kindern reden und mit ihnen umgehen, als seien sie nicht in der Lage, die Risiken ihres Tuns selbst einzuschätzen und ihr eigenes Leben zu leben. Diese Angst läßt uns auf die Kinder reagieren wie auf Noch-Nicht-Menschen. So, als seien die Kinder unfertige, unmündige und zur eigenen Verantwortung unfähige Wesen.

»Stimmt doch auch!« Denken Sie so? Ich jedenfalls bin sehr überzeugt anderer Meinung. Und mit mir viele Erwachsene. Sehen Sie sich beispielsweise nur einmal die Literaturliste am Schluß des Buches an: Da sind viele Autoren (durchaus mit Rang und Namen), die davon ausgehen, daß jeder Mensch von Geburt an zur Selbstverantwortung fähig ist. Und dann überlegen Sie auch: All das, was uns Erwachsene veranlaßt, wegen »der Verantwortung« einzugreifen, zu mahnen, zu erklären, zu schimpfen, zu verbieten – all das regeln die Kinder selbst *ohne* Erwachsene, wenn sie unter sich sind. Sie tun es sinnvoll, in Abschätzung ihrer Möglichkeiten und der Realität ringsum. Und sie tun es täglich, viele Stunden lang.

Sie klettern allein auf der Mauer rum. Sie fassen die Glasscherbe an und viele andere Scherben noch. Sie essen soviel davon und soviel hiervon. Sie stapfen unbesorgt durchs Gelände. Ein Fahrradsturz hält sie nicht davon ab, die nächste Runde zu drehen. Sie brechen sich den Arm, ohne daß die Welt untergeht.

Sie regeln ihre Dinge selbst, so wie sie sich trauen und vor sich selbst verantworten. Und sicher kommt es dabei auch zu Fehleinschätzungen und Unfällen – wie bei uns Erwachsenen auch. Hören wir auf, autozufahren, wenn wir wegen falscher Einschätzung einer Verkehrssituation einen Unfall verursacht haben? Natürlich nicht, eher sagen wir: Beim nächsten Mal passe ich besser auf, oder: Ich habe daraus gelernt, oder ganz einfach: Ich habe nicht aufgepaßt. Und genau dies können wir auch den Kindern zugestehen, ohne »für sie die Verantwortung zu haben«. Wie gesagt, die Kinder tun täglich ihre eigenen Dinge. Wir Erwachsenen lassen die Kinder in unseren Vorstellungen gar nicht mal unter sich sein. Wenn wir an Kinder denken, dann in bezug zu uns. Aber sie haben auch ihr eigenes Leben, mit ihrer eigenen Selbstverantwortlichkeit. Und wenn sie es dann mit uns zu tun bekommen, soll diese Selbstverantwortlichkeit einfach nicht mehr existieren?

Selbstverständlich ist sie dann noch da, und ich finde es schlimm, daß wir Erwachsenen dies gar nicht mitbekommen, ja, daß wir sogar sagen, dies gäbe es nicht. Daß wir dann, wenn wir mit Kindern zu tun haben, sofort mit unserer »Verantwortung« dahergestürmt kommen. Wie von einer Wahnidee besessen – »Kinder sind noch nicht selbstverantwortlich, Kinder sind noch nicht zur Selbstbestimmung fähig, Kinder müssen deswegen gelenkt und geführt werden« – bemerken wir nicht die Wirklichkeit der Kinder, in der ihre eigene Verantwortung und Selbstbestimmung einen festen Platz hat. Anders könnten sie ohne unsere Anwesenheit keine Stunde überleben! Es ist, als ob wir Erwachsene im Umgang mit Kindern unter einer Droge stehen: »Wir sind für die Kinder verantwortlich.« Diese Droge gehört heute noch zum Volksgut. Sie wird verbreitet durch die Überlieferung, wie gut der Erziehungsalltag bewältigt werden kann, durch unzählige Bücher und Erziehungsratschläge. In den Wissenschaftsfabriken der Pädagogik wird diese Droge immer wieder neu und raffinierter gemixt, nicht zuletzt zum Vorteil einer milliardenschweren Pädagogikindustrie. Wer nicht an diese Droge glaubt, wenn er es mit Kindern zu tun hat, wird fertiggemacht. Mit Vorwürfen, Bestrafungen, Ächtung. Und die Angst, die davon kommt, hat sogar das Nachdenken über diese Zusammenhänge unmöglich gemacht. »Was, Sie sagen, daß Sie Ihre Kinder nicht erziehen? Sie sind ihre Verantwortung los? Sie respektieren die ›Selbstbestimmung des Kindes‹? Das ist doch unverantwortliches Gerede! Ich verschwende keinen Gedanken an diesen Unsinn.«

Was ist eigentlich los mit uns Erwachsenen? Weshalb verzichten wir darauf, die Kinder als die selbstbestimmten und selbstverantwortlichen Menschen zu sehen, die sie sind? Weshalb akzeptieren wir die gesellschaftliche Regel, daß Erwachsene verantwortlich für Kinder sind? Weshalb lassen wir uns in der Beziehung zu Kindern von der *Für-dich-Verantwortung* lähmen?

»Wieso – das geht doch nicht anders!« Es geht sehr wohl anders. Ich habe auch erst mühsam gelernt, mit Kindern auf der Basis ihrer Selbstverantwortung und Selbstbestimmung und unserer Gleichberechtigung umzugehen, aber es geht, natürlich, denn die Kinder leben ja danach – wenn sie unter sich sind, und auch heimlich oder im offenen Aufstand, wenn sie es mit uns blinden Erwachsenen zu tun haben. Ich habe aus Büchern die Grundlagen des neuen Umgangs kennengelernt und ihn dann lange und sorgfältig ausprobiert, in meinem Forschungsprojekt zur Erlangung des Dr. phil. in Psychologie – 2600 Stunden lang. Und meine Erfahrungen mit Felix, unserem Sohn, zeigen mir, daß dies auch für die jüngsten Kinder – von Geburt an – gültig ist. Ich habe die lähmende Für-dich-Verantwortung abgelegt und die neue *Vor-dir-Verantwortung* erlernt: Ich achte die Selbstverantwortung und Selbstbestimmung junger Menschen und bin davor verantwortlich.

2. Das pädagogische Tabu

»Kinder können noch nicht wissen, was für sie gut ist.« »Man kann Kindern nicht die Entscheidung darüber zubilligen, was für sie wichtig ist.« »Es ist unverantwortlich, Kinder in ihren eigenen Angelegenheiten selbst bestimmen zu lassen, denn sie können die Tragweite ihrer Entscheidungen noch nicht richtig abschätzen.«

Diese Positionen spiegeln die traditionelle Erziehungshaltung. Und sie sind von einem Tabu geprägt: »Erkenne nicht die Fähigkeit des jungen Menschen, sinnvoll über sich und sein Schicksal selbst bestimmen zu können.« Wenn ich sage, daß dies ein Tabu ist, dann meine ich damit, daß es sehr wohl diese Fähigkeit gibt, daß es aber wie mit einem Bann belegt ist, dies zu bemerken oder darüber nachzudenken, ja, daß sogar die Frage »Können Kinder eigentlich sinnvoll über sich und ihr Schicksal selbst bestimmen?« nicht mehr auftaucht. Wenn man aufhört, etwas zu fragen, was aber gefragt werden kann, dann ist dieser Bereich tabuisiert.

Wie kommt es, daß wir uns diese Frage nach der Selbstbestimmung des Kindes nicht (mehr) vorlegen? Die einfachste Antwort darauf ist, daß es eben eine völlig sinnlose Frage ist: Da Kinder nicht sinnvoll selbst bestimmen können, braucht man auch nicht danach zu fragen, ja, eine Frage danach wäre ein unsinniger Gedankengang, so, wie wenn man etwas sieht, was gar nicht existiert. Diese Antwort wird uns von der Pädagogik gegeben, der traditionellen Lehre vom Umgang mit Kindern. Und es ist so, daß sich diese bereits in der Antike vertretene Lehre vom Umgang mit Kindern auf dem Satz aufbaut: »Kinder können nicht sinnvoll über sich und ihr Schicksal bestimmen.« Man schiebt dann auch ein »noch« ein: Die Kinder können es noch nicht. Erst, wenn sie gelernt haben, wie das geht, sinnvoll selbst zu bestimmen und zu verantworten, erst, wenn sie alt und reif genug sind, werden sie als verantwortliche und selbstbestimmte Menschen anerkannt.

Ich nenne diese Grundposition der Pädagogik das »pädagogische Tabu«. Durch den Kontakt zur Antipädagogik (1975) und Kinderrechtsbewegung (seit 1977) habe ich davon erfahren, daß es auch die gegenteilige Position zur Pädagogik gibt. Auch für mich war die Frage nach der Selbstbestimmung des Kindes vorher tabuisiert, das jahrtausendalte pädagogische Denken hatte auch mich in seinem Bann und mir den Blick auf die Wirklichkeit verstellt.

Wie kommt es zum pädagogischen Tabu? Wie kann es geschehen, daß der Menschheit die Selbstbestimmungsfähigkeit des Kindes in Vergessenheit geriet? Dies zu untersuchen wird im Zuge der Ausbreitung der Kinderrechtsbewegung sicher von vielen Gebieten der Wissenschaft in Angriff genommen werden. Dabei wird man auch herausfinden, weshalb gerade zum Schluß dieses Jahrhunderts das Wissen um die Selbstbestimmung des Menschen von Anfang an wiederentdeckt wurde. Ich erkläre es mir so, daß die pädagogische Position, die Kindern die Selbstbestimmungsfähigkeit abspricht, aus der Tradition des Herrschens über Menschen kommt, und daß heute dieses Zeitalter zumindest von seiner Idee her vorüber ist. Die Kinderrechtsbewegung ist da die konsequente Fortsetzung der Befreiungsbewegungen der Menschheit – in den letzten beiden hundert Jahren haben wir die Aufhebung der Leibeigenschaft, die Sklavenbefreiung, die Frauenemanzipation, die Befreiung aus absolutistischen Zwängen, den Antirassismus und zuletzt die Entkolonialisierung erlebt. Wenn man sich mit kulturanthropologischer Literatur befaßt, wird einem schnell klar, daß die Idee der Herrschaft über Menschen nicht von Anfang an unter den Menschen gewesen ist. (So z. B. William Glasser in »Identität und Gesellschaft«, Weinheim 1974).

Wenn man andere unterwerfen will, dann ist es wohl die sicherste Methode, wenn diese von vornherein selbst daran glauben, daß es für sie richtig ist, beherrscht zu werden. Und genau so wird mit uns verfahren: Als Kinder bekommen wir unser ganzes Kinderleben lang eingetrichtert, daß es für uns das Beste sei, wenn andere – Erwachsene – uns führen und über uns bestimmen. »Zu unserem eigenen Besten.«

»Die Schule ist wichtig fürs Leben« – »Kinder müssen abends rechtzeitig schlafen gehen« – »Fernsehen ist schädlich für Kinder« – »Du mußt aber noch mehr essen« – »Das ist doch kein Umgang für dich« – »Selbstverständlich wirst du weiter diesen Kurs besuchen« – »Eine so weite Reise kommt überhaupt nicht in Frage« – »Für diesen Film bist du noch zu jung«.

Das pädagogische Tabu wird von den Erwachsenen, die einen erzieherischen Anspruch haben, die von dem »Ich weiß, was für Kinder gut ist« erfüllt sind und ihre Vorstellungen durchsetzen wollen, nicht gespürt. Diese pädagogisch überzeugten Erwachsenen verstehen deswegen ohne lange Erklärungen und Eingehen auf Angst und Schuldgefühle überhaupt nicht, wovon die Rede ist, wenn man die Selbstbestimmung der Kinder ins Spiel bringt. Ohne den mitunter sehr mühsamen Prozeß der Enttabuisierung bekommen sie nicht mit, was gemeint ist, wenn engagierte Kinderrechtler der Pädagogik vorwerfen, sie habe einen Herrschaftsanspruch, sie sei chauvinistisch und faschistisch.

Es gibt dann leicht entrüstete Proteste. Wie stets, wenn man an ein Tabu rührt ohne gleichzeitig mit der Enttabuisierung zu beginnen (also sich auf die Ängste der Tabugebannten einzustellen und sie sozusagen dort abzuholen), wird es auch zu aggressiver Abwehr kommen: »Es ist doch völlig unverantwortlich, die Kinder selbst bestimmen zu lassen« – »Sie wollen doch damit nur provozieren, auf Kosten der Kinder« – »Man sollte diese Ansichten verbieten, sie sind gemeingefährlich«.

Ich finde es wichtig, den erzieherischen Erwachsenen sanft und einfühlsam mitzuteilen, was wir über das pädagogische Tabu wissen. Sie haben ihr Zusammenleben mit den Kindern ja nach diesem Tabu ausgerichtet, und sie fühlen sich verantwortlich und wohl auch erfolgreich (sonst hätten wir nicht eine so gigantische Pädagogikindustrie und zigtausende Menschen, die in pädagogischen Berufen arbeiten – dies dürften einschließlich der Lehrer ca. eine Million bei uns sein). Wir sollten ihnen nichts vorwerfen, wenngleich es aus der Sicht junger Menschen und ihres Selbstbestimmungsrechts mehr als genug Grund dafür gibt. Wir sollten diese Menschen zu gewinnen versuchen. Gewinnen womit? Enttabuisierung ist immer ein schmerzlicher Prozeß. Man muß ja etwas aufgeben, was bisher unverrückbar zum Selbstverständnis und Weltbild gehörte. Es stürzt etwas ein – wie wird der neue Boden sein? Wir müssen eine sinnvolle und befriedigende Alternative bieten können. Die neue Beziehung, von der ich in diesem Buch schreibe, ist dieses Angebot für die pädagogische Erwachsenengeneration.

Sollten wir die anderen nicht in Ruhe lassen? Sie leben doch zufrieden mit ihrem Tabu. Dies stimmt schon, doch ich fühle mich zu sehr den Kindern verpflichtet – und diese sagen in ihrer Sprache unmißverständlich, wie sie unter der Herrschaft der Erwachsenenwelt leiden und was Erziehung ihnen antut. Ich habe für mich entschieden, an der historischen Aufgabe, die uns das ausgehende 20. Jahrhundert stellt, mitzuarbeiten: Das pädagogische Tabu zu Fall zu bringen und zur gleichberechtigten Beziehung der Generationen aufzubrechen.

3. Herrschaft über Kinder

Es ist für uns selbstverständlich, daß wir unseren Kindern sagen, was sie zu tun und zu lassen haben. »Iß deinen Teller leer« – »Stell dein Rad in den Keller« – »Setz eine Mütze auf« – »Spiel nicht am Radio rum« – »Komm um acht nach Hause« – »Mach Schularbeiten«. Alle Kinder müssen letztlich tun, was »ihre« (zuständigen) Erwachsenen ihnen sagen.

Doch die Mißachtung des anderen, der niemals wirklich ein Befehlsempfänger ist – und dies gilt selbstverständlich auch für Kinder – liegt gar nicht so sehr in den konkreten Anordnungen. Sie liegt im Grundsätzlichen: Daß wir es uns *überhaupt* herausnehmen, etwas anzuordnen oder zu verbieten.

Wir haben nun als Mutter oder Vater die Möglichkeit, darauf zu verzichten, durchzusetzen, daß die Kinder dies oder das tun oder lassen. Ich will sagen: Wir haben das Recht dazu. Wer würde es uns streitig machen? Wenn wir unseren Kindern gegenüber auf das Durchsetzen verzichten wollen – wir können es, es fällt in unsere Erziehungszuständigkeit. Eventuell werden wir uns dafür Kritik einhandeln: »Du läßt aber auch alles durchgehen«, »Du läßt dich ausnutzen« usw. Aber niemand stellt in Frage, daß wir in konkreten Fällen auf die Herrschaft über Kinder verzichten können.

Doch daß wir überhaupt verzichten können, bei Kindern etwas durchzusetzen, bedeutet: Das Kind ist von unserer »Großzügigkeit« abhängig. Kinder haben nicht den gleichen Status wie wir. Sie können nicht ins Spiel bringen, daß wir grundsätzlich kein Recht haben, ihnen gegenüber etwas durchzusetzen.

Und nur dies, meine ich, ist richtig: Grundsätzlich haben Erwachsene kein Recht, Kindern gegenüber etwas durchzusetzen. Grundsätzlich steht Erwachsenen nicht das Recht zu, überhaupt zu entscheiden, ob sie etwas durchsetzen werden oder ob sie darauf verzichten wollen. Es gibt keine wirkliche Berechtigung, über einen anderen Menschen Herrschaft auszuüben, niemandem gegenüber, auch Kindern nicht. Und so kann es konsequenterweise auch keine Berechtigung geben, dann auf diese (nicht berechtigte) Herrschaftsausübung zu verzichten. Wer – aus welchen Gründen auch immer – darauf verzichtet, Kindern gegenüber etwas durchzusetzen, der macht dabei schon verkehrt, eine Ausnahme von der Regel für sich in Anspruch zu nehmen, die er als prinzipiell gültig anerkennt.

Es geht nicht darum, daß wir Erwachsenen so »großzügig« sind und Ausnahmen von der Durchsetz-Gewalt machen. Es geht darum, daß wir neuen Erwachsenen *nichts mehr mit der Durchsetz-Gewalt zu tun haben wollen.* Daß wir nicht in einzelnen Situationen aus irgendwelchen Gründen auf das Durchsetzen-Können verzichten, sondern daß wir für uns überhaupt nicht mehr in Betracht ziehen, daß wir jemals das Recht hätten, unseren Kindern gegenüber etwas durchzusetzen. Also: Nicht die Ausnahme von der grundsätzlich unangetasteten Durchsetz-Gewalt ist es, worauf es ankommt, sondern die endgültige Aufgabe dieses grundsätzlichen Anspruchs, Kindern gegenüber überhaupt etwas durchzusetzen zu dürfen. Die Aufgabe des Herrschaftsanspruchs kommt nicht nur aus der Überlegung, daß Kinder wie alle Menschen eine unantastbare Würde besitzen, daß sie souveräne Menschen sind wie jeder andere auch. Die Aufgabe des Herrschaftsanspruchs kommt neben solchen intellektuellen Motiven vor allem aus unserem Gefühl: Ich mag einfach nicht mehr jemand sein, der sich das Recht anmaßt, ein Durchsetzer Kindern gegenüber zu sein. Ein solcher Mensch zu sein macht mir unangenehme Gefühle, Widerwillen, Abscheu. Ich finde das nicht nur nicht gerechtfertigt (verstandesmäßige Begründung), sondern auch gemein, eklig, fies. Genau so, wie in mir schlimme Gefühle entstehen, wenn ich etwa Menschen anderer Rasse oder Hautfarbe zum Durchsetzer werden sollte. Ich habe nicht nur mit dem Verstand, sondern auch mit meinem Herzen die Position der Gleichberechtigung aller Menschen einge-nommen.

Im Grunde sind wir es ja auch gewohnt, andere Menschen *nicht* zu beherrschen. Wir haben keinen Herrschaftsanspruch an die anderen. Wir gehen mit ihnen auf gleicher Basis um, wir bitten, und gelegentlich üben wir auch Druck aus. Das Ausüben von Druck auf andere ist dabei von der aktuellen und auch der gesellschaftlichen Situation abhängig. Doch das Gefühl, daß der andere sich beugen müsse – also einen Herrschafts*anspruch* – haben wir nicht. Vielleicht fügt sich der andere, dann war der Druck erfolgreich. Aber er hätte es nicht tun müssen, es besteht für den anderen keine Verpflichtung hierzu – und für uns kein Recht, dies zu erwarten.

Nur Kindern gegenüber ist dies alles ganz anders. Dort gibt es eine Grundgröße, ein Selbstverständnis, ein Gefühl, ja ein Rechtsgefühl (ein Gefühl, daß man im Recht ist und das sich auch längst in juristischen Regeln ausgedrückt hat): Wir können Kindern sagen, was sie zu tun und zu lassen haben. Wir sind dazu berechtigt. Wir haben den Anspruch, daß sie folgen. Im Unterschied zum Verhalten der Erwachsenen untereinan-der gehört im Umgang mit Kindern der Herrschafts*anspruch* dazu.

Herrschaftsanspruch anderen Menschen gegenüber gab es auch unter Erwachsenen. Und wir konnten uns davon befreien:

Etwa die Leibeigenschaft, die Sklaverei, die Frauenunterdrükkung, der Rassismus, der Kolonialismus. Die Aufgabe des Anspruchs, über andere zu herrschen, hat eine gute Tradition in der Geschichte der Menschheit.

Es führt nicht weiter, wenn wir uns die Herrschaft über Kinder zum Vorwurf machen. Wir können sicher nüchtern bemerken, daß unsere Beziehung zu Kindern viele schlimme Züge hat: Wenn wir jungen Mitbürgern das Selbstbestimmungsrecht absprechen, wenn wir junge Mitbürger zu Menschen minderen Ranges mit minderen Rechten machen, wenn wir jungen Mitbürgern gegenüber einen Herrschaftsanspruch haben, usw. Doch Vorwürfe geben selten Anstoß, ein »Rechtsgefühl« als Willkür zu bemerken. Man verteidigt sich dann leicht und geht gar nicht auf das ein, was vielleicht doch sehr berechtigt gesagt wird.

Wir können uns einander ohne Vorwurf sagen, daß wir in einer schlimmen Tradition groß geworden sind. Es ist dies die tabuisierte pädagogische Tradition, die Kinder der Herrschaft Erwachsener unterstellt. Dies war die selbstverständliche Luft, die wir bislang tagtäglich geatmet haben. Daß sie vergiftet ist, können wir heute erkennen, und wir machen uns zu neuen Ufern auf. Die Mißachtungen, die uns selbst als Kinder zugefügt wurden (von den damals sicher auch gutmeinenden, aber dennoch herrschenden Erwachsenen), erleben wir nun nicht länger als »doch irgendwie berechtigt«, weil »Kinder ja erzogen werden müssen«. Wir wissen heute einfach genauer Bescheid um diese Zusammenhänge, wir entlarven das »Ich kann dir sagen, was du tun mußt« als uns nicht würdig und gehen einen neuen Weg. Wir haben in uns ein Gefühl für die Menschenrechte – diesem geben wir nach und dieses geleitet uns, die Herrschaft über Kinder abzulegen. Und statt Vorwürfe zu machen, sehen wir, wie wir die anderen Erwachsenen unterstützen können, sich auch zu befreien.

4. Erziehung und Herrschaft

Ich gehe auf einen Unterschied ein, der meines Erachtens leicht übersehen wird. Es geht darum, daß Erziehung immer auch Herrschaft bedeutet, und daß Herrschaft nicht immer auch Erziehung ist. Wer einen anderen erzieht, der übt über diesen immer auch Herrschaft aus. Wer jedoch einen anderen beherrscht, der muß ihn deswegen noch lange nicht erziehen.

Erziehung: Es kommt einer daher und ist voll des inneren Anspruchs, besser zu wissen als der andere, was für diesen gut sei. Er ist der Überzeugung, daß der andere in dessen eigenen Belangen nicht so gut Bescheid weiß wie er, der Außenstehende. Diese innere Haltung dessen, der so daherkommt, wird von der Antipädagogik »pädagogische Ambition« genannt. Ich gebrauche den Ausdruck »erzieherischer Anspruch«. Wenn aus dieser inneren Haltung – also aus dem erzieherischen Anspruch – Taten folgen, wenn der Außenstehende seine Auffassungen vom Besten für den anderen zu verwirklichen beginnt, dann fängt er an, ihn zu erziehen. Dabei ist es wichtig zu unterscheiden, daß der Außenstehende nicht nur so tut, als handele er zum Besten des anderen. Dann würde er lediglich Herrschaft ausüben mit einem verschleiernden Vorwand, dies zum Besten des anderen zu tun. Nein, dieser, der daherkommt, hat tatsächlich den Anspruch, es besser zu wissen, was für den anderen gut ist, besser, als dieser selbst. Und er gibt sich dafür auch »Berechtigungen«: »Ich bin erfahrener« – »Ich bin älter« – »Ich habe die Verantwortung« oder andersherum: »Du bist unerfahren« – »Du bist (noch) zu klein« – »Du kannst (noch) nicht selbst bestimmen und selbst verantworten«.

In meiner Definition ist also Erziehung die Verwirklichung des erzieherischen Anspruchs, das Zur-Sache-Schreiten, um beim anderen die für diesen als »Bestes« ausgesuchten Ziele zu verwirklichen. »Ich setze durch, bzw. versuche es, daß geschieht, was ich als gut für dich ausgesucht habe.« Das ist Erziehung.

Es gibt viele Definitionen von Erziehung. Meine beruht auf der

Grundhaltung aller Erziehenden: Ihres Anspruchs, besser zu wissen als andere, was für diese gut sei. Dabei ist dies eine treibende Größe: Sie behalten ihr Besser-Wissen nicht für sich (dies wäre nicht zu kritisieren, es wäre dann ihre Privatmeinung über andere), sondern sie bringen ihre Auffassung vom Besten des anderen zur Tat, sie sind mit Eifer dabei, sie wollen das, was sie für das Beste des anderen halten, Wirklichkeit werden lassen. Sie beginnen, die Dinge so voranzutreiben, daß das »Beste« für den anderen konkret wird. Daß geschieht, was sie für das Beste halten. Sie haben nicht nur eine Meinung über das Beste für den anderen, sondern darüber hinaus noch einen *Anspruch,* dies auch zu verwirklichen.

Es gibt nun viele Spielarten, wie sich dieser erzieherische Anspruch äußert. Dies ist jeweils historisch und gesellschaftlich bedingt. Wir kennen heute die Verwirklichung des erzieherischen Anspruchs in der Form von »Autoritärer Erziehung«, »Antiautoritärer Erziehung«, »Demokratischer Erziehung«, »Partnerschaftlicher Erziehung«, »Laisser-faire-Erziehung«, »Sozialistischer Erziehung«, »Kritischer Erziehung« usw. Alle Erziehungsvarianten haben eines gemeinsam – wenn sie sich auch sonst sehr unterscheiden mögen –: Den Anspruch des einen, besser zu wissen als der andere, was für diesen gut ist und es durchzusetzen zu versuchen. Dieses Basiselement aller Erziehung liegt meinem Erziehungsbegriff zugrunde, wie ich ihn in diesem Buch verwende, und, natürlich, wie ich ihn für menschenfeindlich halte und ablehne.

Alle Beeinflussungen, die *nicht* mit einem erzieherischen Anspruch verknüpft sind, nenne ich nicht Erziehung, sondern Beeinflussung. Diese – erziehungsfreien – Beeinflussungen geschehen dauernd, niemand kann sich ihnen entziehen. Das Tageslicht, die Farbe eines Autos, die Information, die ohne erzieherischen Anspruch gegeben wird. Es gibt nun viele Leute, die diese erziehungsfreien Beeinflussungen auch unter den Begriff Erziehung stecken und die sagen, alles sei Erziehung. Auch die Sonne oder das Leben oder das Meer würden uns erziehen. Zur deutlichen Unterscheidung zum

»eigentlich Erzieherischen«, nämlich der Absicht und des Anspruchs, für den anderen das Beste zu wissen und es durchzusetzen, bevorzuge ich, »Erziehung« nur beim Vorliegen des erzieherischen Anspruchs zu sagen, sonst aber von »Beeinflussung« zu sprechen.

Wenn man generell jeden Umgang mit Kindern Erziehung nennt, könnte es sein, daß darunter auch Handlungen fallen, die frei vom erzieherischen Anspruch sind. Wenn ich etwa einem Kind sage, daß dieses Eis 30 Pfennig kostet und dabei keinen erzieherischen Anspruch habe (also nicht irgendein Ziel mit dieser Information als »gut für das Kind« erreichen will), bin ich mit einem jungen Menschen umgegangen und habe ihn beeinflußt. Um klar zu unterscheiden, nenne ich ein solches Verhalten aber nicht Erziehung. Für alles Verhalten, das frei von Erziehung ist, habe ich keinen so gut passenden Begriff. Ich gebrauche meist »Beeinflussung«. Wenn einer erzieht, stellt er sich über den anderen und gibt ihm die Richtung an. Und er sorgt dafür, daß der andere dann auch in diese Richtung geht. Wenn der andere nicht »von selbst« geht, dann wird nachgeholfen. Und »nachhelfen« ist, wenn es nicht so geht, ohne Gewalt nicht zu machen. Wobei man viele Arten von Gewalt anwenden kann. Angefangen beim Einreden eines schlechten Gewissens, über die »Selbsteinsicht« bis hin zu Einsperren und Schlägen. Erzieherisches Verhalten zielt immer darauf ab, daß der andere auch zu tun beginnt, was man ihm (als das Beste für ihn) vorschreibt. Erziehung beinhaltet immer Herrschaft.

Herrschaft: Ich setze mich dem anderen gegenüber durch. Ich bin derjenige, nach dessen Willen gehandelt wird. Wie ich will, so geschieht es. »Tu, was ich sage.« Ich gebe eine Anordnung und setze durch, daß sie befolgt wird.

Beim Herrschen ist es nicht erforderlich, zusätzlich die innere Haltung zu haben, meine Anordnung sei für den anderen das für diesen Beste. Beim Herrschen reicht es völlig aus, wenn ich, ohne groß an den anderen zu denken, will, daß dies und das geschieht. Egal, ob zu meinem oder eines anderen Besten. Normalerweise wird es beim Herrschen so sein, daß das gemacht wird, was für mich selbst gut ist, was meinen Wünschen und Vorstellungen entspricht. Wenn ich sage »Mach Schulaufgaben«, so kann dahinter stecken: »Weil ich keinen Ärger mit dem Lehrer kriegen will.« Die Anordnung erfolgt zu meinem eigenen Vorteil, es findet keine Erziehung statt. Es kann aber auch dahinter stecken: »Weil das besser für dich ist« – dann ist es Erziehung, und die eingesetzte Herrschaft (der Druck, der aus dieser kurz gehaltenen Anweisung kommt) übe ich zum »Besten« des Kindes aus.

Wozu ist es gut, sich diesen Unterschied klar zu machen? Ist es für die Kinder nicht egal, ob reine Herrschaft (zum Besten des Erwachsenen) oder ob Herrschaft durch Erziehen (zum angeblich eigenen Besten) ausgeübt wird? Ist Herrschaft nicht gleich Herrschaft?

Ich sehe den Unterschied darin, daß etwas Unterschiedliches ausgesendet wird und daß auch etwas Unterschiedliches beim Kind ankommt. Das Kind spürt entweder, daß der Erwachsene sich für sein eigenes Erwachsenen-Wohlbefinden auf Kosten des Kindes einsetzt. Daß er unterdrückt, um eigene Ziele zu verfolgen. Dabei läßt er das innere Selbst-System des Kindes unangetastet – seine Ich-Auffassung, sein Selbstwertgefühl, seine eigene Art, sich zu verstehen. Er verlangt »nur«, daß getan wird, was er will. Das ist dann zwar schlimm genug – aber er mischt sich nicht noch obendrein in die »inneren Angelegenheiten« dieses anderen souveränen Menschen ein.

Oder das Kind spürt, daß da vom Erwachsenen außer dem Anordnen noch etwas anderes mitgeschickt wird: »Werde ein besserer Mensch« – »Sei nicht der, der du sein willst« – »Ändere dich« – »So, wie du dich verstehst, darfst du gar nicht sein«. Beim Erziehen schwingt die innere Haltung des Erwachsenen »ich tue es zum Besten des Kindes« mit, und dem Kind wird deutlich, daß es nicht nur tun soll, was der Erwachsene verlangt, sondern daß es dies auch noch als *für sich selbst richtig* bewerten soll. Es geschieht beim Erziehen also etwas Äußeres: Das sichtbare Miteinanderumgehen (das durchaus nett, partnerschaftlich und friedlich aussehen – *ausse-*

hen – kann). Und etwas Inneres: Der unsichtbare innere erzieherische Anspruch des Erwachsenen erreicht das Kind und sagt ihm, daß es nicht nur folgen, sondern auch einsehen, bejahen soll, was der Erwachsene von ihm will. *Daß es so, wie es ist – wie es nun mal gerade ist – nicht sein darf und sich so nicht lieben darf!*

Diese »innere Komponente« beim Erziehen kommt auf verschiedenen Wegen beim Kind an. Im Tonfall, in der Mimik und Gestik, in der »ganzen Art« dieses Erwachsenen. Die innere Haltung »Ich weiß, was für dich gut ist« mit ihrer »Anspruchsstrahlung« ist nicht an die Sprache gebunden. Doch sie ist deswegen nicht weniger schädlich. Und eigentlich ist sie viel grausamer als die reine Herrschaftsausübung, denn sie greift das seelische System des Kindes an, sie zersetzt das Ich-Gefühl des Kindes, sie macht seine eigene, in sich gespürte und tief verwurzelte Identität, seine Selbstliebe kaputt. »Mach Schulaufgaben« mit Erziehungsanspruch läßt das Kind spüren: »Was fällt dir ein, jemand zu sein, der keine Schulaufgaben machen will? So etwas gehört sich nicht. *So jemand darfst du nicht sein. So jemand darfst du nicht einmal sein wollen.*« Der erzieherische Anspruch, Grundlage der Erziehung, ist ein viel gefährlicheres Gift als die offene und erwachsenen-eigennützige, »reine« Herrschaft. Und er ist äußerst sozial gefährlich, weil über die torpedierte Selbstliebe auch die Fähigkeit zur Nächstenliebe gestört, wenn nicht zerstört wird.

Wenn man im Falle von Herrschaftsausübung nachgibt und tut, was von einem verlangt wird, kann man seine Selbstachtung behalten und innerlich der bleiben, der man sein will. »Der mit seiner Angst vor dem Pauker. Wenn es nach mir ginge, bräuchte ich keine Schulaufgaben zu machen. Natürlich bin ich im Recht, auch wenn ich jetzt schreibe, weil der mich zwingt.« Gegen Erziehung anzukommen ist viel schwerer. Die Kinder müssen dann so stark und stabil sein, daß sie die psychischen Angriffe des »gutmeinenden« Erwachsenen zurückweisen können. Wenn sie aber die Liebe dieser Erziehenden brauchen – dann geschieht Schreckliches: Die Kinder werden in ihrem

Ich-Verständnis gestört, sie werden psychisch krank und dadurch auch sozial gefährlich.

5. Wissen, was gut ist

Wenn ich mich gegen das »Ich weiß, was für dich gut ist« ausspreche, heißt das nicht, daß ich der Meinung bin, uns sollten keine Überlegungen in dieser Richtung mehr etwas angehen. Ich denke oft darüber nach, was für einen anderen jetzt gerade hilfreich und schön ist, was ihm gefallen könnte und was ihn stört. Ich mache mir durchaus Gedanken darüber, was angemessen und gut für andere ist. Es ist nur so, daß ich dabei stets weiß, daß dies einzig meine eigenen Überlegungen sind, daß sie nur in meinen Zuständigkeitsbereich fallen. Wenn ich mir überlege, was gut für einen anderen ist, dann ist dies *meine* Überlegung und sie hat keinen *Anspruch, wirklich* das Maßgebende für den anderen zu sein.

»Ich werde ihr ein kleines Keramiktier für ihren Setzkasten schenken« – »Bei dem Wetter ziehst du besser Gummistiefel an« – »Das Baby braucht jetzt etwas zu trinken« – »Wenn du da ziehst, geht der Knoten auf« – »Dieser Film wird dir wohl am besten gefallen«.

Ich teile mit, was *meiner Meinung nach* gut für den anderen ist. Und ich habe auch kein Problem damit, dies dann als »Ich weiß, was gut für dich ist« zu bezeichnen. Da ich diese Formulierung aber fast immer für die von mir abgelehnte erzieherische Beziehung verwende, drücke ich mich genauer aus und sage: »Ich weiß, was für dich gut sein *könnte*«. Aber es kommt eigentlich nicht so sehr auf die Wahl der Worte an, sondern auf die innere Haltung.

Wenn ich »weiß, was für dich gut ist« und dabei die innere Haltung habe »aber entscheiden wirst letztlich du selbst, es ist meine Meinung, ich sage sie dir, ich gebe dir diesen Tip oder Rat, aber ich beanspruche nicht, daß du dich danach richtest«, dann finde ich dies völlig in Ordnung. Wenn jemand sagt »ich weiß, was für dich gut ist« und dabei die innere Haltung hat »und richte dich danach, tu, was ich sage, ich weiß es schließlich besser als du«, dann schwingt da Mißachtung mit und dies lehne ich ab. Um das »ich weiß, was für dich gut ist« noch deutlicher in »akzeptiert« und »abgelehnt« zu trennen, sage ich auf der einen Seite eben meist »ich weiß, was für dich gut sein könnte« und füge auf der anderen Seite noch etwas hinzu: »Ich weiß, was für dich gut ist und werde es durchzusetzen versuchen.« Mein Gefühl, meine Einsicht, meine Erfahrung zu dem, was für Kinder gut ist – sein könnte! – verberge ich nicht. Diese Dinge sind schließlich in mir, sie sind mir im Laufe der Zeit zugewachsen. Und ich gebe dies an die Kinder weiter, so, wie ich auch an meine erwachsenen Freunde Rat und Vorschläge weitergebe. Ich gebe ihnen die Information, was meiner Meinung nach jetzt gerade gut für sie ist. Im Unterschied zur erzieherischen Haltung lasse ich es aber beim Informieren. Ob sich ein Kind nach dem richten wird, was ich sage, was ich ihm als »gut für dich« ausgebe, taste ich nicht an. Ich freue mich über Zustimmung und ich akzeptiere Ablehnung.

Gelegentlich kommt es auch vor, daß ich keine Ablehnung meines »Ich weiß, was für dich gut ist« vertragen kann und dann durchsetze, daß gemacht wird, was ich will. Dann bin ich zu ungeduldig, zu ängstlich, zu verärgert oder sonst irgendwie behindert. Aber dennoch gibt es dann immer noch einen Unterschied zwischen meinem »Tu, was ich als gut für dich ansehe« und dem erzieherischen »Tu, was ich als gut für dich ansehe.« Ich übe dann Herrschaft aus, das ist klar. Aber ich habe dabei nicht den Anspruch, nun *wirklich* schlauer als das Kind zu sein, das nichts von meinem »gut für dich« hält und lieber anderes tun will. Ich bin innerlich frei geworden von der anmaßenden Grundhaltung, wirklich besser zu wissen. Selbst, wenn ich ein Kind zwinge, zu tun, was ich will – und von dem ich meine, daß es für es am besten ist –, bin ich mir bewußt, daß ich im Grunde doch nie wissen kann, ob ich richtig liege. Aus situativen Gründen kann ich dann aber gerade nicht mehr runter davon, durchzusetzen, daß das Kind tut, was ich will.

Außerdem schwingt bei mir im Fall von Herrschaftsausübung nicht der Anspruch mit, daß das Kind sich auch meiner Bewertung unterwerfen soll. Es soll zwar dann tun, was ich will, und von dem ich sage »es ist gut für dich«. Aber ich beschränke mich auf das Ausüben von Herrschaft, auf das Durchsetzen, und lasse es in Ruhe damit, ob es das nun selbst »einsehen« soll oder nicht. Bei aller Herrschaft, die gelegentlich immer noch von mir ausgeht – ich bin mir sicher und habe es gelernt, daß von mir kein erzieherischer Anspruch mehr ausgeht, kein Angriff auf das Selbstwertgefühl und die Identität des Kindes. Kinder können dann, wenn ich sie zu etwas zwingen sollte, für total doof halten, was ich da von ihnen will. Dies fordert mich nicht heraus oder macht mich aggressiv. Sie können es mir sagen. Und es ist dann viel eher möglich, daß mich ihr offen geäußerter Protest wieder vom Herrschaftstrip runterbringt als daß mich das noch zusätzlich drängt, daß sie nun auch »gehorchen«. Ich unterwerfe nicht mehr ihre Gesinnung.

Ich überlege, wann ich einmal durchgesetzt habe, daß ein Kind etwas tat, was ich als »gut für dich« ausgegeben habe. Als Arnd (14) bei mir übernachten wollte, sagte ich ihm, es wäre sicher gut für ihn, zu Hause anzurufen und Bescheid zu sagen. Sonst würde er morgen Schwierigkeiten kriegen, wenn seine Eltern nicht wüßten, wo er die Nacht war. »Ach, das ist doch nicht so wichtig.« »Du kriegst aber bestimmt riesigen Ärger.« »Macht nichts.« »Wenn ich für dich anrufe, sieht es blöd aus.« »Ist doch nicht mein Problem.« Er wollte nicht tun, was für ihn das Beste war! Und ich begann zu herrschen: »Dann kannst du nicht hierbleiben.« »Na gut, wenn es sein muß. Aber ich finde es total überflüssig, du stellst dich ganz schön an.« Er tat dann, was ich wollte, aber er behielt seine eigene Bewertung dieser Aktion. Da ich nicht den Anspruch hatte, daß er einsieht, wie recht ich habe, griff ich ihn in seinem Selbstwertgefühl nicht an. Und wahrscheinlich rief er nur deswegen noch an, sonst wäre er wohl nicht geblieben. Als erzieherischer Erwachsener hätte ich gedacht und wahrscheinlich auch so etwas in der Richtung gesagt: »Das siehst du vielleicht später mal ein.«

Wissen Kinder, was gut für sie ist? Ihr Wissen ist nicht von der Art, wie wir Erwachsene meist etwas wissen. Es ist oft ein Gespür für das Angemessene, eine emotionale Sicherheit, die auf Selbstvertrauen und Ich-Sicherheit beruht. Ich habe immer wieder festgestellt, daß die Kinder in ihren eigenen Angelegenheiten sehr gut Bescheid wußten. Dies war wirklich faszinierend – und ich bekam es erst dann richtig mit, als ich ihrer Selbstverantwortung und Selbstbestimmung *wirklich* vertraute, ja, als ich mich ihr anvertraute. Ich würde sagen, daß sie weise sind. Ihr Wissen ist ein Wissen, wie es wohl ursprünglich aus uns kommt, es ist ein Wissen von innen.

Wir Erwachsene wissen um viele Dinge. Wir können die verschiedensten Informationen verknüpfen und uns ein Bild machen. Kinder verfügen nicht über diese Unmenge von Information. Wir Erwachsene sind vollgestopft mit Informationen. Es kommt aber nicht auf die Informationsmenge an, sondern darauf, in der jeweiligen Situation die zu ihr passenden auszusuchen. Und dies, das relevante Auswählen von Information, das In-Beziehung-Setzen von Situation und Information, die Sicherheit im Umgang mit der Information zum eigenen Besten: Dies können die Kinder sehr befreiend und effektiv. Sie sind ausgesprochen *informationssouverän.* Erwachsene verheddern sich rasch und finden sich selbst nicht wieder im Informationsmeer. Kinder wissen selten nicht, was für sie gut ist – sie wissen es und sie verwirklichen es, wenn wir sie nicht hindern.

6. Die Rolle der Wissenschaft

Es wird oft gefragt, ob die Auffassung, daß Menschen von Geburt an selbstbestimmt sind – und Kinder mithin nicht beherrscht und erzogen werden müssen –, wissenschaftlich abgesichert und bewiesen ist. Wer so fragt, möchte es meist gern von anerkannten Fachleuten beglaubigt haben, daß die

63

neue Art des Miteinanders mit Kindern – daß *Freundschaft mit Kindern* – nicht auf Sand gebaut ist.

Ich nenne dann Namen wie Carl R. Rogers (Begründer der Gesprächspsychotherapie und Wegbereiter der Gruppenbewegung), Ronald D. Laing (Begründer der Antipsychiatrie), Heinrich Kupffer (Professor für Pädagogik in Kiel), Margaret Mead (berühmte anthropologische Forschungen), Lloyd de Mause (Psychohistoriker und Leiter des Institute for Psychohistory in New York), Paul Watzlawick (Kommunikationsforschungen am Mental Research Institute in Paolo Alto, Kalifornien), Gérard Mendel (Psychiater und Psychoanalytiker in Paris), Nils Christie (Soziologie- und Kriminologieprofessor in Oslo), Janpeter Kob (Soziologieprofessor an der Universität Hamburg), Charles Weingartner (Pädagogikprofessor am Queens Collage, USA), Neil Postman (Professor für englische Sprache an der New York University), David Gottlieb (Professor für Human Development an der Pennsylvania State University), Frédérick Leboyer (Arzt und Geburtshelfer, Erneuerer der Geburtsmethode), usw.

Einige Leute beruhigt das. Aber ich denke, daß man dazu eigentlich klar sagen sollte, daß die Wissenschaft nicht der Weisheit letzter Schluß ist. In der westlichen Welt sind wir sehr auf die Wissenschaft fixiert, wenn etwas Strittiges zur Diskussion steht. Und wenn es Wissenschaftler gibt, die man als Zeugen für seine Meinung anführen kann, dann hat man schon so gut wie gewonnen. Aber allein die Überlegung, daß auch die Gegenseite sicher für ihre Position viele Wissenschaftler anführen wird, müßte jeden stutzig machen. Auch für die Auffassung, daß Menschen *nicht* von Geburt an selbstbestimmt seien und Kinder somit beherrscht und erzogen werden müßten, gibt es wissenschaftliche Meinungen und Begründungen. Ja, es gibt sogar eine eigene Wissenschaft, die sich auf der Basisaussage »Menschen sind nicht von Geburt an selbstbestimmt und müssen erzogen werden« um die Beziehung von Erwachsenen und Kindern kümmert: Die Pädagogik. Und natürlich erhält sie von der Gegenseite wiederum – der Kinderrechtsbewegung – das Etikett »Herrschaftsideologie«.

Ich füge dann auf die Frage nach der wissenschaftlichen Grundlage von *Freundschaft mit Kindern* hinzu, daß die wichtigsten Vertreter für eine wissenschaftliche Untermauerung der neuen Beziehung in der Humanistischen Psychologie zu finden sind, sowie in geringerer Zahl in der Pädagogik, Anthropologie, Soziologie und Personologie (Wissenschaft vom Menschen und den menschlichen Beziehungen), ja eigentlich in jeder wissenschaftlichen Disziplin, die sich für diese Thematik interessiert. Und ich sage auch: »Es sollte aber nicht übersehen werden, daß es auch Wissenschaftskritiker gibt, die das ganze Unternehmen Wissenschaft in Frage stellen. Diese Wissenschaftstheoretiker arbeiten in einem besonderen Zweig der Wissenschaft und diskutieren den Sinn und Unsinn wissenschaftlichen Arbeitens und wissenschaftlicher Ergebnisse. Sie werfen der Wissenschaft beispielsweise vor, daß sie ein selbstherrliches Monopol für Wahrheit geworden ist – wie früher die Religion. Und sie werfen die Frage auf, ob eine wissenschaftliche Vorgehensweise überhaupt das erfassen kann, was wichtig und wesentlich für uns ist.«

Michael Polanyi sagt beispielsweise: »In jenen Tagen, in denen eine Idee durch den Nachweis zum Schweigen gebracht werden konnte, daß sie im Gegensatz zur Religion stand, war die Theologie die größte Quelle von Täuschungen. Heute, wo jeder menschliche Gedanke in Verruf gebracht werden kann, wenn man ihn als unwissenschaftlich brandmarkt, ist die früher von der Theologie ausgegangene Macht auf die Wissenschaft übergegangen; folglich ist sie auf ihre Weise die größte Quelle von Irrtümern geworden« (in: Carl R. Rogers, Lernen in Freiheit, München 1974, S. 265 f.).

Paul Feyerabend ist einer der brillantesten Wissenschaftstheoretiker. In seinem Buch »Wider den Methodenzwang« (Frankfurt 1976, S. 397 f.) widerlegt er sehr überzeugend den objektiven Geltungsanspruch der Wissenschaft als Märchen (das wir nur allzugerne glauben!) und zeigt einen interessanten

65

Zusammenhang auf: »Der Aufstieg der modernen Wissenschaft fällt zusammen mit der Unterdrückung von Kolonialvölkern durch westliche Eindringlinge. Die Stämme wurden nicht nur physisch unterdrückt, sie verloren auch ihre geistige Unabhängigkeit... Die Intelligentesten bekamen eine besondere Belohnung: sie wurden in die Geheimnisse des westlichen Rationalismus und seines Gipfelpunkts eingeführt – der westlichen Wissenschaft.«

Insbesondere die naturwissenschaftliche Denkweise hat ja unsere westliche Weltauffassung geprägt. Das Miteinander von Personen jedoch erfolgt nach anderen Regeln. Unsere Gefühle etwa sind nicht mit naturwissenschaftlichen Methoden zu begreifen – auch nicht mit dem Subjekt-Objekt (Oben-Unten)-Schema der Pädagogik. Es gibt nun aber wieder Scharen naturwissenschaftlich geschulter Wissenschaftler, z. B. in der Psychologie, oder eben die Pädagogik, die dies ganz anders sehen. Oder: Ist nicht die asiatische Art, das Leben und die Menschen zu verstehen, viel näher dran am Wesentlichen? Wer aber wiederum weiß denn, daß dies unsere mehr sachliche und »objektive« Weltsicht als leistungsschwach zurückläßt?

Ich denke, wir sollten Bescheid wissen, daß es diese unterschiedlichen Positionen gibt. Dies könnte helfen, vom gebannten Starren auf Experten und Wissenschaftler freizukommen – und wir könnten uns dann ihre Aussagen in Ruhe anhören. So, wie wir jedermann zuhören können, wenn er aus seiner Weltsicht etwas zum Problem der Selbstbestimmung des Menschen von Anfang an und der Herrschaft über Kinder und der Erziehung sagt. Und dann, meine ich, *sind wir selbst gefragt,* wir entscheiden, was wir von diesen Informationen als für uns wichtig, gültig, hilfreich und unterstützend annehmen wollen. Ich für meinen Teil bin erfüllt von den Aussagen der Menschen, die die Selbstbestimmung des Menschen von Anfang an gelten lassen, die die Herrschaft über Kinder und die Erziehung – das »Ich weiß, was für dich gut ist und werde es durchzusetzen versuchen« – als menschenfeindlich ablehnen. Ich habe mich auf diese Position eingelassen, bejahe und vertrete sie, und habe mit dem neuen Wissenschaftsverständnis der Humanistischen Psychologie darin auch geforscht, wobei meine Forschung »durchaus taoistischer Weisheit verwandt« ist, wie ich in der Einleitung meiner Dissertation schrieb. Es wird *Ihre eigene* Zuständigkeit sein, die neue Beziehung – *Freundschaft mit Kindern* – und den Inhalt dieses Buches zu bewerten und gegebenenfalls sich neu zu orientieren. Wenn man nach den Experten fragt, um sich mal umzuhören und sich dann sein eigenes Urteil zu bilden, dann finde ich das eine gute Sache. Und in diesem Sinne würde ich keine Scheu haben, mich als Experten in Sachen *Freundschaft mit Kindern,* antipädagogische Forschung und Kinderrechtsbewegung zu bezeichnen. Wenn man aber die Experten braucht, um sich von einer Idee »überzeugen« zu lassen, habe ich komische Gefühle. Aber natürlich: Wer dies gern tun mag, dem sei dies unbenommen, und ich werde ihn nicht kritisieren (nur eben komische Gefühle bei soviel Gläubigkeit bekommen – aber na gut). Und auch diese Ratsuchenden können ihren eigenen Weg zur neuen Beziehung finden: Es gibt viele Experten der verschiedensten wissenschaftlichen Disziplinen, die *für* die Grundlagen der neuen Beziehung eintreten. Für alle, die diese Hilfe für den Start benötigen. Die neue Beziehung jedoch braucht keine Wissenschaft (wenn es auch hilfreich ist, daß diese sie stützt) – sie lebt durch die Menschen, die aus eigenem tiefen Wissen und eigener souveräner Weisheit *so* mit ihren Kindern leben wollen.

7. Befreien mit Erwachsenen

Wir können mit den Kindern lernen, die neue Beziehung zu beginnen. Wir können uns aber auch gemeinsam mit Erwachsenen für die neue Beziehung bereit machen. Die anderen Erwachsenen haben ähnliche Schwierigkeiten wie wir, sie sind auch in der traditionellen alten erzieherischen Beziehung groß geworden und wendeten sie ihren Kindern gegenüber an. Es ist mitunter leichter, mit Menschen, die Gleiches durchgemacht haben, über neue Wege nachzudenken und in sich selbst verschlossene Türen zu öffnen, als dies allein zu versuchen.

Der Beginn der neuen Beziehung liegt in uns selbst. Wir treffen in uns die Entscheidung. »Tief in uns«, sage ich meist, um auszudrücken, daß diese Entscheidung ganz aus unserem Gefühl, aus einer fest verankerten Gefühlsgewißheit kommt. Dies hört sich für unsere an intellektuelle Sprache und theoretische Begründungen gewohnte Ohren vielleicht merkwürdig fremd an. Doch eine andere Einstellung zu gewinnen geht nicht allein über den Intellekt. Da gehört mehr dazu: Die emotionale Dimension, unser Gefühl.

Wenn wir uns mit Erwachsenen treffen, die das gleiche Anliegen haben wie wir – Verschüttetes in sich aufzuspüren –, dann schwingt in einer solchen Gruppe Vertrauen. Ich vertraue den anderen Erwachsenen, daß sie mich den sein lassen, der ich sein will. Wenn ich etwas von mir berichte, dann tue ich das mit dem vorsichtigen, aber immer sicherer werdenden Gefühl, daß die anderen Zeit zum Zuhören haben und daß sie mir mit Sympathie und Wärme zuhören. Im Kreis von erwachsenen Menschen, denen ich immer mehr vertraue, kann ich mich selbst erkunden. Ihre Anteilnahme und ihre Verwandtschaft im Erleben ermutigen mich, mir zu begegnen. Das heißt, mehr und mehr mir selbst ins Gesicht zu sehen, immer befreiter von den Regeln der Erwachsenenwelt, die mich als Kind zumauerten und in Verstecke trieben.

Den Kindern gegenüber echt zu sein, unverstellt der zu sein, der ich bin, ist weniger schwierig als mir dies Erwachsenen gegenüber gelingt. Wenn ich nun im Kreis von Erwachsenen auch dort sicherer werde, dann ist dies eine große Hilfe, all den Erwachsenennormen und Erwachsenenverpflichtungen in mir gelassen standzuhalten. Bei den Kindern verbündet sich gegen diese Normen – die einschränkenden Normen der Erwachsenenwelt – die solidarische Gewißheit, ein Gleicher unter Gleichen zu sein, ein Geschwister unter Kindern zu sein. Gemeinsam unterlaufen wir die Erwachsenennormen, die uns stören und zerstören wollen, gemeinsam tun wir, was wir für richtig halten. Wenn ich nun mit gleichgesinnten Erwachsenen auch zu den Dingen vorstoße, die ich im Zusammensein mit Kindern wieder erfahre, dann gibt mir das große Sicherheit, immer so sein zu können. Wir Geschwister (die Erwachsenen und ich) halten zusammen und entlarven Erwachsenenregeln als lebensuntüchtig, krankmachend, leer und sinnlos. Ich lerne, Geschwister auch auf der Erwachsenenebene zu sein. Und in dieser Geschwisterlichkeit verbinden wir uns dann wieder mit den Kindern, die auch unsere Geschwister sind.

Es scheint so zu sein, daß im Zusammensein mit den Kindern die alte Wahrheit einfach und ungefragt durchbricht: Achtungsvoll und freundschaftlich, auf der Basis der Selbstbestimmung und Gleichberechtigung miteinander umzugehen. Mit den Kindern erlebe ich dies direkt, im Tun. *Wir gehen tatsächlich so miteinander um.* Im Zusammensein mit den Erwachsenen, denen ich vertraue und mit denen ich mich zum gemeinsamen Lernen der neuen Beziehung zusammenfinde, ist es dann so, als gäben wir uns die Legitimation zurück, so souverän, so achtungsvoll, so gleichberechtigt miteinander und den Kindern umgehen zu *dürfen.* Es ist ja nicht erlaubt! Die Erwachsenenwelt heute sagt ganz klar: »Mit Kindern wird nach dem Oben-Unten-Prinzip umgegangen.« Dies haben wir in unserer Kinderzeit so erlebt und dann auch den Kindern gegenüber so praktiziert. Jetzt aber sensibilisieren wir unser Gefühl für die Würde des anderen und für den achtungsvollen Umgang – und führen gemeinsam einen Umsturz im Normensystem durch. Wir fegen das Unrechtssystem fort – das Menschen nicht die sein läßt, die sie sind und sein wollen – und erkennen, wo Recht und Menschlichkeit liegen: Jeder Mensch kann von Geburt an der sein, der er ist und sein will. Und wir praktizieren den neuen Umgang mit den Kindern dann mit einem Legitimitätsgefühl, mit dem Gefühl, im Recht zu sein und Vorbild zu sein. Statt wie bislang mit dem merkwürdig zwiespältigen Gefühl, einerseits zu wissen, daß nur dieser achtungsvolle und gleichberechtigte Umgang mit den Kindern richtig ist, und andererseits aber noch die alten Erwachsenennormen in uns mit Vorwürfen, Drohungen, Angst und Schuldgefühlen rumoren zu sehen.

Wir lernen mit Erwachsenen, mit Erwachsenenaugen, die neue Beziehung anzugehen und als Erwachsener uns um unsere eigenen Kindheitswahrheiten zu kümmern. Wir haben die Zeit, das Kind in uns liebevoll in den Arm zu nehmen, so wie es ist, tatsächlich ist, unverstellt. Wir sagen dem Kind in uns, daß wir es mögen, daß es zu Recht so ist, wie es ist, daß es ein souveräner, schöner, ja heiliger Mensch ist. Wir holen nach – nun selbst erwachsen geworden –, was wir damals als Kind nicht erfuhren: Jenseits aller Erziehung mit ihren Ansprüchen und Zielen *bedingungslos* akzeptiert und geliebt zu werden. Und wir tun es nicht allein, sondern die anderen erwachsenen Vertrauten tun es auch, sich selbst gegenüber und untereinander. Wir erleben Gruppendynamik, die uns befreit.

»Ich bin heute ein ganz anderer Erwachsener als früher.« Ein solches Statement symbolisiert die Veränderung. Wir sind jetzt nicht zu Kindern geworden. Wir bleiben Erwachsene, mit unseren Erfahrungen und unserem Alter und unserem Wissen. Aber wir haben den Kontakt zur eigenen Kindheitsdimension wiedergefunden, zu den Wahrheiten unserer Kinderzeit. Wir sind um diese Dimension bereicherte Erwachsene. Den alten Erwachsenen fehlten diese Größe und diese Gefühle und dieses Wissen. Sie leben nach den überkommenen Erwachsenenregeln, die nicht nur keinen Platz für die Dimensionen der Kinder haben, sondern die diese Größen unterdrücken. Wir sind weiter, wissen mehr, fühlen mehr. Wir sind reifere, neue Erwachsene.

Die alten Erwachsenen: »Man muß sich verändern und verbessern.« Wir: »Jeder verändert sich. Es ist unsinnig, das zu ›müssen‹. Es geschieht. So, wie wir sind, ist es gut und sinnvoll. Wenn wir etwas hinzulernen, dann wird dies eine neue Realität von uns werden. Aber es ist unsinnig, dies gegen die bisherige Verhaltensweise aufzurechnen. Wir akzeptieren auch unser Damals (auch unser altes Erwachsenenverhalten), es hatte seinen Sinn und seine Bedeutung für uns. Wir mögen uns, so wie wir sind, mit und ohne Veränderungen.«

Die alten Erwachsenen: »Kinder müssen zu vollwertigen Menschen erst noch gemacht (erzogen) werden.« Wir: »Jeder Mensch ist von Geburt an ein vollwertiger Mensch. Noch nicht vorhandene Fähigkeiten und noch nicht vorhandene Ausführungskompetenzen schmälern nichts an der Vollwertigkeit. Auch ein kranker Erwachsener kann nicht mehr all das tun, was ein gesunder Erwachsener tun kann, und auch Erwachsene können sich immer neu qualifizieren und etwas ausführen lernen, was sie vorher nicht konnten. Das ›noch nicht können‹ oder das ›nicht mehr können‹ schmälert nichts an der Vollwertigkeit. Niemand kann sich zu Recht anmaßen, andere Menschen herunterzustufen, gleichgültig, mit welcher Begründung: Hautfarbe, Geschlecht, Nationalität, Religion, oder eben Alter. Und niemand hat dementsprechend das Recht, diese Herabgestuften Noch-Nicht-Menschen dann zu vollwertigen zu machen. Und Erziehung tut genau dies, wobei man sich dann auf ›natürliche Gegebenheiten‹ beruft und den Augenschein des Noch-nicht-Tun-Könnens mit der uneingeschränkten Vollwertigkeit verwechselt. Es ist unsere Verantwortung, die Souveränität des von Anfang an vollwertigen Menschen zu respektieren, seine Sprache und Mitteilungsformen zu erlernen und ihn in seiner selbstbestimmten Lebensweise zu unterstützen.«

Die alten Erwachsenen: »Jeder muß sich an anerkannte gesellschaftliche Normen des Miteinanders halten. Und die Kinder müssen dies beigebracht bekommen.« Wir: »Gesellschaftliche Normen, die sich auf den zwischenmenschlichen Umgang beziehen, darauf, wie Menschen konkret miteinander umgehen, gibt es nicht mit Gültigkeit. Im unmittelbaren Umgang gibt es zu Recht niemals Oberschiedsrichter. Menschliche Beziehungen leben aus sich heraus, aus den Menschen, die gerade miteinander zu tun haben. Dabei ist jeder sein eigener Chef, und aus diesem Gefühl heraus gehen wir mit anderen souveränen Menschen um.«

Es gibt viele Möglichkeiten, wie eine solche Lern- und Vertrauensgruppe von Erwachsenen sein kann. Sie kann sich einfach so finden oder sich nach einer bestimmten Konzeption arrangieren. Wir können einfach so zusammenkommen, um miteinander zu reden oder etwas zu unternehmen. Oder wir verabreden, uns nach bestimmten Hilfen zu erfahren (therapeutische oder gruppendynamische Konzepte). Wir sind stets unser eigener Chef. Wenn uns ein Arrangement nicht mehr sinnvoll erscheint, können wir es ändern. Wenn wir beispielsweise verabreden, Rollenspiele zu machen, tun wir dies solange, wie wir darin einen Wert erkennen. In einer Erwachsenengruppe, in der wir lernen, uns und den anderen zu begegnen, sind wir stets so fluktuierend, wie wir dies sein wollen. Wir überantworten uns unseren Gefühlen und vertrauen einander. Das Lernen mit Erwachsenen bringt uns in der Art, die wir Erwachsene gewohnt sind, zu der neuen Beziehung und zur Freundschaft mit Kindern.

IV Die neue Beziehung

1. Von Kindern lernen

Das neue Miteinander läßt sich auch erlernen, wenn man mit Kindern zusammen ist. Neben dem Lernen im Kreis von Erwachsenen oder durch Lesen, Nachdenken und Selbstbesinnung. Sie sagen sich: »Ich denke, ich habe verstanden, worum es geht – die Kinder als gleichberechtigte Persönlichkeiten achten, mich auf ihre souveränen Mitteilungen einlassen, ihr erwachsener Freund sein. Ich möchte versuchen, ob die Kinder mir dabei nicht helfen können.« Sie gehen mit der neuen Grundhaltung zu den Kindern.

Ich habe die neue Beziehung so gelernt. Ich war Erwachsenen gegenüber sehr mißtrauisch, ob sie mich diese Beziehung leben ließen. Ich ging zu den Kindern. In meinem Forschungsprojekt war ich viele Stunden mit ihnen zusammen – eine lange und schöne Zeit.

Wir waren an einem Baggersee: Elke (10), Sandra (9), Britta (7), Holger (7), Oliver (9) und ich. Wir hatten ein Feuerchen gemacht und Kartoffeln geröstet. Um das Feuer auszumachen, holten wir Wasser aus dem See.

Das Wasser interessierte sie. Erst ging Oliver mit seinen Gummistiefeln am Ufer lang. »Paß auf, daß dir kein Wasser reinschwappt« (ich hatte Angst, er könnte sich erkälten – meine Erwachsenenangst). Dann wollte auch Elke im Wasser laufen. »Kann ich deine Gummistiefel haben?« (Sie waren im Auto. Meine Bedenken: Sie läßt Wasser reinlaufen, sie bekommt nasse Füße, die anderen wollen auch.) O.k., ich gab sie ihr (was ist mir wichtiger: meine Gummistiefel, die ich ja zu Hause wieder trocknen kann, oder Elkes Wunsch?).

Elke ging dorthin, wo es für meine Stiefel zu tief war. (Sie setzt sich über mein »kein Wasser in die Stiefel« hinweg. Ich akzeptiere: Wenn es ihr Spaß macht, sie ist mir wichtiger.) Das war ein Signal. Auch Oliver ließ seine Stiefel vollaufen. (Mein Ärger, daß dies nun doch passierte, hielt sich die Waage mit meiner Freude über den Spaß, den sie dabei hatten.)

Jetzt hielt es auch die anderen nicht mehr. Britta und Holger gingen zum Wasser. »Zieht doch eure Schuhe aus« – nichts da. Patsch, waren sie mit ihren Schuhen drin. (Kinder sollten sich nicht die Schuhe naß machen. Was werden ihre Eltern sagen. Sie bekommen garantiert eine Erkältung. Und: Wie sie sich freuen!).

Sandra blieb bei mir. Ich nahm dies auf: Wenn ich jetzt mit Sandra ein Stück in Richtung auf das Auto gehe, kommen die anderen aus dem Wasser. (Erwachsenenangst, nicht mehr Herr der Situation zu sein. Meine unwohlen Gefühle wuchsen.) »Wir müssen nach Hause« (vorgeschobener Grund). »Ich habe Angst, daß ihr euch erkältet« (schon ehrlicher; daß mir am meisten Sorge machte, von ihren Eltern Ärger zu bekommen, sagte ich nicht). »Wieso – wir erkälten uns nicht« (ich spürte ihre Gelassenheit und mein blödes, ach so erfahrenes Erwachsenengehabe).

Dann ging Elke einfach tiefer ins Wasser. Mit allen Sachen! Schon war sie bis zum Bauch eingetaucht. (Das darf doch nicht wahr sein... Und: Wie sie sich freut, das muß ja unheimlich Spaß machen.) Oliver folgte, Holger schrie vor Vergnügen. Britta tauchte plötzlich bis zum Hals ein. Jetzt ging auch Sandra zum See. Dann waren alle dabei, auf- und abzutauchen. (Es kamen andere Bedenken: Sie könnten sich verschlucken, sie könnten in zu tiefe Zonen kommen, ich verliere den Überblick, es wird gefährlich, ich sollte jetzt auch ins Wasser gehen, um sofort eingreifen zu können. Und es kamen andere Gefühle: Sie sind so souverän, sie reizen die Situation aus, sie werfen diese behindernden Erwachsenenregeln über Bord – »man geht nicht mit Anziehsachen ins Wasser«, »man geht überhaupt nicht in ein Baggerloch«, »man muß wenigstens ein Abtrockentuch dabei haben«. Sie lebten *jetzt* – und wie!).

Elke schwamm. »Ich kann nicht mehr stehen.« Holger setzte sich, nur sein Kopf war noch zu sehen, Britta schmiß ihre Schuhe an Land, Sandra marschierte drauflos, Oliver tauchte »hallo, ich ertrinke«.

Ich war jetzt jenseits aller Erwachsenenregeln und Erwachsenenbedenken. Ich war eingespannt in die Situation, wie sie von den Kindern gelebt wurde. Ich war fasziniert. Und hellwach und aufmerksam, um sofort helfen zu können, falls das nötig werden sollte. Ich war voll von ihrem Vergnügen und ihrer Sicherheit. Ich war wieder im Vertrauen zu ihnen und zu mir, wie vor Beginn der Wasserszene. Ich saß am Ufer und genoß, mich, sie und das Leben. Es war fantastisch und befreiend.

»Komm doch auch.« »Nee, ich habe keine Lust.« »Na gut, aber wir.«

Dann kam Sandra ans Ufer. »Mir ist kalt.« Dann Oliver. »Leute, ich habe jetzt Angst, daß es zu kalt wird. Kommt raus, ich hole etwas zum Abtrocknen aus dem Auto.« (Ich spielte mit, ich plante mit. Ich managte und brachte mein Erwachsenen-Know-how ein: wie man jetzt wieder warm wird. Ich war ihr Freund und stand auf ihrer Seite, ich stand ihnen zur Seite.) Sie kamen nach und nach. Die Abtrockensachen – trockene Wäsche, die im Auto rumlag – reichten gerade. »Wer trocken ist, rein ins Auto. Laßt die nassen Sachen liegen und wickelt euch in die Autodecken.« (Ich managte weiter. In mir war Gewißheit: Wir bekommen das hin. Wenn sie sich ausziehen und einwickeln, kann es keine Erkältung geben.)

Das Abtrocknen war ein Mordsspaß. Das Ausziehen auch. Vertrautheitsatmosphäre kam auf, wir waren Verschworene. Ich packte ihre Sachen zu »Familienhaufen« zusammen, »damit es nachher beim Aussteigen schneller geht«. Dann war es soweit, wir fuhren ab. Heizung volle Kraft, die Scheiben beschlagen, der Wagen voller Leben, Spaß, Vertrautheit, Abenteuer und Glück.

Ich habe viele solche Erlebnisse gehabt. Immer wieder war es so, daß die Erwachsenenbedenken erst in mir aufkamen, daß sie mich Warnungen und Vertröstungen aussprechen ließen.

Und daß ich aber gleichzeitig so flexibel war, beim Warnen und Vertrösten so ohne Anspruch, dies nun auch befolgen zu müssen, daß sie dann doch taten, was sie für richtig hielten. *Und dies befreite mich.* Von einem gewissen Punkt an kippte in mir die Erwachsenenhaltung des »bedächtigen und alle Eventualitäten berücksichtigenden Erwachsenen« um: Ich nahm die Kinder vor mir als gleichberechtigte Menschen wahr, wie Geschwister, ich konnte die Bürde, ein »aufsichtspflichtiger« Erwachsener zu sein, abschütteln. Ich konnte mitmachen und von ihrer Weisheit lernen.

Wie kam es zum Umkippen? Ich weiß es nicht genau. Ich weiß nur, daß es immer kam und daß ich nie in eine Situation mit einem Umkipp-Vorsatz ging. Es geschah einfach, nach dem Bedenken-Stadium. Vielleicht kam es deswegen, weil ich mir selbst traute und mich ihnen anvertraute. Vielleicht, weil ich sie dann, wenn sie so glücklich vor mir lebten, beschützen wollte. Schützen vor dem »ist verboten« in mir, vor den Erwachsenenstimmen in mir, vor der Herrschaft der Erwachsenenwelt, aus der ich komme. Vielleicht war es auch so, daß sie mein Kindheitsich so sehr ansprachen, daß ich in ihrer Gegenwart keine Angst mehr vor den Einschüchterungen der Erwachsenenwelt hatte. Wie auch immer: Ich kam weiter, und konnte sie immer mehr die sein lassen, die sie sein wollten. Und ich setzte mich dann für sie ein und stand ihnen zur Seite: Statt sie mit Bedenken zu hindern, unterstützte ich sie mit meiner Übersicht und meinen Erfahrungen.

Ich lernte von den Kindern, wie ich sie wirklich unterstützen konnte. Und ich erfuhr wieder, wer ich wirklich bin.

2. Das neue Vertrauen

Das Vertrauen in der neuen Beziehung ist ihre wichtigste Größe. Es ist, als ob die neue Beziehung einerseits voll von einem tiefwurzelndem neuartigen Vertrauen ist, als ob jedoch andererseits erst dieses Vertrauen die neue Beziehung hervorruft. In der neuen Beziehung wächst dieses Vertrauen – doch ohne dieses Vertrauen wächst die neue Beziehung nicht.

Vielleicht könnte man sogar sagen, daß wir uns nicht so sehr zu einer neuen Beziehung aufmachen, sondern ein neues Vertrauen lernen. Wir legen unserem Verhalten ein neues Vertrauen zugrunde. Und dies wirkt sich auf unsere Beziehungen zu anderen Menschen aus. Am auffälligsten wird das im Umgang mit Kindern, so daß wir dann dort von einer ganz neuen Beziehung sprechen.

Das neue Vertrauen beginnt bei einem selbst. Ich beginne, mir zu trauen. Ich beginne, mir zu vertrauen. Dies kann sich vielfältig äußern:

»Ich mag mich.«

»Ich muß mich nicht verändern. Ich kann es, aber ich muß es nicht.«

»So, wie ich bin, ist es sinnvoll. Manchmal auch ärgerlich, aber nie sinnlos.«

»Ich setze im Leben auf mich.«

»Ich bin mein bester Freund.«

»Niemand kann die Welt so erfahren wie ich.«

»Ich bin auf mich angewiesen. Wenn ich mir nicht zur Seite stehe – wer sollte es sonst tun?«

»Ich bin der Mittelpunkt der Welt und des Universums. Wenn ich sterbe, stirbt die Welt.«

»Ich bin Leben. Ich bin das Leben.«

»Ich verlasse mich auf meinen Organismus.«

»Ich werde morgen früh wieder aufwachen.«

»Mein Tod ist ein Geheimnis, das ich nicht verstehe. Aber ich bin Teil der Natur, und der Tod ist etwas Natürliches. Ich kann mich auch meinem Tod anvertrauen.«

»Ich bin voller Liebe, und ich gebe gern Liebe an andere weiter. Und ich erfahre auch gern von anderen Liebe.«

»Mal bin ich schwach. Das muß dann so sein. Mal bin ich stark. Auch das muß dann so sein. Ob ich schwach oder stark bin, ist unwichtig: Ich bin.«

»Wenn mir jemand sagt, daß er durch mich Schmerz erfährt,

dann höre ich zu und weiß, daß dies seine Erfahrung ist. Es verpflichtet mich nicht. So kann ich dann helfen, wenn mir danach wirklich ist.«

»Der eine erfährt von mir Schmerz, der andere gleichzeitig von mir Glück. Es wäre unsinnig, mich nach anderen zu richten. Es kommt darauf an, zu tun, was wirklich in mir ist.«

»Ich bin o.k., mit allem, was dazugehört:« Dies ist eine ganz wichtige Basis für die neue Beziehung. Dies macht im Innersten unangreifbar, dies läßt das Chef-Gefühl in einem selbst wieder entstehen. Niemand hat das Recht, sich in unsere Angelegenheiten einzumischen mit dem Anspruch, er habe dort mehr zu suchen als wir selbst. Andere können uns sagen, was sie an uns gut finden oder was sie stört. Aber ihnen kommt zu, anzuklopfen.

Und so kann uns auch niemand wirklich verordnen, wie wir mit unseren Kindern umzugehen hätten. Wir sind der Chef in allen Dingen, die uns angehen. Ich will damit sagen: Die moralischen Ansprüche anderer oder die »allgemeinen Regeln« für den Umgang mit Kindern können für uns stets nur so verbindlich sein, wie *wir* dies entscheiden – oder sie binden uns nicht. Wir – wir selbst – sind gefragt. Wie wollen wir aus uns selbst heraus mit Kindern umgehen? Wir entscheiden über unsere Wege, auch im Umgang mit Kindern. Wer sich dies einmal ganz klar gemacht hat, geht mit einem selbstbewußten Gefühl der Freiheit auf Kinder zu.

Das neue Vertrauen befreit. Nur wir selbst können uns letztlich sagen, wie wir leben wollen. Wir können andere hören – aber entscheiden, so und nicht anders zu leben, ist unsere Sache. Sie kann uns auch nie wirklich von anderen abgenommen werden, selbst wenn wir dies wollen. Denn wenn wir sagen »entscheide du für mich« oder wenn wir stöhnen »ich lebe gar nicht nach meinen eigenen Entscheidungen«, dann haben wir uns doch schon entschieden (entweder, daß andere für uns entscheiden, oder daß wir nicht nach eigenen Entscheidungen leben).

Ich weiß, daß wir in vielfältigen Zwängen eingesperrt sind. Aber dennoch ist wahr, daß uns niemand letztlich zwingen kann, diese Zwänge auch einzuhalten. Wir können uns allemal einem Zwang verweigern. Wir haben stets die Möglichkeit, unser Lebensrisiko ins Spiel zu bringen, aber wir haben vielleicht nicht immer den Mut dazu. Wenn es uns gelingt, das »ich riskier mein Leben« in seiner feinen Doppelsinnigkeit zu verstehen und in uns aufzunehmen, beginnen wir, uns selbst wieder als Grund aller Dinge zu vertrauen. Wir leben dieses unser Leben – wir können riskieren, dieses unser Leben nach unseren Wünschen zu leben. Tun wir es nicht, riskieren wir ein fremdbestimmtes Leben: unser Leben. Wir können wieder Zugang zu *unserem* Leben finden und wissen, daß nur wir dies leben. So, wie auch nur wir selbst unseren Tod sterben können. Auch dies wird kein anderer für uns tun können. Das Vertrauen in uns selbst weiß um diese Dinge, und bei allen Zwängen sind wir es doch, die sich Zwängen beugen oder sich ihnen widersetzen. Wir gehen niemals unter!

Die Kinder leben auf dieser Basis. Sie haben ein ungebrochenes Gefühl dafür, Chef im eigenen Haus zu sein. Selbst wenn sie uns ihre Souveränität nicht zeigen – sie ist vorhanden. Die Kinder passen auf, mit wem sie es zu tun haben. Mit solchen Erwachsenen, die ihnen ihre Souveränität absprechen oder mit solchen, die ihre Souveränität anerkennen. Wenn wir zu unserer eigenen Chef-Dimension zurückgefunden haben, dann können wir auf die Kinder zugehen und von gleichberechtigter Position – von Chef zu Chef, von Souverän zu Souverän – Beziehungen unterhalten. Solange wir da noch zweifeln, wird es kaum möglich sein, mit einem Kind in eine Beziehung zu kommen, die ich neu nenne und hier beschreibe.

Es ist, als ob wir die gleichberechtigten Geschwister unserer Kinder werden müßten, um die neue Beziehung zu verwirklichen. Ohne Ansprüche an den anderen, für ihn zu entscheiden. »Einmal erdrückte mich der Gedanke der Verantwortung, die ich jetzt für das Kind habe und ich litt unter der Vorstellung, das Kind jetzt erziehen zu müssen, ohne zu wissen wie. Ich schaute ihr sorgenvoll in die Augen, da sagte sie plötzlich zu mir in meinem Herzen: ›Du mußt mich nicht erziehen. Ich bin deine

Schwester. Wir kommen vom gleichen Ort im Universum. Ich bin genauso alt wie du. Ich bin nicht dein Kind. Ich habe mir nur deinen Körper geliehen, um hierher zu kommen, weil du ein wenig länger hier warst als ich.« (Dorjee in Samsara Amato-Duex, (Hrsg.) Bewußt fruchtbar sein, Haldenwang 1977, S. 101).

Ich überlege, ob ich ein Beispiel finde für das, was ich sagen will. Ich erlebe von mir, daß ich mit Kindern nur auf dieser Basis des Selbstvertrauens und des Chef-Gefühls Beziehungen aufnehme. Ich sage ihnen nicht mehr, was sie tun müssen. Ich »bin da« und habe eine gleichberechtigte Beziehung. »Ich bin da«, ich stehe zur Seite. Ich habe schöne, vertrauensvolle Gefühle. Ich mag mich, wenn ich mit Kindern zusammen bin. Ich mag die Kinder, mit denen ich zusammen bin.

Während ich jetzt schreibe, ist Diana (5) aus der Nachbarschaft da. »Ich will schreiben«, habe ich ihr gesagt. »Soll ich gehen?« fragt sie. Ich staune etwas. »Ich finde es schön, wenn du hier bist. Aber ich kann mit dir jetzt nichts unternehmen. Wenn du noch hierbleiben willst, kannst du ja etwas für dich machen.« Wir sehen uns an dabei, und ich sehe an ihren Augen, wie sehr ich mich selbst mag: Meine Wärme erfaßt sie – und auf einmal vertraut sie mir ein Problem mit ihren Eltern an. Da unterbreche ich mein Schreiben für einen Moment und höre ihr zu, und dann ist es auch schon wieder vorbei. Wind, der kommt und geht. »Tschüs«, sagt sie, »bis morgen«. Draußen am Fenster winkt sie noch einmal. »Ich will schreiben«, habe ich gesagt. Das stimmt, aber ich weiß auch, was ich dadurch verpasse.

Woher habe ich dieses Vertrauen? Ich habe mich dies oft gefragt und bin es auch oft gefragt worden. Es ist in mir nie untergegangen, dieses Setzen auf mich selbst. Ich habe es verschiedentlich verstecken müssen, aber es ging nie weg. In gruppendynamischen Seminaren (am Encounter-Seminar des Center for Studies of the Person in La Jolla/Kalifornien) habe ich dann den Mut wiedergefunden, dieses Vertrauen auch nach draußen zu zeigen. Daß ich dieses Buch schreibe, ist auch ein Stück Mut für mich.

Vielleicht ist es für uns alle so, daß das Vertrauen in uns selbst nie verloren geht. Vielleicht kann es so verschüttet werden, daß wir es nicht mehr wahrnehmen. Aber ich setze darauf, daß es da ist. Wie eine Wurzel, die nie stirbt. Wenn sie genug Wasser – Vertrauen der anderen – erhält, dann durchbricht sie auch den Fels, der sie einschließt. Unser Vertrauen in uns selbst ist wie eine wunderschöne Blume. Und in der neuen Beziehung können wir die Blumen unserer Kinder entdecken. Und ihren Mut, der uns helfen kann. In der neuen Beziehung erschließt sich uns das therapeutische Potential der Kinder.

3. Die eigene Kindheit

Wenn es uns heute möglich ist, mit unseren Kindern freundschaftlich und gleichberechtigt umzugehen, dann knüpfen wir auch an eigene Kindheitserfahrungen an. Als wir selbst Kinder waren, erfuhren wir täglich, daß man von gleicher Basis aus mit anderen umgehen konnte: Mit unseren Freunden, Spielkameraden und Geschwistern, die so alt waren wie wir.
Es gab die Art, wie Erwachsene mit uns umgingen: Letztlich von oben nach unten. Sicher oft lieb und schön, aber im Grunde doch immer: »Wenn es darauf ankommt, dann tu, was ich sage.« Ich habe auch einige Erwachsene gekannt, die mir das Gefühl vermittelten, daß sie mich letztlich selbst entscheiden ließen. Nicht in Nebensächlichkeiten, sondern als Basis unserer Beziehung. Solche Erwachsene beanspruchten keine Zuständigkeit über mich. Es waren freundliche und wichtige Erwachsenenfiguren meiner Kindheit.
Mir hilft es, wenn ich an diese wenigen Erwachsenen denke. Wenn ich jetzt die neue Beziehung verwirkliche, kommen sie mir wie Vorbilder vor. Und die Erinnerung daran, daß wir Gleichaltrige in unseren täglichen Unternehmungen gut klar kamen, ermutigt mich ebenfalls. Ich konnte – damals – mit

Kindern von gleicher Basis aus Beziehungen praktizieren: Jeder war für sich verantwortlich. Und gemeinsam unterstützten wir uns und erlebten die Welt.

Als ich noch Lehrer an der Schule war, geschah es einmal, daß die Kinder zu mir als Person durchstießen, daß der Lehrer aus der Klasse verschwand und ich als Person da war. Sie luden mich ein, mit ihnen zu spielen. Es war ein Spiel, bei dem es um Gefühle ging, es war immer etwas Ernst dabei, und sie vertrauten mir, in meiner Gegenwart so zu sein. Sie spielten »Verheiraten«: Einer war Pastor, zwei andere Trauzeugen, und die Pärchen meldeten sich an. Sie wurden an die Tafel geschrieben. Es war eine prima Sache, mit viel Lachen, Spaß, Beifall und Zeremonie. Ich war eingeladen, ihnen zuzusehen, ich war ihr Gast. Das wichtigste dabei war für mich, daß sie akzeptierten, daß ich ihnen zusah. Es war, als ob ich am Fest eines fremden Volkes teilnehmen konnte. Sie hatten mich ent-erwachsend und in ihren Kreis aufgenommen. Ich störte sie nicht, und ich spürte die Mischung von Spaß und Ernst, von Spiel und Leben. Und ich spürte, wie befreiend es ist, wenn man auf dieser von damals so wohlbekannten Basis miteinander umgeht.

Neben diesen Hilfen aus der eigenen Kindheit gibt es auch die ganz anderen Erfahrungen: Die des Unten-Seins, die der Isolation, die des Nicht-Ernst-Genommen-Werdens. Es ist wichtig, auch daran zu denken. Denn ich möchte niemals so zu Kindern sein. Ich habe nicht vergessen, wie das ist, unten zu sein, diesen stimmgewaltigen großbeinigen Riesen gegenüber. Die immer das letzte Wort hatten und die immer so furchtbar überzeugt davon waren, im Recht zu sein.

In mir ist da noch viel Ärger und Wut. Ich erinnere mich daran, daß ich oft vor Wut geweint habe, wenn sie mich nicht so sein ließen, wie ich sein wollte. Es war nicht dabei das Schlimmste, daß ich nicht *tun* konnte, was ich wollte. Schlimmer war, daß ich überhaupt nicht in Betracht ziehen sollte, so etwas tun zu wollen. Sie sprachen mir ab, ich zu sein.

Ich möchte dies an einem Beispiel deutlicher machen: Es war

im zweiten Schuljahr, ich hatte einen Aufsatz aufbekommen. Aber diese Aufgabe war nicht meine Sache. Weshalb sollte ich so etwas schreiben? Nein, ohne mich. Dann gab es eine lange Szene, die mir eindringlich in Erinnerung geblieben ist: Stundenlang saß ich vor meinem Heft und sollte den Aufsatz schreiben. Es war klar: Ich durfte nicht jemand sein, der keinen Aufsatz schreiben wollte. Ein solches Kind durfte ich nicht sein, und nicht sein wollen. Nach vielen Tränen und Kämpfen tat ich dann, was man von mir wollte – aber ich wanderte aus, ich nahm mich und mein Selbstgefühl und versteckte es sorgfältig. Ich schrieb den Aufsatz, und für die Erwachsenen war die Welt in Ordnung. Und sie merkten nicht, daß ich nicht aufgegeben hatte. Wenn sie mir auch absprachen, kein Kind sein zu dürfen, das einen Aufsatz nicht schreiben will – sie konnten nicht überprüfen, ob ich meine Position auch innerlich geräumt hatte.

Es kam immer wieder vor, daß ich nicht der sein durfte, der ich innerlich sein wollte. Erwachsene haben da ihre Vorstellungen, wie Kinder und Jugendliche zu sein haben. Was ich damals nicht erlebte, ist, daß ein Gespräch hergestellt wurde, daß man bereit war, hinzuhören auf das, was ich von mir mitteilte. Es tauchte für die Erwachsenenwelt die Frage einfach nicht auf, wer ich wirklich war. Erwachsene wissen, wie Kinder zu sein haben... Sie fragten mich schon nach diesem und jenem, aber es waren keine Fragen auf gleicher Basis, keine ehrlichen, nach mir als Person suchenden Fragen. »Wer ist dieser Mensch?« Kindern gegenüber haben wir nicht diese Perspektive. Erst die neue Beziehung erlaubt uns, Kinder auch in diesem »Erwachsenenfragehorizont« zu sehen.

Erwachsene können eine schaurige Art haben, Kinder etwas zu fragen. Eine Art, in der keine Anteilnehme an der souveränen Persönlichkeit mitschwingt, die jeder Mensch, auch ein Kind, ist. Es sind Fragen von Großgrundbesitzern an Leibeigene, von Kolonialherren an Eingeborene, von Herrschern, die sich vor ihren Untertanen guttun wollen. In solchen Fragen spiegelt sich die ganze Mißachtung junger Menschen. Und ich bin sicher, daß diese Erwachsenen all dies gar nicht bemerken. Es ist nicht bös gemeint, natürlich nicht, aber es ist so schlimm.

»Erzähl uns doch mal, wie es in den Ferien war«, »Was habt ihr denn heute den ganzen Tag gemacht?«, »War es schön auf dem Geburtstag?« Es sind alltägliche Fragen, und es kommt nicht auf den Inhalt an, sondern auf den Ton, mit dem man sich nach den Kindern erkundigt, auf die Haltung des Erwachsenen.

Es gibt viele schlimme Kindheitserfahrungen, die wir mit den Erwachsenen gemacht haben. Jeder wird da seine speziellen Erlebnisse haben. Wichtig finde ich bei all dem, daß uns dies ermutigen kann, nie so mit unseren Kindern umzugehen. Bei allem, was die übrige Erwachsenenwelt von uns und unserem Umgang als Eltern mit Kindern erwarten mag. Wenn wir unsere Kinder achten als die, die sie sein wollen, wissen wir aus eigener Erfahrung, was dies bedeutet. Und wir können dies vor den Augen der Erwachsenenwelt mit einem stolzen, befreiten und souveränen Gefühl tun.

4. Alte Angst

Wer es mit der neuen Beziehung versuchen will, wird auf verschiedene Ängste stoßen. Sie lauern wie wilde Tiere, und wir sind leicht geneigt, umzukehren, wenn sie uns anspringen. Der Weg zum neuen Miteinander und auch das neue Miteinander selbst sind von der Auseinandersetzung mit der alten erzieherischen Verhaltensweise gekennzeichnet. Wir lebten bislang so – erzieherisch – mit uns selbst und den Kindern. Wenn wir uns jetzt aufmachen, eine neue Lebensart zu erobern, melden sich die alten Normen und Verhaltensweisen mächtig zu Wort.

Es wird viel davon abhängen, wie sehr wir uns bislang Schuldvorwürfen aussetzen ließen. »Du bist verantwortlich für das Kind« – ein solcher Satz im Hintergrund unseres Umgangs mit Kindern, als Angstmacher, dem wir uns ausgeliefert fühlen, ist eine große Belastung für den Start ins neue Miteinander.

»Weil die Kinder noch so klein sind, habe ich die Verantwortung für sie.« Ein solcher Gedanke kann einschüchtern und abschrecken. »Ich schaffe es nicht, von der Erziehungsverantwortung los zu kommen. Ich *bin* doch verantwortlich für die Kinder.« Eine solche Argumentation offenbart Angst: Wer sich zu der neuen Beziehung aufmachen will, hat es überhaupt nicht nötig, sich mit der Frage der Erziehungsverantwortung herumzuschlagen. Er hat es sowieso nicht nötig, sich mit irgendwelchen sonstigen Fragen aus der Erziehungsideologie zu beschäftigen. Denn die neue Beziehung gründet sich auf ein tieferes Fundament als es intellektuelle Argumente und Überlegungen, Regeln und Sätze sind. Die neue Beziehung gründet sich auf eine ganz private, subjektive Entscheidung, die aus dem Gefühl jedes einzelnen kommt: »Ich will mit meinen Kindern gleichberechtigt, achtungsvoll und freundschaftlich zusammenleben. Ich bin es leid, und es ist mir zuwider, sie zu beherrschen. Ich mag mich auf ihre Selbstbestimmung einlassen.«

Wenn ich tief in mir davon überzeugt bin, nur noch so mit Kindern umzugehen, dann interessieren mich pädagogische Diskussionen herzlich – vom Herzen her! – wenig. Was heißt »verantwortlich«? Ist es nicht Verantwortung genug, in dieser Welt des Overkills weiterzuleben und nicht von heute auf morgen Selbstmord zu begehen? Ist es nicht Verantwortung genug, mit Kindern zusammenleben zu wollen, Kinder überhaupt in diese Welt zu bringen? Ist es nicht Verantwortung genug, sich auf sich selbst zu verlassen, die eigenen Gefühle zu achten und sich selbst zu mögen und andere zu lieben? Die Debatten der Vertreter der alten Beziehung sind schal und ohne Perspektive. Sie strahlen keine Dynamik aus, sie sind ohne Lebendigkeit, wie wir sie erfahren, wenn wir auf dem neuen Weg sind.

Aber man muß seine Entscheidungen doch begründen können! Ja – wer sagt das? Ich muß überhaupt nichts »begründen«, wenn mir nicht danach zumute ist. Jeder ist sein eigener Chef. Wenn ich fühle, wenn mir mein Herz oder meine innere Stimme (oder wie immer man es nennen mag) sagt, was ich tun möge – dann tue ich es. Die Bruchteile, die wir mit dem Verstand erfassen können, sind vielleicht ganz interessant, aber sie sind eigentlich unwichtig. Wichtig ist, selbst sicher zu spüren, welchen Weg man gehen will. Und die Diskussionen über diese tief gespürten Entscheidungen können schnell verunsichern und Angst machen.

Wenn mir jemand vorhält, Kindern die Selbstverantwortung zu übergeben sei unverantwortlich, kann ich sagen, daß ich sie ihnen nicht gebe, sondern daß sie sie immer schon haben, daß ich sie ihnen nur nicht wegnehme – wie dies die pädagogische Tradition von mir verlangt. Ich *kann* mich auf Argumente einlassen, und dieses Buch ist ja auch voll davon. Aber: Ich kann auch ganz anders reagieren: »Hast du Angst, daß den Kindern dann Leid geschieht?« Ich kann mich der Wurzel ihrer Argumentation zuwenden, der Angst.

Welche Ängste können auftauchen, wenn wir mit der neuen Beziehung beginnen?

Einmal solche, die von den anderen Erwachsenen kommen. Angst vor sozialer Verfolgung. Daß wir uns lächerlich machen. Daß wir uns unmöglich benehmen. Daß man uns Vorwürfe macht. Daß man uns für schlecht und böse erklärt. Es ist die Angst vor der Ächtung durch die anderen. Es ist die Angst dessen, der mit anerkannten Regeln bricht und eigene Wege gehen will. »Du darfst das nicht«, »Es wird Schreckliches passieren«, »Es ist ungehörig«, »Es ist unverantwortlich«, »Du solltest bestraft werden«. Es sind Ängste, die wir schon als Kinder vor den Erwachsenen hatten. Eine neue Angst kommt hinzu: »Man sollte Ämter einschalten und dir die Kinder wegnehmen.«

Dann gibt es Ängste, die aus dem neuen Weg selbst kommen. Die Ungewißheit. Wenn wir einen neuen Weg gehen, wissen wir nicht, was kommen wird. *Freundschaft mit Kindern* ist eine neue Beziehungsform für Erwachsene und Kinder, es gibt immer mehr Menschen, die damit beginnen. Aber hinter diesem Aufbruch steht nicht die jahrhundertalte Erfahrung von Generationen wie bei der erzieherischen Beziehung. Es ist Neuland, wir sind Pioniere, unsere Kultur ist im Aufbruch. (Es gibt schon Tradition für dieses Miteinander, doch wir kennen sie nicht. Die Indianer Nordamerikas kannten die neue Beziehung, hierzu unten »Wegbereiter« S. 192ff.). »Ist das denn nicht schädlich für die Kinder?« Eine solche Angst kann leicht auftauchen, und es gibt darauf auch keine sichere Antwort. Es gibt keine Erfolgsgarantie – und darum geht es im neuen Miteinander auch gar nicht: Wir Erwachsene haben uns entschieden, nie mehr anders als gleichberechtigt, achtungsvoll und freundschaftlich mit Kindern umzugehen – es ist eine für uns wichtige Entscheidung. Wir wollen diesen neuen Weg gehen, und keinen anderen. Es ist unsere Entscheidung und auch unser Risiko. Und dann kann es vorkommen, daß uns die Ungewißheit des Weges gelegentlich ängstigt.

Nur, nebenbei: Was in der alten Beziehung geschieht, kann uns keinesfalls umstimmen. Dort findet Mißachtung der Selbstbestimmung des Kindes statt, dort gibt es den täglichen Erziehungskrieg mit dem kranken Gemisch von Herrschaft, Schuldgefühlen und Mißtrauen. Unser Weg führt fort davon. Er ist für uns besser – das steht außer Zweifel. Eine Glücksgarantie enthält er deswegen allerdings nicht. Und ob unser neues Miteinander nicht auch Gefahren für die Kinder in sich birgt – darauf kann ich letztgültig keine Antwort geben, das wäre unredlich. Ich weiß nur – und dies ist sehr viel –, daß ich in der neuen Beziehung Elemente finde, die es in der alten pädagogischen Beziehung nicht geben konnte: Vertrauen, Achtung, Selbstbestimmung, Gleichberechtigung. Und ich für meine Person setze darauf, daß diese Basis tragfähiger ist als die »Ich weiß was für dich gut ist«-Basis der alten Beziehung, mit ihrem Mißtrauen (»du mußt erst noch zu einem vollwertigen Menschen erzogen werden«), ihrer Mißachtung (»wie und wer du selbst bist, ist nur wichtig zu wissen, wenn dadurch die Erziehungsziele schneller erreicht werden können«), der Ignoranz der Selbstbestimmung (»du bist noch zu klein, um zu entscheiden«) und des Oben-Unten (»Kinder sollen ihren

Eltern gehorchen«). Ich sage zu mir: Die neue Beziehung ist für mich und die Kinder schön. Heute. Und wir werden sehen, wie es sich in der Zukunft auswirkt. Ich vertraue mir und den Kindern, die Zukunft dann sinnvoll leben zu können, wenn sie zur Gegenwart geworden ist. Und insofern habe ich eine Antwort darauf, ob die neue Beziehung nicht Gefahren für die Kinder enthält: Sie enthält diese heute, wenn wir sie leben, nicht, und morgen wird ein neues Heute sein.

Die Ängste, die von den anderen Erwachsenen kommen, und die Ängste, die vom neuen Weg kommen, sind typische Ängste, die in der alten Beziehung zu uns selbst wurzeln. Wir mißtrauen uns! Und wir machen uns von anderen abhängig, statt mit dem Chef-Gefühl des souveränen Menschen, der wir sind, durch das Leben zu gehen und einen neuen Weg im Miteinander mit den Kindern einzuschlagen. Aber wir können lernen, unsere Ängste anzunehmen. Wir müssen sie nicht schlecht machen und bekämpfen. Sie sind Teil von uns. Wir können um sie Bescheid wissen und uns auf sie einrichten: Sie sind in uns und werden mal mehr, mal weniger gegenwärtig sein. Wir brauchen uns nicht vor unseren Ängsten zu ängstigen. Wenn wir unsere Ängste kommen und geschehen lassen, dann gehen sie auch wieder. In der neuen Beziehung verlieren wir die Angst vor der Angst.

5. Beziehung ohne Störung

Die neue Beziehung ist realistischer als die alte pädagogische Beziehung. Was heißt realistischer? Ich meine damit, daß in der neuen Beziehung die Beteiligten sich untereinander mehr so wahrnehmen, wie sie wirklich sind. Wie ihre Befindlichkeit ist, wie sie sich fühlen, was sie tatsächlich möchten. Es ist, als ob die Erwachsenen mit den Kindern ehrlicher umgehen, und als ob die Erwachsenen deswegen mehr von ihren Kindern verstehen, wie diese wirklich sind.

Meiner Erfahrung nach sind Kinder in einem viel größeren Maße als Erwachsene die Personen, die sie jeweils wirklich sind. Sie verstellen sich nicht so wie Erwachsene. Wenn sie Freude oder Ärger haben, dann drücken sie es aus. Man kann es den Kindern am Gesicht ablesen, wie es ihnen geht. Und warum sollten Menschen nicht die sein, die sie doch sind? Kindern ist der Erwachsenenunsinn fremd, sich zu verstellen, Gefühle und Wahrheiten zu unterdrücken.

Natürlich lernen die Kinder im Laufe der Zeit, sich zu verstecken und zu verstellen. Dies hängt davon ab, mit wem sie es zu tun haben. Und ein Erwachsener, der von sich aus nicht darauf aus ist, offen zu sein, dem erschließt sich die Offenheit der Kinder auch nicht. Wer sich selbst dauernd versteckt und verstellt, der kann um sich herum auch keine freien Menschen wahrnehmen, selbst wenn sie da sind.

Ich habe aber auch erlebt, daß schon sehr junge Kinder sich zurückziehen. Sie sind zugemauert, sie haben sich in geheime Winkel in Sicherheit gebracht. »Wenn du weiter Süßigkeiten ißt, gehen wir zum Arzt, und dir muß der Bauch abgeschnitten werden« (zu einer Dreijährigen) – wer würde sich vor einer solchen Mutter nicht verstecken? Es gibt aber viel alltäglichere Dinge, die Kinder Verstellung lehren und sie in Verstecke jagen:

»Sei ordentlich« – »Benimm dich« – »Hör auf damit« – »Geh da weg« – »Räum auf« – »Das gehört sich nicht« – »Weil es verboten ist« – »Ist nichts für Kinder« – »Laß das« – »Weil ich es nicht will« – »Nimm dich zusammen« – »Du kriegst keine Extrawurst« – »Spiel bloß nicht beleidigt« – »Stell dich nicht so an« – »Das kommt davon« – »Wer nicht will, der hat schon« – »Zimperliese« – »Dein Geschrei ändert gar nichts« – »Hör mit dem Geplärr auf« – »Ich hab dir doch schon hundertmal gesagt« – »Kannst du nicht hören« – »Entschuldige dich« – »Sag dankeschön« – »Gib der Tante die Hand« – »Wie war es in der Schule« – »Warum ißt du schon wieder nichts« – »Weshalb kommst du so spät nach Hause« – »Du weißt doch, wie gefährlich das ist« – »Dazu bist du noch zu klein«

– »Kommt überhaupt nicht in Frage« – »Nein und nochmal nein« – »Schwirr ab« – »Was hast du wieder angestellt« – »Kannst du nicht aufpassen« – »Muß ich dir alles dreimal sagen« – »Wo warst du schon wieder« – »Kannst du mir mal sagen, was das soll« – »Woher hast du das« – »Was war da los« – »Wer hat das gemacht« – »Du solltest dich schämen« – »So ein großes Kind, und dann sowas« – »Das ist doch lächerlich« – »Da führt nun mal kein Weg dran vorbei« – »Wenn du nur einen Funken Verstand hättest« – »Wie du wieder aussiehst« – »Deine Ausreden kannst du dir sparen« – »Mach nur so weiter« – »Was heißt hier...«

Ja, was heißt hier... Was diese und unzählige andere Sprüche dieser Art bewirken, ist, daß die Kinder sich zurückziehen. Daß sie uns nicht mehr sagen wollen, wer sie wirklich sind. Erwachsene, die so mit Kindern umgehen, bewirken einen Verlust an Realität, sie können ihre Kinder nicht mehr so erfahren, wie sie wirklich sind. Das Gefährliche scheint mir darin zu liegen, daß wir uns ganz selbstverständlich in die Welt der Kinder einmischen. Wie Verhörspezialisten quetschen wir die Kinder aus. Wie selbstherrliche Diktatoren verlangen wir Unterwerfung. Das muß gar nicht mal mit so gemeinen Worten passieren, wie ich oben aufgezählt habe. Wenn wir die innere Haltung haben, daß wir unsere Kinder ausfragen dürfen, daß wir ein Recht darauf haben, zu erfahren, was sie tun und denken – und daß wir dies dann entsprechend befehlen und steuern könnten –, dann liegt da der Kern der Mißachtung und der Beginn des Realitätsverlustes. Hat jemand aus Ihrer Umgebung das Recht, zu erfahren, was Sie tun und denken? Sind Sie anderen Menschen Rechenschaft schuldig für Ihr Tun und Denken? Natürlich nicht. Wenn wir Auskunft geben, tun wir es freiwillig – oder, falls wir uns genötigt vorkommen, eben versteckt oder verstellt. Wir verbergen das Wesentliche: Unsere Realität.

Es ist klar: Wenn wir die Kinder als vollwertige Mitmenschen achten, dann können wir sie die Menschen sein lassen, die sie sein wollen und die sie sind. Dann haben wir nicht den

Anspruch, über sie bestimmen zu können. Dann haben wir nicht den Anspruch, daß sie uns über ihr Tun und Denken Auskunft zu geben hätten. In der neuen Beziehung können die Kinder die sein, die sie sind. Wir treiben sie nicht in Verstecke.

Wenn wir in der neuen Beziehung den Kindern etwas versagen, wenn wir nein sagen zu etwas, das von unserer Zustimmung abhängt, dann schwingt etwas anderes mit als beim Neinsagen mit einem zusätzlichen Neinsageanspruch: Ich stoppe mein Kind, weil ich – weil *ich* – nicht anders kann. Ich achte seinen Wunsch als seinen Wunsch: Das Kind kann sich wünschen, was immer es mag, es ist nichts Verbotenes (im Wünschen) dabei. Wenn die Verwirklichung von Wünschen allerdings auf Grenzen in mir stößt, dann sage ich das auch: Ohne mich in die Wunschberechtigung der Kinder einzumischen. »Ich habe da Angst« – »Ich kriege Ärger« – »Das schaffe ich jetzt nicht« – »Ich bin heute zu müde« – »Das ist mir zu teuer« – »Ich finde das ungerecht« – »Ich bin da unsicher« – »Ich habe keine Lust« (auch dies ist eine ehrliche Antwort, und sie ist nicht bequem: denn die Kinder merken, ob sie vorgeschoben oder ehrlich gemeint ist) – »Ich will mich da nicht einmischen«.

In unserer Beziehung ist nicht die Störung, die aus der Mißachtung vor der eigenen Art des anderen kommt. Wir können so sein, wie uns zumute ist – die Kinder können so sein, wie ihnen zumute ist. Das »Sichzeigenkönnen, wie man ist« ist ein wertvolles Gut. Es ist gewachsen aus dem neuen Vertrauen und der achtungsvollen Haltung der neuen Beziehung. Unsere Erwachsenensprache spiegelt das wieder: Wir sprechen von *uns,* wenn wir sagen, daß uns dies und das nicht gefällt oder wenn wir die Kinder stoppen. Wir sagen ihnen, wo unsere eigene Grenze ist und lassen ihnen ihr Recht, zu sein, wie sie sein wollen, und zu wünschen, was sie wünschen wollen. Wir kommen ihnen nicht mit Mißachtungssprüchen und Angsteinjagern.

Wenn die Kinder wissen, daß wir sie nicht stören (so zu sein, wie sie in ihrem eigenen Selbstbild sein wollen), dann leben sie auch in unserer Gegenwart dieses Ich. Dann spielen sie auch in unserer Gegenwart so, wie sie unter ihresgleichen spielen. Ohne Angst, sich verstellen zu müssen, »weil da jetzt ein Erwachsener dabei ist«. Und die Kinder spüren auch, daß wir nicht »die Aufsicht übernommen haben« – sie spüren, daß wir sie für sich selbst verantwortlich sein lassen, daß wir uns nicht in ihre Kompetenzen einmischen. Und wir erleben, wie unsere Kinder wirklich sind, wir stören durch unsere Anwesenheit nicht ihr Erleben der Welt.

Ein Beispiel. Als ich sieben Jahre alt war und mit Freunden in einer Scheune auf den Balken balancierte, wußten wir, was wir uns zutrauen konnten. Ich erinnere mich, daß ich über einen bestimmten Balken nur gerobbt bin, während Walter seelenruhig balancierte und Henry lieber unten rum ging. Wir entschieden selbst – souverän und in ungestörter Auseinandersetzung mit der Welt und ihren Anforderungen. Wäre ein erzieherischer, einmischender und diktatorischer Erwachsener in die Scheune gekommen, dann hätten wir uns so verhalten, wie wir ihm vertrauen beziehungsweise eben nicht vertrauen konnten. Daß er uns nicht ausmeckert, daß er uns spielen läßt, wie wir wollen. Bei Herrn R. wären wir sofort von den Balken runtergekommen – die Störung wäre perfekt gewesen. Bei Herrn H. hätten wir nur noch »besonders vorsichtig« balanciert – wir hätten beim Balancieren auf ihn geachtet und wären gestört gewesen, uns voll auf das Balancieren zu konzentrieren. Und bei meinem Onkel hätten wir uns gefreut, daß er gekommen ist und sein Vertrauen in uns hätte uns unterstützt. Die Kinder spüren wie wir Erwachsene, wer uns in unserer Identität nicht angreift und wo eine Beziehung ohne Störung möglich ist. Die erzieherische Haltung versetzt Erwachsene in einen Dauer-Störzustand. Dabei werden zum einen die Kinder gestört: »Er weiß, was für mich gut ist. Wenn ich mich nicht danach richte, gibts Krach. Wenn ich trotzdem tun will, was ich vorhabe, muß ich es so tun, daß er es nicht merkt.« Zum anderen sind die Erwachsenen gestört – nicht in ihrem Selbstverständnis oder in ihrem Tun wie die Kinder, sondern in ihrer Wahrnehmung der Wirklichkeit: »Es ist gut für dich, wenn du jetzt ins Bett gehst« – dieser Erwachsene bekommt nicht die Wirklichkeit des Kindes mit, wann es tatsächlich müde ist. »Er ist wirklich müde und geht brav ins Bett« – dieser Erwachsene verkennt nicht nur, ob das Kind jetzt müde ist oder nicht, sondern er meint außerdem noch, daß das Kind, das jetzt ins Bett geht, »brav« ist, also selbst meint, müde zu sein. Es sei denn, die Störung tritt offen zu Tage: Es gibt einen Erziehungskrieg mit dem Erwachsenenkriegsziel: Du gehst jetzt ins Bett...

6. Im Schutz der neuen Beziehung

Ich möchte Ihnen gern eine Erfahrung mitteilen, die ich in der neuen Beziehung mit den Kindern gemacht habe. Ich lernte eine neue Art, in Beziehung zu sein – neu für mich, den Erwachsenen. Ich habe mich dann rückerinnert, es früher ja auch so gemacht zu haben. Aber es war vergessen.

Ich hatte mir bewußt gemacht, daß die Kinder »ganz unter sich« sein konnten, auch im dicksten Erwachsenengewühl. Es war, als würden die Kinder ihre Aufmerksamkeitsbereiche auf die jeweils ins Gespräch oder Spiel einbezogenen anderen Kinder konzentrieren. Alle anderen waren aus der Konzentration ausgeklammert. Die psychische Energie, ihre Aufmerksamkeit, lag bei den »Innenkreis-Leuten«, die »Außenkreis-Leute« waren nicht mehr in ihrer Wahrnehmung.

Ich verglich diese Art der Kinder, ungestört durch Außen-Leute nur ihre Innenbeziehung zu leben, mit einem durchsichtigen Schutzmantel. Es war wie eine durchsichtige Glocke, die sie um sich herum bildete. Es kam schon vor, daß Erwachsene oder andere Kinder in diese Schutzglocke eindrangen. Dann waren die Kinder irritiert und gestört, der Schutz war aufgelöst. Aber er konnte rasch neu gebildet werden.

Mir ist es später auch gelungen, mit Kindern innerhalb dieser Schutzglocke zu sein, ich habe sie mitgebildet. Es war ein schwieriges Lernen bis dorthin. Ich mußte all die Augen der unsichtbaren Erwachsenenwelt vergessen und all die Augen der tatsächlich um uns rumstehenden Leute!

Ich gehe mit Felix durch die Einkaufsstraße. Ich habe ihn vor dem Bauch im Tragesack. Als er zu weinen anfängt, bleibe ich stehen und sehe zu ihm hin. Die Umgebung und die anderen Erwachsenen ringsum werden mir fern, ich sehe sie nicht mehr. Ich sehe Felix Gesicht. Ich beginne, wieder zu gehen und rede mit ihm. Wir bilden unsere Schutzglocke. Dann sehe ich von innen nach draußen, ohne daß mich dabei das Außen einfängt und die Glocke zerstört. Ich sehe, wie sich eine Mutter nach uns umdreht, wie andere Erwachsene hersehen. Ich sehe viele Augen auf uns gerichtet, und schnell blicke ich wieder zu Felix, um nicht von ihm fortgerissen zu werden.

Es fällt mir schwer, inmitten anderer Menschen diese Konzentration und Ausrichtung der Aufmerksamkeit auf den Innenkreis aufzubringen. Aber wenn ich es schaffe, dann ist ein sehr ausgeprägtes Nähegefühl zu den Kindern in mir. Es ist ein schönes Gefühl, es strömt wie Wärme in mir, ich kann es spüren. Die Kraft, nicht mehr auch die anderen mit Aufmerksamkeit und Blicken zu bedenken und nicht mehr in Assoziationen, Rückfragen und Diskussion mit den Erwachsenenstimmen in mir zu sein, kommt durch mein Vertrauen in mich selbst und mein Vertrauen zu den Kindern. An ihrer Seite fühle ich mich stark, ich vertraue mich ihnen an. Dabei erlebe ich meine eigene Stärke und spüre, wie sie in mich flutet.

In der neuen Beziehung habe ich wiedergefunden, wie ich mit Kindern sinnvoll, befreiend und zufrieden leben kann. Auch das Miteinander in der Schutzglocke ist ein solches Leben. Es ist nicht gegen andere gerichtet, und es ist offen für jeden, der mit achtungsvollen und friedlichen Absichten daherkommt. In der Glocke sind wir frei von Angst und Abwehrgefühlen gegen die anderen ringsum, wir müssen uns nicht dauernd mit ihnen auseinandersetzen, in uns selbst oder konkret. Wir können sie dort sein lassen und uns hier aufeinander einlassen. Hier im Innenkreis können wir mitten unter all den Leuten die sein, die wir sein wollen. Es bedeutet, daß die neue Beziehung mich, den Erwachsenen, vor dem Zersplittertsein in unzählige Aufmerksamkeitsbereiche schützt. Als Erwachsener bin ich gewohnt, in alle Richtungen zu schauen, wenn ich mich in der Öffentlichkeit bewege. Die Augen der Erwachsenenwelt ... und es geschieht leicht, daß ich diese Augen auch in mir spüre, wenn gar keine Erwachsenen da sind. In der neuen Beziehung erfahre ich das therapeutische Potential der Kinder, ihre Ich-Stärke, ihr Ruhen bei sich. Ich bin so weit, daß ich dies wieder aufnehmen kann und knüpfe an das an, wie ich selbst war: Ich, ganz bei mir.

Stellen Sie sich vor, Sie wollen sich in der Öffentlichkeit – z. B. im Bus – die Haare kämmen. Wie oft sehen Sie sich nach den anderen um? Und wenn Sie sich nicht umsehen, wie oft denken Sie dann an die anderen? Oder: Sie treffen einen guten Bekannten auf dem Marktplatz. Da Sie sich sehr mögen, umarmen Sie sich. Wie oft sehen Sie nach den anderen? Erst, wenn Sie vom anderen wieder ablassen? Aber dann? Wenn wir Erwachsene in der Öffentlichkeit – also unter anderen Erwachsenen – sind, spüren wir tausend Augen. Wir sind nicht auf uns konzentriert, wir »müssen uns benehmen«, wir »dürfen uns nicht unmöglich machen«. Wir können kaum die sein, die wir sind und sein wollen.

Woher kommt dieses Verhalten? Weshalb sehen wir uns dauernd nach den anderen Erwachsenen um? Wir haben eine lange Lehrzeit mitgemacht, uns selbst zu verbergen und vorsichtig zu sein. Die Erwachsenenwelt unserer Kindheit lehrte uns, wie man sich in Gegenwart von Erwachsenen zu benehmen hat. Vor den Erwachsenen des täglichen Umgangs und vor den Erwachsenen draußen, den »man darf« und »man tut« und »man ist«. Die Regeln der Erwachsenenwelt forderten die Unterwerfung von uns Kindern, und selbst erwachsen geworden, irren wir in diesem Regelgestrüpp umher und passen dauernd auf, daß wir nicht hinfallen. Wir passen dauernd auf! Das ist es. Da ist keine Ruhe, da ist keine Konzentration auf uns selbst, und dadurch auch nicht auf das wirkliche Ringsum. Gestört vom Aufpassen-Müssen bekommen wir uns selbst und die Welt nur verzerrt mit.

Gelegentlich sind wir auch unter Erwachsenen anders: Ganz bei uns und konzentriert. In Ausnahmesituationen, wenn »wir uns vergessen« oder wenn wir »ganz selbstvergessen« etwas tun oder betrachten. Ich finde, daß schon unsere Sprache – eine Erwachsenensprache – es deutlich macht: Wenn wir bei uns selbst sind, dann sind wir »selbstvergessen«. Es ist ja umgekehrt richtig: Wenn wir mit dem üblichen Erwachsenenverhalten agieren, dann sind wir auf die Erwachsenenwelt und ihre Regeln ausgerichtet – und dann vergessen wir unser eigentliches Ich. Dann wird spürbar, daß das »normale Verhalten eines Erwachsenen« sehr unnormal ist, von der Position der Ich-Stärke und des Selbstvertrauens, der Souveränität und Selbstbestimmung her gesehen.

Wenn Sie spielende Kinder in der Öffentlichkeit beobachten, können Sie schnell feststellen, was ich meine. Die Kinder kümmern sich nicht um die anderen ringsum. Sie sind bei sich! Allein: Wie laut sie miteinander reden, wie sie sich über den Platz etwas zurufen! Und was sie sich nicht alles vor aller Ohren sagen! Wir Erwachsene brauchen dazu eine extra eingerichtete »Privatsphäre«. Ich finde das Verhalten der Kinder in der Öffentlichkeit sehr potent, souverän und therapeutisch: Wir können von ihnen lernen, die verborgene Aufspaltung unserer Identität, wie sie uns von der auf Erziehung und Nicht-Annahme unseres Ichs eingestellten Erwachsenenwelt unserer Kindheit zugefügt wurde, zurückzugewinnen. Kinder haben diese Fähigkeit des Bei-Sich-Seins, in der Öffentlichkeit wird es besonders deutlich. Die neue Beziehung schützt und setzt Prozesse in Gang, die uns helfen, uns selbst wiederzufinden. Die Kinder leben uns dies vor – unabhängig zu sein von anderen in dem, was wir tun. Im Schutz der neuen Beziehung entdecken wir mehr und mehr das Kind in uns, das nie aufhört, auf uns zu warten.

7. Die Reaktion der anderen

Wenn wir so ganz anders mit unseren Kindern umgehen, wird unsere Umwelt auf verschiedene Weise reagieren. Die Reaktion der anderen Erwachsenen wird uns vielfältig beeinflussen. Vielleicht ist es auch so, daß wir zwar in den eigenen vier Wänden schon viel von der neuen Beziehung verwirklichen können, daß dies jedoch zu unangenehm ist, wenn wir mit Kindern in der Öffentlichkeit sind.

Ich stelle mir vor, daß es besonders schwer sein wird, in der Öffentlichkeit die gefühlsmäßige Nähe zu den Kindern herzustellen, die wir durch die neue Beziehung gewonnen haben. Es wird dann der »Ton« sein, unsere ganze Art, mit der wir uns auf die Kinder einlassen, was auffällt. Und es wird abzulesen sein an einzelnen Verhaltensweisen, die zu tun für Erwachsene ungewöhnlich und auffällig sind.

Ich kaufe den Kindern ein Eis. Und wir essen es vor dem Geschäft gemeinsam, so, wie es die Kinder tun würden. Ich lasse mich auf ihre Art ein und nehme mir die Zeit hierfür. Wir sitzen auf der Mauer eines Grundstücks und genießen. Es kommen Leute vorbei. Sie sehen her – und sie sehen noch einmal her: Da sitzen nicht nur Kinder (das wäre nicht ungewöhnlich), sondern da sitzt auch ein Erwachsener auf der Mauer. Dann merke ich, daß ich Ungewöhnliches tue: Zeit haben für Kinder und mitmachen.

Wir sind im Supermarkt. Lalo und Amy, beide vier Jahre alt, sind mitgekommen. Beim Brot gibt es Streit, Lalo will dies einladen, Amy jenes. Ich sage ehrlich: »Wir könnten dies oder das gebrauchen. Aber nur eins.« Ich beende also nicht ihren Streit mit »wir brauchen das da«. Und da sie nun entscheiden, welches Brot mitgenommen werden soll, müssen sie sich untereinander einigen. Was gerade problematisch ist. Wie ich so dabeistehe, mich aus ihrem Streit heraushalte (und auch nicht zum Schlichten aufgerufen werde) – da spüre ich die Blicke der Erwachsenen ringsum. »Der müßte doch eingreifen!« Wie ich mich dann in die Augenhöhe der Kinder begebe (hinhocke), um mit ihnen darüber zu reden: Und das im Supermarkt! Ein Erwachsener, der den Betrieb stört, mit Kindern rummacht und sich so komisch benimmt!

Ich komme mit Felix in die Post. Als er zu weinen anfängt, lasse ich meine Formulare sein, sage dem Schalterbeamten, daß ich das gleich ausfüllen werde und rede mit dem Kind. Die Leute in der Schlange zögern: Sollen sie jetzt erst drankommen oder den Moment warten? »Wieso wickelt der nicht erst sein Geschäft am Schalter zuende ab?«, »Wieso bringt der überhaupt ein Baby mit her?«

Überhaupt: »Wie der mit den Kindern umgeht!« Ich habe immer wieder erlebt, daß die neue Beziehung mit ihrem anderen »Wie« die Erwachsenen aufmerken läßt. Vielleicht bin ich da auch besonders empfindlich, wenn ich mich so »unnormal« in der Öffentlichkeit bewege, und Sie sind dies nicht. Das wäre prima. Doch ich meine, daß es in der Öffentlichkeit spürbare Grenzen des Umgangs mit Kindern gibt, Grenzen der Nähe, des Vertrauens, der Zärtlichkeit. Eine Mutter, die im Bus ihr Kind stillt – das ist einfach ungewöhnlich. Ein Vater, der seinen fünfjährigen Sohn mitten auf der Einkaufsstraße in den Arm nimmt, mit ihm schmust und auf seine Angst und sein Weinen intensiv, nah und mit Wärme eingeht – das ist einfach ungewöhnlich. Eltern, die sich im Geschäft ausführlich, nah und im Schutz ihrer Beziehung mit ihren Kindern über den Kauf unterhalten (die anderen sind »vergessen«, auch der Verkäufer, der sie gerade bedient) – das ist einfach ungewöhnlich.

Ich denke, daß Mut dazu gehört, das neue Verhalten und das neue Wie unserer Beziehung in der Öffentlichkeit zu leben. Ich überlege auch, daß dies sicher einen großen Eindruck auf die Leute macht, die zusehen. Dies kann auch ermutigen: Vielleicht können wir andere anstecken, vielleicht können wir denen, die sich nicht trauen, ein Stückchen helfen. Ich gewinne Mut, den ich brauche, durch die Überlegung, daß ich selbst ermutigen kann. Die Angst, Anstoß zu erregen steht neben dem guten Gefühl, etwas anzustoßen.

Es gibt einen anderen wichtigen Bereich, in dem das neue Miteinander vielleicht auf sehr ablehnende Reaktionen stoßen kann. Offizielle Stellen. Zum Beispiel Schule, Jugendamt, Polizei, Krankenhaus, Kirche u. a. Mit anderen Ämtern haben wir in der Regel wenig zu tun. Doch wenn wir unsere Kinder als gleichberechtigte Partner ernstnehmen, dann könnte es durchaus zu Auseinandersetzungen kommen:

»Meine Eltern haben es erlaubt, in diesen Film zu gehen« – »Meine Eltern sagen, daß ich in die Diskothek gegen kann, wenn ich will« – »Meine Eltern überlassen das mit dem Rauchen mir« – »Wieso müßte ich um diese Zeit zu Hause sein? Rufen Sie doch meine Eltern an« – »Meine Eltern erlauben mir, dahin zu reisen, wo ich will«.

Sie können Ihrem Kind sagen, daß Sie keine Lust auf Zusammenstöße mit der Polizei oder dem Jugendamt haben. Daß da eben eine Ihrer Grenzen erreicht ist. Und daß dies und das deswegen nicht von Ihnen zugestanden wird. Sie handeln dann aus Angst und schützen sich selbst. Sicher, auf Kosten der Kinder und ihrer Rechte. Aber es ist nichts gewonnen, wenn Sie im neuen Umgang mit den Kindern in Angst und Schrecken geraten. Wenn Sie Ihre Aufgabe als Freund und Unterstützer behalten wollen, müssen Sie auf sich selbst, Ihre Belastbarkeit und Ihre Grenzen achtgeben. (Siehe S. 123 ff.). Wenn Sie es andererseits auf eine Auseinandersetzung mit Ämtern ankommen lassen, ist es klar, daß die Kinder über die offiziellen Reaktionen auf dem Laufenden gehalten werden und daß sie wissen, ab welchem Zeitpunkt mögliche Sanktionen sie selbst treffen. Hierbei ist es wichtig, nicht zu vergessen, daß es nie »das Amt« gibt, sondern daß es immer Beamte, also Erwachsene wie wir selbst sind, die dort Entscheidungen treffen, mit denen ein vernünftiges Gespräch ja durchaus möglich sein kann. Aber auch hier werden Sie selbst sehen, wie weit Sie jeweils gehen können.

Es gibt dann noch einen dritten wichtigen Bereich, aus dem Reaktionen der anderen auf das neue Miteinander erfolgen: Der Kreis der Verwandten und Bekannten. Vielleicht wird Sie das mögliche Gerede über Ihre Art, mit Kindern umzugehen, kalt lassen. Aber es könnte Ihnen ja doch etwas ausmachen. Was kann man dann tun? Sie könnten ein Gegengewicht schaffen, gegen abschätzige und verunsichernde Bemerkungen, indem Sie sich einen Kreis gleichgesinnter Eltern suchen. Es tut gut, wenn man einmal von anderen hört, daß diese den neuen Weg auch mögen. Auf der anderen Seite könnte es ja ein ermutigender Gedanke sein, dem einen oder anderen Ihres Bekanntenkreises ein Vorbild zu sein.

8. Das selbstbestimmte Lernen

Jeder Mensch hat von Geburt an das Recht, über sein Lernen (seine Neugier, sein Interesse hierhin und dorthin zu lenken, seinen Informationshunger, seinen Wissensdurst) selbst zu bestimmen. In Lernangelegenheiten selbst entscheiden zu können – dies gilt auch für Kinder. In meiner Lehrertätigkeit ist mir das Recht der Kinder auf selbstbestimmtes Lernen und ihre Fähigkeit hierzu zu einer tiefen Gewißheit geworden. (Hierüber habe ich in meinem Schultagebuch »Der Versuch, ein kinderfreundlicher Lehrer zu sein«, Frankfurt 1980, ausführlich geschrieben).

Wenn ich den Kindern das Recht zugestehe, selbstbestimmt lernen zu können – genauer gesagt: wenn ich mich nicht weiter in ihr Recht einmischen will –, dann bedeutet dies nicht, daß ich etwa dafür wäre, die Kinder von nun an allein zu lassen. Wie stets in der neuen Beziehung kommt es darauf an, den Kern der Sache zu verstehen und ihre praktischen Auswirkungen nicht zu Karrikaturen zu verzerren. Dies bedeutet hinsichtlich des Lernens der Kinder, daß ich natürlich weiß, daß Kinder ohne die Hilfe von Erwachsenen kaum an viele wichtige Informationen herankommen. Es gibt in unserer modernen zivilisierten und technisierten Welt viel, das wichtig zu wissen für die nachfolgende Generation ist. Und es ist selbstverständlich, daß wir unsere Kinder über all diese Dinge informieren. Daß wir sie ihnen zum Aufnehmen und Aneignen, zum Lernen eben, anbieten.

Die heiße Herdplatte. – Die Schlußfolgerung, die neue Beziehung würde die Kinder nun nach dem Versuch-und-Irrtum-Prinzip allein lassen, ist Unsinn. »Wie bringe ich meinem Kind bei, daß die Herdplatte heiß ist?« Bei diesem Problem (das stellvertretend für zig andere ist) stelle ich mir keine erzieherische Frage mehr, d. h. ich überlege nicht mehr: »Wie läßt sich erreichen, daß mein Kind die heiße Herdplatte nicht anfaßt?« Ich habe nichts im Kind zu er-reichen, meine Finger haben im Kopf von anderen Menschen nichts zu suchen, auch nicht im Kopf von Kindern! Dennoch möchte ich, daß sich mein Kind nicht an der heißen Herdplatte verletzt. Ist das nicht widersprüchlich? Wo ist der Unterschied zwischen meinem Verhalten und dem erzieherischen Verhalten?

Er liegt – wie stets beim Unterschied zwischen erzieherischer und erziehungsfreier Beziehung – in der Grundhaltung, und ihr entsprechend im Ton. Ich bringe meinem Kind nichts »bei« – so, als käme es nur darauf an, in seinem Kopf entsprechende Stellen zu verlöten. Ich bringe meinem Kind etwas »nahe«. (Ich versuche jetzt, Ihnen mit Hilfe der Wortwahl den unterschiedlichen Ton, die unterschiedliche Grundhaltung zu verdeutlichen.) »Bei«bringen bedeutet das entscheidende Stückchen zuviel – zuviel an Einmischung in die Angelegenheiten eines anderen, souveränen – wenn auch unerfahrenen – Menschen. So, wie der Fahrlehrer mir Erwachsenem erklärt, wie sich das mit dem Überholen verhält: Er lehrt mich – ohne dabei meine Souveränität anzutasten. Ob ich mich an seine Informationen halte, ist meine Sache. Und zur Fahrprüfung werde ich es sicher tun, aber dann? Es gibt tausende von Unfällen, auch tödliche, die auf falsches Überholen zurückzuführen sind. Kommen wir je im Ernst auf die Idee, diese Erwachsenen hätten besser erzogen werden sollen? Nein – wir Erwachsene sind selbstverantwortlich, das steht fest. Und machen trotzdem tödliche Dinge, nicht nur beim Autofahren. Kinder sind dies auch – und das Argument »gefährlich« wird als Vorwand gebraucht, junge Menschen zu entmündigen.

»Nah«bringen bedeutet, daß ich alle Informationen gebe und die Aneignung dem anderen nicht auferlege, einbleue, zur inneren Pflicht mache. Es ist nichts Einmischendes, nichts von einem erzieherischen Anspruch dabei. Wenn Sie bei mir heute abend zu Gast sind und wir uns entschließen, ein Gesellschaftsspiel zu spielen – sagen wir: Monopoly –, dessen Regeln Sie nicht kennen, dann werde ich Ihnen erklären, wie es geht, und Sie lernen es von mir. Daß ich Sie dabei erziehe – dieser Gedanke ist absurd, so fern ist er. Ich stelle jetzt eine erzieherische Situation dagegen:

In der Schule soll den Kindern ein Gesellschaftsspiel – wiederum Monopoly – beigebracht werden. Lernziel der Stunde: »Die Schüler sollen das Gesellschaftsspiel Monopoly spielen und seine Regeln beherrschen können.« Schon die für jeden Lehrer vorgeschriebene ausdrückliche Formulierung eines »Lernziels« macht aus dem Spiel etwas ganz anderes: Es wird ein Ziel aufgestellt, das andere erreichen *sollen*. Die Kinder werden letztlich gezwungen, dieses Spiel und seine Regeln zu lernen.

Noch einmal dieses Beispiel: Kinder dieser Klasse waren heute nachmittag bei mir und wir kamen auf die Idee, Monopoly zu spielen. Ich erklärte ihnen die Regeln, wie ich sie Ihnen eben auch erklärt habe. Und ganz anders, wie sie morgen früh vom Lehrer in der Klasse erklärt werden. Vom Können her gesehen bewirken der Lehrer und ich dasselbe: Es gibt neue Monopolyspieler. Der kompromißlose Unterschied dabei: Bei mir werden die anderen – Erwachsene wie Kinder – in ihrer Lernsouveränität geachtet. Sie erhalten die Informationen, und die Informationsübernahme ist in ihrer Regie, sie geht mich nichts an. Ich habe keinen Anspruch, Einfluß auf die Übernahme nehmen zu wollen. Der Lehrer jedoch erklärt – vielleicht mit denselben Worten! – mit einer anderen Grundhaltung. Er hat den Anspruch, daß die Kinder die Spielregeln lernen sollen, daß das Ziel der Stunde erreicht wird.

Dies ist zu spüren! Auch, wenn er es nicht ausspricht. Der Anspruch und die Mißachtung der Lernsouveränität schwingen emotional, auf unsichtbaren Kommunikationskanälen, mit. Die Einmischung des Lehrers ist eine psychische Realität.

Ich bin der Überzeugung, daß die Kinder zum Überleben in dieser Gesellschaft viel lernen müssen. Vorsicht! Mein »müssen« hat einen besonderen Klang. Es ist eine sachliche, einmischungsfreie Aussage, eine Wenn-Dann-Aussage. »Wenn die Kinder in dieser Gesellschaft überleben wollen, dann müssen sie viel lernen.« Ich könnte, der Klarheit wegen, stets hinzufügen: »Meiner Meinung nach.« Dann würde ich auch aussprechen – und nicht nur im Ton und der Emotionalität mitschwingen lassen –, daß mein »müssen« für andere keine Verpflichtungselemente enthält und frei von Ansprüchen an sie ist.

Wenn ein erzieherisch eingestellter Erwachsener sagt: »Die Kinder müssen zum Überleben in dieser Gesellschaft viel lernen«, dann schwingt dort anderes mit. Neben der Wenn-Dann-Aussage (bei der ich stehen bleibe) macht er seine Meinung anderen zur Pflicht und hat an die anderen Ansprüche (viel zu lernen).

Wie kann ich Kindern dieses viele Wissen vermitteln, ohne dabei erzieherisch vorzugehen, ohne mich in ihre Lernsouveränität einzumischen, ohne Anspruchshaltung? Nun, ich gestehe, daß mir manchmal unwohl wird bei der Überlegung, es ganz und gar beim Anbieten zu belassen. Mir wäre oft wohler, wenn ich eine Erfolgsgarantie wüßte, wenn das Nur-Anbieten mit Sicherheit auch Erfolg abwerfen würde. Wenn also sichergestellt wäre, daß mein Kind tatsächlich nicht auf die heiße Herdplatte faßt, wenn ich ihm (lediglich) die Information darüber anbiete.

Eine solche Sicherheit ist jedoch stets illusorisch. Sie gibt es auch nicht, wenn man erzieherisch vorgeht: Niemand kann letztlich im Kopf des anderen die Drähte so ziehen, daß er nach Wunsch funktioniert. Erzieherisch eingestellte Erwachsene haben dieses Drähte-Spiel jedoch nicht aufgegeben – sie ziehen

weiter, mit neuen Methoden und Kniffen (heutzutage »demokratisch« oder »partnerschaftlich«). Und selbstverständlich
mit »Begründungen« und »aus Verantwortung«. Sie erreichen
nur damit, daß die von ihren Erziehungsattacken Getroffenen
sich in Abwehrkämpfen aufreiben, oder daß sie sich in
Anwesenheit des Erwachsenen verstellen, oder auf der anderen Seite zerbrechen. Man erreicht ohne erzieherischen Anspruch leicht viel mehr. Denn die Kinder können sich ja ohne
Ablenkung auf die Information konzentrieren. Sie müssen sich
nicht noch gleichzeitig mit einem Souveränitätsüberfall auseinandersetzen. Außerdem kommen zur Informationsvermittlung
per Sprache noch andere Informationsteile: Meine Gefühle zu
dem, was ich gerade mitteile. Dies ist bei einer erzieherischen
Information genauso. Dort kommen dann die Anspruchsge-
fühle auch an – und die tatsächliche Angst des Erwachsenen
wird verdeckt. Er sagt ja nicht: »Ich habe Angst, wenn du an
die heiße Herdplatte gehst.« Und, wichtiger noch: Er schiebt
seine unguten eigenen Gefühle zur Seite (so daß sie auch ohne
ausgesprochen zu werden ankommen könnten) und strahlt
statt dessen mit voller Kraft das »Ich weiß, was für dich gut ist«
aus. Wenn ich es hingegen beim Informationsvermitteln lasse
und dann auch noch meine eigenen Gefühle mit ausspreche
oder sie zumindest nicht wegschiebe, dann kann sich das Kind
auch mit dieser Gefühlsrealität beschäftigen. Die heiße Herdplatte ist ja nicht nur heiß – als etwas Physikalisches –, sondern
sie ist auch eine psychische Größe, eine Angstsache von mir.
Kinder, die nicht erzogen werden, haben Zugang zu mehr
Wirklichkeit als die mit Erziehungsansprüchen belasteten.
»Man erreicht ohne erzieherischen Anspruch leicht viel mehr«
– dies ist wiederum eine Wenn-Dann-Aussage. Wer dies zu
seiner Masche macht, zum Trick, um viel zu erreichen – wer
also insgeheim doch noch seine Erziehungsziele durchsetzen
will –, erreicht nichts!
Wenn Lebensgefahren auftauchen könnten, sehne ich mich
beinahe nach so einer Erfolgsgarantie. Aber ich weiß auch, daß
dies aus meinen Ängsten kommt. Und aus dem mangelnden

Vertrauen bei solchen Situationen, mangelndem Vertrauen in die Kinder, und in mich selbst. Wenn ich in einer so gefährlichen Situation anwesend bin, kann ich ja aktiv eingreifen, damit niemand zu Schaden kommt. Dies tue ich bei jedem gefährdeten Menschen, egal ob Kinder oder Erwachsene. Und wenn ich nicht dabei bin – dann ist der andere klipp und klar für sich selbst verantwortlich. Was ich vorher tun konnte, habe ich getan: Informationen gegeben und Hilfen angeboten. Und ich habe keine Energien zerstört durch erzieherisches Verhalten. Die Kinder, mit denen ich zu tun habe, haben dann 1. alle Informationen und 2. alle Energien und sie wissen 3. um mein Vertrauen in sie (was wiederum ihre Energie stützt).

Meine Ängste tauchen immer mal wieder auf, vor allem, wenn es gefährlich wird. Aber ich mache den Kindern meine Angst nicht zur Last. Ich sage ihnen davon und leite dann aber keinen Anspruch ab. Die Kinder müssen viel lernen – sicher, und dabei unterstütze ich sie ohne sie mit Ansprüchen zu belasten.

9. Wo wird das hinführen?

Gesellschaftliche Perspektive: Wo führt das hin, wenn immer mehr Erwachsene so mit ihren Kindern umgehen? Wenn ich mir überlege, ob ich mit Kindern auf die neue Art umgehen will, frage ich mich dies eigentlich nicht. Dennoch weiß ich, daß sich auch an die neue Beziehung gesellschaftsbezogene Fragen stellen lassen. Aber die Entscheidung, mit Kindern nur noch so – gleichberechtigt und freundschaftlich – umzugehen, fälle ich ja nicht deswegen, um einen besonderen Effekt im gesellschaftlichen Rahmen zu erzielen. Ich entscheide mich, weil ich nie mehr anders mit Kindern zusammen sein will – von mir aus gesehen.

Dennoch: Wenn nun immer mehr Erwachsene mit Kindern ebenfalls die neue Beziehung verwirklichen würden? Bevor ich hierüber nachdenke, möchte ich dann tiefer fragen: Was soll dabei herauskommen, wenn jeder Erwachsene im Zusammensein mit Kindern das tut, wonach ihm der Sinn steht? Wenn alle herkömmlichen Regeln des Miteinanders mit Kindern auf die Probe gestellt werden, ist dann nicht jeder berechtigt, sich seine eigenen Verhaltensweisen zurechtzulegen? Der eine um so lieber nach dem Oben-Unten-Muster, der andere überläßt die Kinder völlig sich selbst, erst der dritte bietet ihnen Unterstützung an, und der vierte... Wo liegt da der Sinn? Läßt sich das Zusammenleben überhaupt sinnvollerweise auf das aufbauen, was jeder einzelne von uns für richtig hält?

Ich bin der Meinung, daß wir genau das tun sollten. Daß jeder für sich selbst entscheidet, wie er mit den anderen, auch mit den Kindern, umgehen und zusammenleben will. Ich habe es für mich so getan – und ich finde es sehr in Ordnung, wenn andere dies auch tun. Wenn jeder sich die Basis seines Zusammenlebens selbst aussucht. Wer von uns allen will denn wirklich wissen, was für die anderen ringsum das Beste ist? Ich weiß, was für mich das Beste ist, und danach lebe ich auch. Andere wissen anderes, anderes Bestes. Es ist Unsinn, objektive Kriterien für den Umgang von Subjekten, lebenden Personen, aufzustellen. (Aber wer wiederum genau dieser Meinung ist, dem sei dies unbenommen – nur soll er bittesehr meine Grenzen achten!). »Meine Kinder sind meine gleichberechtigten Partner. Ich entscheide nie mehr über sie mit dem Anspruch, es besser zu wissen als sie selbst.« – »Meine Kinder wissen nicht so viel wie ich. Sie müssen lernen, daß im Leben alles nach dem Oben-Unten-Schema aufgebaut ist. Ich entscheide für sie, bis sie alt genug sind, für sich selbst die Verantwortung zu übernehmen.«

Soll ich sagen, daß dieser andere, der auf das Oben-Unten baut, Unrecht hat? Wie ein Oberschiedsrichter, der über diesem anderen steht, von oben herab sagen: »Du liegst falsch«? Nein – wenn ich mich für den gleichberechtigten Umgang mit anderen Menschen entschieden habe, dann ein für allemal grundsätzlich. Und das heißt auch: Der andere kann mit seinen Kindern so leben und umgehen, wie er entscheidet. Niemals kann ich einem anderen etwas von der Idee und der Praxis der Gleichberechtigung wirklich mitteilen, wenn ich sie ihm offen oder unterschwellig zur Pflicht mache, sie ihm von oben herab diktiere: Dieses »von oben herab« ist es ja gerade, was dieser andere dauernd praktiziert und was mir mißfällt! Und jetzt komme ich daher und predige ihm Gleichberechtigung! Ich würde mich und das, wofür ich eintrete, gewaltig ad adsurdum führen, wenn ich ihn nicht den sein ließe, der er sein will. Auch wenn er jemand sein will, der mir überhaupt nicht paßt.

Wenn die Kinder mich zu Hilfe rufen, entsteht eine andere Situation. Jetzt geht es um die Überlegung, wie ich mich einem erwachsenen Oben-Unten-Anhänger gegenüber *verhalten* soll. Es ist eigentlich die Frage, wie tolerant ich anderen gegenüber bin, die ich als kinderfeindlich einstufe. Kann ich solche Erwachsene tolerieren? Ja, ich kann es, ich taste ihr Selbstbild nicht an. Aber ich brauche mir nicht alles gefallen zu lassen, was sie *tun*. Ich habe Schluß gemacht mit dem Anspruch, für andere besser zu wissen als diese selbst, was sie tun sollen. Ich habe aber nicht Schluß gemacht, mich zur Wehr zu setzen, wenn mir ein Verhalten nicht paßt oder wenn ich um Unterstützung gegen jemanden zu Hilfe gerufen werde. Bei Hilferufen entscheide ich von Fall zu Fall, ob ich unterstützen werde. Wenn sich nach meinem Gefühl ein Erwachsener kinderfeindlich verhält, werde ich die Kinder gegen ihn unterstützen können. Aber: Ohne den Anspruch, nun auch diesem – aus meiner und der Kinder Sicht kinderfeindlichen – Erwachsenen zu Recht sagen zu können: »Sie sollten sich lieber anders verhalten. Sie sollten nicht so jemand sein. Es ist auch in Ihrem Interesse.« Wenn ich gegen andere vorgehe, dann nicht mit dem Anspruch, es besser als sie zu wissen, was sie tun sollen, dann ohne Mißachtung ihrer Ich-Position. Ich gehe schon entschlossen vor – aber zu meinem Besten (damit ich mich wohl fühle) und zum Besten der Kinder (die mich zu Hilfe rufen). Wer sich dann durchsetzt? Dies wird von vielen Faktoren abhängen.

Wie wäre es nun, wenn viele Erwachsene die neue Beziehung

gutheißen würden und sie den Hilferufen der Kinder folgen würden? Wenn alle Erwachsenen, die nach dem Oben-Unten-Schema mit Kindern umgehen wollen – oder es aus den verschiedensten Gründen nicht anders können –, auf einmal eine breite Front andersdenkender Erwachsener gegen sich hätten?

Wenn ein bestimmter Prozentsatz an Erwachsenen mitmacht, auch an wichtigen Erwachsenen mit Vorbildcharakter und öffentlichem Einfluß, dann kann im Schneeballeffekt eine große Änderung im Verhältnis der Generationen eintreten. Dann wird die neue Beziehung als gesellschaftliche Norm anerkannt und die alte Oben-Unten-Norm ablösen, dann wird das Zeitalter der Mißachtung des Kindes als selbstbestimmten und gleichberechtigten Menschen vorbei sein. Wobei sich die neue Norm von der alten insbesondere auch darin unterscheidet, daß sie jedermann freistellt, so oder anders mit Kindern umzugehen.

»Meine Eltern schreiben mir alles vor. Ich muß um sechs Uhr zu Hause sein.« Sabine, 15 Jahre. Wenn ich so etwas mitgeteilt bekomme, bin ich auf ihrer Seite. Ich helfe ihr, so gut ich kann, um diese Ausgangssperre, die Einschränkung ihres Grundrechts auf Freizügigkeit, zu überwinden. Zum Beispiel kann ich ihren Eltern sagen, daß sie zu einem Gruppenabend bei mir ist, während sie tatsächlich ihren eigenen Interessen nachgeht. Eine Lüge nehme ich in dem Fall lieber in Kauf. Dabei respektiere ich die Entscheidung ihrer Eltern als für diese o.k., aber nicht als o.k. für Sabine (wie sie mir gesagt hat). Ich will ihre Eltern nicht umerziehen oder ihnen ein schlechtes Gewissen machen. Sie mögen dieses Ausgehverbot für richtig halten und angemessen, um ihre Erziehungsziele durchzusetzen oder um Ängsten zu begegnen. Aber deswegen – weil ich sie in ihrer inneren Haltung als Oben-Unten-Eltern auch achte – unterstütze ich die Sabine nicht weniger. Und wenn es möglich ist, mit ihren Eltern mal in Ruhe ins Gespräch zu kommen, dann tue ich es. Wobei ich aber aufpasse, daß Sabine nicht das Gefühl bekommt, daß ich auf einmal mit ihren Eltern

gemeinsame Sache mache: Wenn ich ihre Eltern auch achte, so
stehe ich ihr doch viel näher.

Wenn immer mehr Erwachsene so mit den Kindern umgingen
– wo würde das hinführen? Es gäbe ein großes Umdenken in
Sachen Erziehung. Es könnte geschehen, daß die Medien
– Fachzeitschriften, Funk- und Fernsehen – diese große
pädagogische Debatte aufgreifen würden, daß immer mehr
Menschen erführen: Ich kann mit meinen Kindern ja auch ganz
anders umgehen. Gesellschaftlich gesehen würde dies mit der
Zeit bewirken, daß hierarchische, Oben-Unten-Systeme dort
verschwinden, wo sie nichts zu suchen haben: Im Miteinander
der Menschen. Das nicht-hierarchische System im Bereich
menschlicher Beziehungen ist ein achtungsvoller und gleichberechtigter Umgang. Dies ist ein tiefer Bruch mit unserer
traditionellen hierarchischen und patriarchalischen Kultur
– und der konsequente Ausdruck des viel älteren, aber immer
wieder unterdrückten Bekenntnisses zur Freiheit des Menschen.

10. Heile Welt und Politik

Wer kann es sich denn überhaupt leisten, mit seinen Kindern so
– freundschaftlich, achtungsvoll und gleichberechtigt – umzugehen? Muß man dafür nicht eine Unmenge Zeit haben, keine
Berufsverpflichtung, ein eigenes Haus, viel Geld? Ist das nicht
nur etwas für Privilegierte, aber nichts für den Durchschnitts-
bürger? Ist das alles nicht Heile Welt? Hat dies überhaupt
einen gesellschaftlichen Stellenwert, eine politische Bedeutung?

Es geht darum, wie wir die Politik unserer unmittelbaren
Beziehungen gestalten. Es geht um die Politik im kleinsten
Bereich: Wie gehen wir miteinander um? Ist das Grundmuster
unserer Beziehung ein Oben-Unten-Gefälle (wir Erwachsene
oben, die Kinder unten), oder ist es eine gleichberechtigte

Beziehung, in der jeder genauso wertvoll ist wie der andere und einer nicht zu Recht vom anderen etwas verlangen kann, was dieser tun soll?

Wenn wir damit aufgehört haben, in uns den Anspruch zu tragen, daß wir besser als die Kinder wüßten, was für sie gut ist, dann stellen wir eine gleiche Basis her. Jeder weiß für sich selbst, was für ihn das Beste ist, jeder ist Chef im eigenen Haus. Und als Bosse können wir miteinander auf einer ganz anderen Ebene umgehen, als wenn der eine der Boß, der andere der Befehlsempfänger ist.

Es gibt auch eine umgängliche Art, mit Kindern als Befehlsempfänger umzugehen. Man muß ja nicht immer gleich böse werden oder die Kinder beschimpfen oder demütigen. Man kann ja auch »freundlich, aber bestimmt« sagen, was man erwartet. Man ist dann ein umgänglicher Boß, mit dem man reden kann. Aber: Man ist der Boß, die anderen sind die Abhängigen, daran wird nicht gerüttelt.

Wir Erwachsene haben es in der Hand, wie wir mit unseren Kindern zusammensein wollen. Wenn wir es wollen, dann können wir von jetzt auf gleich damit aufhören, unseren Kindern als Befehlsgewaltige entgegenzutreten. Wir können ab sofort Frieden schließen, ihre Souveränität anerkennen und mit ihnen »von Souverän zu Souverän« umgehen. Es liegt an uns, welche Politik in unserer Familie gefahren wird.

Diese Entscheidung – ob nach dem Oben-Unten-Schema mit Kindern umgehen oder auf gleichberechtigter Basis – kann jedermann fällen. Dies ist eine Privatsache, entscheiden tut jeder für sich. Sich-Entscheiden-Können ist unabhängig vom Einkommen, vom Beruf, vom Bildungsstand, von der Zeit, die man täglich für die Kinder hat. Es ist eine Entscheidung, die von innen kommt, »aus dem Herzen«: »Ich mag nicht mehr über meine Kinder bestimmen. Ich mag nur noch die gleichberechtigte Beziehung.«

Wenn in den Familien diese neue Politik des Miteinanders gelebt wird, dann läßt sich absehen, daß dies Auswirkungen auf die gesellschaftlichen Verhältnisse haben wird. Menschen, die in einem gleichberechtigten Klima groß geworden sind, werden sich auch später so verhalten können. Sie haben ja ihr Leben lang erlebt, wie das ist: Von den anderen als gleichwertiger Partner geachtet zu werden. Warum sollten sie diese selbstverständliche Erfahrung ignorieren? (So wie es heutzutage so gut wie keinen Grund gibt, das von klein auf erlernte Oben-Unten-Schema aufzugeben, wenn man groß geworden ist. Da muß erst groß an die Glocke geschlagen werden: Hallo Leute, es geht ja auch ganz anders, denkt doch mal an damals zurück, als wir Kinder noch unter uns waren . . .).

Was wir in unseren eigenen vier Wänden tun, hat seine Auswirkungen auf die gesellschaftlichen Verhältnisse. Unsere Familienpolitik hat einen gesellschaftlichen Stellenwert. Und wenn man sich ansieht, wie Erwachsene heute miteinander umgehen – daß wir andere ausbeuten und daß wir Kriege gegeneinander führen –, dann wird etwas von der Hoffnung spürbar, die in dem neuen Miteinander mit unseren Kindern für die Zukunft der Menschheit liegt. Wenn wir mit unseren Kindern gleichberechtigte Beziehungen unterhalten, dann betreiben wir, jeder von uns, ganz konkrete Friedenspolitik. Und die Wirkungen dieser »Politik im Kleinen« kann sich gesellschaftlich addieren, multiplizieren und potenzieren.

Stellen Sie sich einen Wohnblock vor, 10 Etagen, 50 Familien. In diesem Block wird ausnahmslos die neue Beziehung realisiert, als selbstverständliche Form des täglichen Umgangs. Alle Familien dieses Blocks wissen dies, und man unterstützt sich darin. Bekommen Sie eine Vorstellung davon, was ich meine? Spüren Sie, was dieser Block für eine Vitalität und Energie ausstrahlt?

In der neuen Beziehung wird eine Politik betrieben, die in ihrer Häufung einen großen gesellschaftlichen Stellenwert hat. Die Entscheidung für diese neue Politik in der Familie ist nicht von äußeren Faktoren unverrückbar zugestellt, wie mächtig diese Faktoren auch sein mögen. Alle gesellschaftlichen Einflüsse müssen letztlich in jedem von uns konkret werden, sie verwirklichen sich nicht von selbst, so als wären wir ihre

Marionetten. Sie müssen durch unseren Kopf – und den können wir von ideologischem Kleister befreien – und durch unser Herz – und dies können wir wieder fühlen lernen. In unserem Herzen lebt aber unausrottbar, trotz der vielfältigsten Attacken in der Geschichte, ein Gefühl für die eigene Würde und die des anderen: wir werden damit geboren. Alle Befreiungsbewegungen der Menschheit machen dies immer wieder deutlich. Die Kinderrechtsbewegung setzt diese Tradition fort. Und die neue Beziehung kombiniert die Selbstliebe und die Nächstenliebe zu realistischer Wirklichkeit, so daß »Heile Welt« Poltik wird und Politik »Heile Welt«.

V Fragen aus der Praxis

1. Wenn es problematisch wird

Es gibt sicher viele Situationen, in denen man meint, daß die neue Beziehung nun aber nicht mehr trägt. Ich versuche, einige zu beschreiben und möchte zeigen, wie man es schaffen könnte, auch in problematischen Situationen den neuen Weg zu gehen. Wenn die Kinder mit anderen Kindern zusammen sind, die ich für keinen passenden Umgang halte – dies wäre eine problematische Situation. Mir könnte zum Beispiel nicht gefallen, wenn sich mein Kind mit einer radikalen politischen Jugendgruppe anfreundet. Oder wenn ich weiß, daß jene neue Clique schon oft geklaut hat. Oder wenn mir dieser eine Freund schaurig brutal vorkommt. Was tun? Ich habe ja die Macht, den Umgang zu verbieten – aber ich habe ja andererseits das Herrschaftsdenken abgelegt. Wäre es nicht schön, in solchen problematischen Fällen darauf zurückgreifen zu können? »Es ist schließlich zu deinem Besten.« Es ist klar, daß für mich eine solche Lösung – die doch so schnell und einfach zu haben ist – nicht in Frage kommt.

Ich suche nach einer anderen Lösung. Aber ich will durch die neue Beziehung auch nicht in zusätzliche Belastungen geraten (hier: keine Lösung parat zu haben), sondern ich will nach vorn kommen. Ist die neue Beziehung in solchen Fällen leistungsschwächer als die alte Beziehung? Ich kann schließlich dann, wenn ich mit der neuen Beziehung ernst mache, nicht solche Freunde von meinen Kindern fernhalten – wenn die Kinder dagegen sind. In der alten Beziehung hätte ich dies tun können. Jetzt aber ist es ihre Sache, mit wem sie umgehen, letztlich. Ich sage den Kindern, was ich von so einem Umgang halte, und ich sage es von meinem Gefühl her. Daß ich diese oder jene Leute nicht mag, und was ich gegen sie habe. Und dann können

113

sie mir zustimmen, oder sie sagen, daß ihnen meine Gefühle jetzt wichtiger sind, oder sie gehen eben eigene Wege, die nicht meine Wege sind. Wo liegt da der Vorteil gegenüber der alten Beziehung?

Es ist nie schön, wenn sich unsere Wege trennen. Aber dies kann immer geschehen, und es ist realistisch, sich darauf einzustellen. Wenn ich den Kindern die Entscheidung über ihren Umgang einräume, dann mache ich einen Vorstoß auf mehr Realität, mehr Ehrlichkeit, mehr Kommunikation. Dies sind vielleicht nicht so konkrete Vorteile wie die Garantie, genau bestimmen zu können, daß mein Kind nur mit Leuten umgeht, die mir genehm sind. Das ist nicht der Vorteil, den eine Kontrolle bringt. Es ist kein konkreter Output.

Es ist ein schwieriger Vorteil, weil man ihn nicht so konkret sehen kann. Und er steht ja auch im Gegensatz zu dem, was ich will. Aber es ist ein sehr wichtiger Vorteil, dieses Mehr an Realität, Ehrlichkeit und Kommunikation. Er wiegt das reale »Ich kann mich nicht durchsetzen« allemal auf. Es ist ein Vorteil ohne doppelten Boden, ein Vorteil, der dauerhaft ist. Ein Vorteil, der auch mein Leiden nicht ausschließt. Ich akzeptiere, daß in der Beziehung zu den Kindern auch mir Leid widerfahren kann. Die Basis ist meine innere Entscheidung »Ich will eine realistische Beziehung«, und zu ihr gehört, daß auch auf meiner Seite Leid geschehen kann.

Die alte, von Kontrolle und Herrschaft bestimmte Beziehung enthielt so etwas wie eine (illusionäre) Glücksgarantie – für mich, den herrschenden Erwachsenen. Und in meinen Augen auch für die Kinder: »Es geschieht alles zu eurem Besten«. Nun: Meine gefühlsmäßige Entscheidung, mich nicht mehr mit Bestimmungsgewalt in die Angelegenheiten der Kinder einzumischen, bedeutet unter Umständen, daß mir weht tut, was dann geschieht. *Aber mir würde mehr weh tun, wenn ich Kinder unterdrücken würde*. Dies ist entscheidend. Ich erlebe in der neuen Beziehung einen neuen Schmerz: Es tut weh, Kinder zu unterdrücken. Dieser Schmerz ist neu, die alte Beziehung kannte ihn nicht.

Im Gegenteil: in der alten Beziehung entstand ein Gefühl von Befriedigung, wenn endlich passierte, was ich wollte. »Na endlich!« – wenn die Kinder spuren, geht es mir wieder besser, Streß fällt ab, aufatmen. Es ist alles wieder ins rechte Lot gerückt, »Wie du ja doch einsiehst« – mit Schlagsahne der Selbsteinsicht auf dem Unterdrückungskuchen. Die alte Beziehung hat eben auch andere Glücksgefühle als die neue Beziehung, so, wie auch die Schmerzen in der alten Beziehung andere sind als jetzt.

Wenn ich meine Kinder mit den Freunden ziehen lasse, die sie sich ausgesucht haben, und mir dieser Umgang nicht gefällt, dann entsteht in mir neben dem Gefühl der Sorge und des Ärgers über solche Freunde auch ein Gefühl der Befriedigung: Ich habe die Rechte meiner Kinder respektiert. Ich habe unsere ehrliche und vertrauensvolle Beziehung nicht beeinträchtigt. Ich habe mein Kind geachtet.

Ich denke, daß wir immer stärker werden, die Kinder tatsächlich das tun zu lassen, wofür sie sich entscheiden, je länger wir uns in der neuen Beziehung bewegen. Es ist ein ständiges Lernen. Für manche ist es vielleicht schon ein großer Erfolg, wenn sie ihren Kindern den Fernseher nicht mehr ausschalten, »weil das besser für dich ist«, »weil dieser Film nichts für dich ist«, »weil so viel fernsehen ungesund ist«. Die Kinder über die Art ihrer Kommunikation und Informationsaufnahme selbst entscheiden zu lassen – darum geht es in diesen Beispielen. Gefahren von ihnen abwenden: Liegt die größere Gefahr im Inhalt dieses Films oder in der Mißachtung ihrer Rechte?

Den Einflüssen, die ich nicht gern auf mein Kind prasseln lassen möchte, kann ich andere entgegensetzen: mich selbst, meine Information, mein Gefühl. Die Kinder sind diesen mir unangenehmen Einflüssen ja nicht isoliert ausgesetzt. Wir Eltern sind schließlich mit den Kindern zusammen, wir sind da und in einer ehrlichen und offenen Beziehung. Aber es wäre katastrophal, wenn ich ihnen ihr Recht absprechen würde: *Dieser* Einfluß, der dann von mir kommt, wird schwerlich von außen wieder aufgehoben werden können.

Ein anderes Beispiel: Was soll ich machen, wenn ich erfahre, daß mein Kind klaut oder sonst etwas Kriminelles tut? Es ist klar, daß ich die Kinder über das Strafgesetzbuch informieren werde und auch über unsere ungeschriebenen gesellschaftlichen Regeln. Das fängt bei Tischmanieren und Höflichkeit den anderen gegenüber an und geht bis zum Eigentumsbegriff unserer Gesellschaft. Ich sage ihnen meine Meinung darüber und gebe Informationen. Wenn sie sich dann nicht dran halten: ihre Sache.

Aber ich bin da auch nicht aus Prinzipientreue unflexibel. Wenn ich durch Eingreifen (Klartext: Herrschaftsausübung) verhindern kann, daß Kinder Jugendgefängnis bekommen oder sich einen Berufsweg verbauen – dann intervenier ich, wenn mir danach ist. Ich verlasse mich auf mein Gefühl, das die Situation erfaßt. Und ich weiß dann auch, daß meine Intervention vielleicht jetzt einen Vorteil bringt, aber an unserer Grundlage – der Achtung vor dem Sosein des anderen – nagt. Es ist besser, die Kinder ungehindert von meinem Druck und ihren Abwehrkämpfen dagegen sich ihr eigenes Bild machen zu lassen über die geschriebenen und ungeschriebenen Regeln. Garantien für den Fall, daß es problematisch wird, gibt es nicht. Nicht in der alten Beziehung (vordergründig erfolgreiche Lösungen per Befehl und Gehorsam) und nicht in der neuen. In der neuen Beziehung lebt jedoch das Fundament weiter, von dem aus Problematisches gelöst werden kann: Vertrauen und gegenseitige Achtung.

2. Wenn es gefährlich wird

»Und Sie lassen Ihr Kind also allein auf der Straße spielen und unters Auto kommen!« – »Egal wie dünn das Eis ist, Sie greifen nicht ein!« – »Wenn Ihr Zweijähriges mit der Rasierklinge spielt, für Sie ist das in Ordnung!« – »Wenn die Kinder Alkohol in sich reinschütten, sehen Sie seelenruhig zu!«

Das neue Miteinander wird rasch an Gefahrensituationen gemessen. Es scheint so zu sein, als müsse es dort standhalten können, das »Gerede von der Gleichberechtigung und Selbstbestimmung«. Wenn mich Erwachsene mit Beispielen wie den angeführten konfrontieren, dann spüre ich in ihrer Stimme, wie bestürzt und wie aufgebracht sie über das sind, was ich ihnen eben über die Selbstbestimmung des Kindes und das neue Miteinander gesagt habe.

»Das kann doch überhaupt nicht funktionieren.« Und dann suchen sich diese Erwachsenen mit viel Einsatz passende Beispiele, um mich und die ganze Konzeption ad adsurdum zu führen. »Heiße Herdplatte«, »Steckdose«, »Fensterbrett«, »Dachrinne«, »Lastwagen« usw. Und sie sind gespannt, wie ich mich wohl aus der Affäre ziehen werde.

Das Mißverständnis beginnt bereits dort, wo man meint, daß ich den Kindern die Selbstbestimmung *geben* würde. Daß ich zuständig wäre, daß sie Selbstbestimmung hätten oder nicht. Das Mißverständnis ist dort verwurzelt, wo diese Erwachsenen einfach viel zu tief in ihrer Oben-Unten-Struktur drinstecken, um wirklich den Gedanken der Selbstbestimmung aufnehmen zu können: Die Selbstbestimmung jedes Menschen ist absolut, d. h. sie ist vorhanden, sie ist eine Realität. Jeder Mensch verfügt von Geburt an über diese Fähigkeit, selbst zu bestimmen. Sie ist unabhängig vom Zutun oder Verweigern eines anderen Menschen da – wie Hände, Atmen, Essen oder Trinken. Erwachsene brauchen nichts dazu tun, damit Kinder selbstbestimmt sind. Sie sind es von Geburt an.

Ich kann den Kindern nicht die Fähigkeit, sich selbstbestimmt zu verhalten (oder, wie man auch verkürzt sagen kann: die Selbstbestimmung; gemeint ist jedoch stets die Fähigkeit zur Selbstbestimmung) geben. Und ich kann sie ihnen auch nicht wegnehmen. Dies fällt nicht in den Bereich meiner Möglichkeiten. Gleichwohl kann ich mir dies aber einreden oder einreden lassen, und dies tun ja auch sehr viele Erwachsene (wie die Frager oben). Aber diese Auffassungen gehen an der Wirklichkeit vorbei – wenngleich sie große Wirkung haben: Wer die

Selbstbestimmungsfähigkeit von Kindern nicht wahrnimmt, der muß zwangsläufig mit ihnen wie mit unmündigen Wesen umgehen und die Kinder in dieser Sicht festnageln.

Ich kann nun von der Realität ausgehen und die Kinder in der Ausübung ihrer Selbstbestimmung unterstützen. Ich kann für sie ausführen, was sie noch nicht ausführen können – was sie aber sehr wohl entscheiden können, daß es ein anderer für sie tun möge. Ich kann ihnen die fehlende *Ausführungs*kompetenz ersetzen, bis sie selbst soweit sind. Die *Entscheidungs*kompetenz (die Fähigkeit, selbst zu bestimmen) wird von der Unzulänglichkeit des Ausführens nicht berührt.

Ich kann mich aber auch so verhalten, daß die Kinder nicht verwirklichen bzw. für sich verwirklichen lassen, was sie selbst bestimmen. Statt sie zu unterstützen kann ich mich ihnen in den Weg stellen und ihre Selbstverwirklichung stören oder verhindern. Ich kann bewirken, daß die Kinder das Vertrauen in ihre eigene Selbstbestimmungskompetenz verlieren, ich kann sie zermürben, bis sie selbst nicht mehr an ihre Fähigkeit zur Selbstbestimmung glauben und statt dessen annehmen, was ich ihnen vorgaukle: »Es ist besser für dich, wenn du tust, was ich sage, denn du weißt noch nicht, was für dich gut ist.« Ihre Fähigkeit zur Selbstbestimmung ist dann wie mit Steinen zugedeckt.

Selbst wenn die Selbstbestimmungsfähigkeit zugedeckt ist und jemand selbst nicht mehr daran glaubt, so bin ich doch der Meinung, daß diese Grundeigenschaft des Menschen nie verlorengeht. Und deswegen ist es auch möglich, diese zugeschüttete Kraft durch Hilfe, Vertrauen und Unterstützung wieder zu befreien. Wir können im Umfeld wirken und Einfluß auf die Selbstbestimmung des anderen nehmen – sie zuschütten oder sie unterstützen. Aber sie ist eine von uns unabhängige immer vorhandene psychische Realität jedes Menschen, wir haben nur indirekt Einflußmöglichkeiten.

Wenn es gefährlich wird und ich etwas tue, was Kinder stoppt, was sie hindert, sich in dieser Situation so zu verhalten, wie sie es (selbstbestimmt) wollen, dann werde ich damit niemals ihre

Selbstbestimmung wegnehmen können. Dieses Problem wird durch einen Eingriff von mir überhaupt nicht berührt. So wie ich ihre Selbstbestimmung auch nicht irgendwie vergrößere, wenn ich gestatte, daß sie tun, was sie (selbstbestimmt) tun wollen.

»Du spielst nicht auf der Straße« – »Runter vom Eis« – »Weg mit der Rasierklinge« – »Schluß mit der Sauferei«: Dies nimmt den Kindern nicht die Selbstbestimmung und greift damit auch nicht die neue Art des Miteinanders an, die auf der Selbstbestimmung aufbaut. Ich zweifle ja nicht an, daß sie sich so entscheiden *können,* daß sie es aus eigenem Entschluß heraus für richtig halten, auf der Straße zu spielen, auf dieses Eis zu gehen, mit der Rasierklinge zu schneiden oder zu trinken. Ich lasse sie in ihrem Selbst-System in Ruhe. Ich komme von außen – und ich komme *nur* von außen, wenn ich sie stoppe.

Zwischen mir und den Kindern schwingt dann nicht die Problematik der Selbstbestimmung. Die Frage nach der neuen Beziehung ist überhaupt nicht gestellt, wenn es gefährlich wird und ich dann interveniere. Es geht dann um reale Macht, darum, wer sich durchsetzt. Es geht um Herrschaft. Erst die Erwachsenen, die die neue Beziehung überprüfen wollen, die nachsehen wollen, ob sie funktioniert und ob sie auch funktioniert, wenn es gefährlich wird, bringen die Koppelung von Machtfrage und neuer Beziehung.

Eigentlich sollten sie nicht fragen, ob die neue Beziehung auch Antworten für gefährliche Situationen weiß (dies ist so selbstverständlich wie was, und wer dennoch fragt, scheint zu meinen, die Vertreter der neuen Beziehung wären nicht ganz richtig im Kopf). Wenn sie ein ehrliches Gespräch suchen, müßten sie fragen: »Ist eure Beziehung frei von Herrschaft? Kommt es nie mehr vor, daß du als Erwachsener über die Kinder bestimmst? Ist eure Beziehung gewaltfrei?« Vielleicht meinen sie dies ja, wenn sie mit den Beispielen der gefährlichen Situationen kommen. Dann kann man rasch zum Kern des Problems kommen, zum Verhältnis von Erziehung und Herrschaft.

Wir Erwachsenen haben für meine Begriffe ein sehr verklemmtes Verhältnis zur Herrschaft, zur Gewalt, zur Aggressivität. Kein Wunder, da wir den Kindern gegenüber ja nichts anderes tun, als sie ständig und auch grundsätzlich zu beherrschen. Die neue Beziehung befreit hier: Da wir grundsätzlich nichts mehr mit Herrschaft über Kinder zu tun haben, ist es uns auch nicht problematisch, wenn wir gelegentlich zu Herrschaft, Gewalt und Aggressivität greifen. »Also wendet ihr doch Gewalt an, ist nichts neues, eure Beziehung« – wer so argumentiert, versteht nicht den Bruch mit der Gewalt im Grundsätzlichen, im Selbstverständnis von uns Erwachsenen. Diese neue Basis des herrschaftsfreien Umgangs macht Rückfälle und Ausnahmen nicht zum Problem. Unsere Probleme sind von anderer Art, als daß wir uns verängstigt fragen, ob wir nun wirklich eine neue Beziehung praktizieren oder nicht. »Wie läßt sich vermeiden, bei einer solchen Situation in Herrschaftsverhalten zu fallen?« Solche konkreten Fragen zum Abbau der Herrschaftsreste in uns interessieren uns.

Wer zu sehr im Oben-Unten drinsteckt, wer von der Herrschaft über Kinder als Grundlage seiner Beziehung zu ihnen nicht Abschied nimmt oder Abschied nehmen mag (was ihm unbenommen ist, wir erziehen auch diese Leute nicht!), der wird wohl kaum Zugang zur neuen Art des Miteinanders bekommen. Er wird dann zwar verstehen, was wir sagen – aber der Sinn unserer Aussagen wird sich ihm nicht erschließen. Und er wird auch nach handfesten »Beweisen« fragen, die die neue Beziehung als der alten überlegen zeigen soll – so, wie man es doch gut an gefährlichen Situationen sehen müßte. So jemand wird nicht akzeptieren, sondern als Beweis der Wirkungslosigkeit der neuen Beziehung einstufen, daß es nicht auf konkrete Beispiele ankommt (wie sie sich bei der Oben-Unten-Struktur immer finden lassen, weil man da sehen kann, ob jemand tut, was von ihm verlangt wird – da gibt es ein klares Input-Output-Schema). Daß es auf eine neue innere Haltung ankommt, die sich auch in gefährlichen Situationen auswirkt – dies wird er für nebulöses Gewäsch halten. Da liegt eine

Verständigungssperre vor, ein großes Kommunikationshindernis. Es wird auf verschiedenen Ebenen diskutiert, es liegen verschiedene Grundeinstellungen vor, die verschiedene Praktiken hervorbringen (Oben-Unten-Grundeinstellung mit klarem Input-Output oder Gleichberechtigungseinstellung mit situativem, flexiblem, individuellem Intera'gieren). Aber vielleicht gelingt ja *darüber* eine Verständigung.

Wenn es gefährlich wird – aus wessen Sicht eigentlich? Wer sagt: »Das ist jetzt zu gefährlich?« Ich weise gern auf das Beispiel mit der Leiter: An der Hauswand lehnt eine Leiter mit 20 Sprossen, und die dreijährige Giada klettert nach oben. 20 Erwachsene sehen zu. Sicher werden nicht alle Erwachsene dieselbe Sprosse als »jetzt wird es gefährlich« einstufen. Es werden zwar wohl auch nicht 20 verschiedene Einschätzungen vorkommen, aber doch so viel verschiedene, daß klar wird: »Wenn es gefährlich wird« ist eine sehr individuelle Sache des anwesenden Erwachsenen, seiner Erfahrung, seiner Angst, seines Mutes und Vertrauens. Die Gefahr, die dort »festgestellt« wird, ist eine subjektive Sache dessen, der sie feststellt. Meine Angst über ein Verhalten von Kindern ist nicht von der Art wie Ihre. Aber sie ist in mir – und auch Ihre in Ihnen – und sie setzt uns zu. Und wenn ich ihr nachgebe und mir nicht anders zu helfen weiß, als nun zur altgewohnten Gewalt zu greifen (»Runter vom Eis« – »Schluß mit der Kletterei« usw.), dann wirft dies nicht die neue Beziehung über den Haufen, sondern dies bestätigt sie gerade! – Das klingt paradox, ich weiß. Nur: In der neuen Beziehung ist es ein tragendes Element, sich nicht zu verleugnen, auch nicht, wenn dann und wann Gewalt in uns durchbricht. Ich bringe mich so ein, wie ich bin. Ich weiß von so vielen Situationen, in denen ich keine Gewalt und keine Herrschaft mehr über Kinder ausgeübt habe – wo dies zu tun aber durchaus im Sinne der alten Beziehung gewesen wäre –, ich bin mir meiner neuen Praxis sicher genug. Ich habe kein Problem, die Reste von Herrschaft und Gewalt einzubringen – sie sind in mir und ich bekenne mich dazu. Ich finde dies nicht schön, aber ich kann nicht aus meiner Haut und sehe auch keinen Sinn darin, dies irgendwie versuchen zu wollen. Die neue Beziehung ist ohne Gewalt – auch mir gegenüber! Ich vergewaltige mich nicht, um die neue Beziehung hinzukriegen. (Dies aber tun zu sollen wird oft von den Vertretern der alten Beziehung ins Spiel gebracht – natürlich, sie tun es ja ständig mit sich selbst und meinen, dies müßten wir auch. Sie verstehen eben nicht die grundsätzliche Befreiung von Herrschaft, und dies schließt auch die Selbstunterdrückung und Selbsterziehung aus.)

Ich bin auch froh, daß ich über Gewalt verfüge: Jedermann gegenüber. Wenn jemand in eine akute Notsituation gerät und ich ihn nur mit einer Gewaltaktion retten kann. Zum Beispiel, wenn Sie mit mir die neue Beziehung diskutieren und dabei nicht aufpassen, wie der Lastwagen auf sie zurast – dann reiße ich Sie zurück und bin froh, daß ich dies tun kann, den Lastwagen bemerkt habe und Sie noch leben. »Du läßt ihn ja nicht selbstbestimmt über die Straße gehen« – eine solche Argumentation ist unredlich und angesichts lebensgefährlicher Situationen inhuman und dient nur dazu, die neue Beziehung lächerlich zu machen, wahrscheinlich, weil zuviele Ängste hochsteigen oder zuviel Leid, selbst stets eingeschränkt gelebt zu haben und nun zu merken, daß dies nicht nötig war.

Und ich denke, daß diese Argumentierer schon spüren, daß hier radikale Unterschiede vorliegen: Gleichberechtigung und Diktatur sind kompromißlos entgegengesetzt. Und gleiche Verhaltensweisen – in gefährlichen Situationen Gewalt anwenden – haben jeweils verschiedene Bedeutungen. Einmal sind sie das ehrliche »Ich kann nicht anders, ich weiß mir in dieser Situation nicht anders zu helfen, ich habe zu große Angst, daß etwas passiert«, zum anderen der selbstverständliche und selbstgefällige Ausdruck des »es ist auf jeden Fall richtig, wenn die Kinder wissen, wer das Sagen hat, dann kommen sie auch in gefährlichen Situationen gar nicht erst auf komische Gedanken«.

Wenn es gefährlich wird, dann tue ich das, wozu mir mein Wissen und mein Gefühl rät. Dabei wird die neue Beziehung nicht in Frage gestellt, denn ich verleugne mich nicht und stehe zu meinen Ängsten, Schwächen und Resten von Herrschaft und Gewalt.

3. Wenn es mir zuviel wird

»Was soll ich machen, wenn es mir zuviel wird, freundlich zu den Kindern zu sein?« Es ist mitunter anstrengend, mit Kindern nicht dirigistisch umzugehen, ihnen keine Anordnungen zu geben, auf sie einzugehen und gern ihre Wünsche respektieren zu wollen. Je mehr man sich vornimmt, Kinder in ihrer Individualität und Eigenständigkeit ernstzunehmen, desto höher wird oft der Anspruch an sich selbst, nun tatsächlich auch freundlich und achtungsvoll zu sein.

Und dann kommt der Punkt, an dem man sich überfordert fühlt. Dies ist ein schwieriger und wichtiger Augenblick. Zu leicht kann passieren, daß wir in alte Muster verfallen: »Eigentlich müßte ich mehr Zeit und Ruhe haben. Ich will das Kind doch nicht vernachlässigen.« Aber das Kind geht einem jetzt gerade so sehr auf die Nerven, daß man einfach die Kraft nicht hat, sich seiner Wünsche anzunehmen. »Jetzt nicht!« – »Laß mich in Ruhe!« Und dann geht man fort und nimmt ein sauschlechtes Gewissen mit.

Die neue Beziehung kommt ohne schlechtes Gewissen zurecht. Jawohl – ich gehe weg von diesem nach mir rufenden Kind und kümmere mich *jetzt nicht* um seine Wünsche. Es geht nicht darum, über die eigenen Kräfte hinaus für andere da zu sein – auch nicht für Kinder. Wenn wir andere, junge Menschen, in ihren Bedürfnissen und Wünschen ernst nehmen – dann geht dies wirklich nur, wenn wir uns selbst in unseren Bedürfnissen und Wünschen auch ernst nehmen. Wenn wir andere Menschen achten wollen, dann geht das nur, wenn wir uns selbst auch achten. Und das heißt hier: Was ich tue – den Wünschen der Kinder *jetzt nicht* nachzugeben –, ist vor mir verantwortet und ich brauche mich darum nicht zu schämen oder ein schlechtes Gewissen zu bekommen. Einmal ganz abgesehen davon, daß Kinder ein ehrliches *jetzt nicht* viel leichter vertragen können als wir allgemein glauben oder als das aufreibende »Nimm doch Rücksicht«-Spielchen der Erwachsenen, die ihre Wünsche denen der Kinder nicht offen gegenüberstellen.

Wenn es mir zuviel wird, mich um ein Kind zu kümmern, dann habe ich das Recht, mich um mich selbst zu kümmern. Eigentlich könnte man sogar sagen, daß dann die Pflicht besteht, sich um sich selbst zu kümmern. Zu entspannen, eigene Dinge zu verfolgen – dann können Energie, Kraft und Gelassenheit auch wieder zurückkommen. Wenn Kinder anstrengend sind, dann ist es wichtig, irgendwo aufzutanken. Und dies wird oft nur so gehen, daß die Kinder nicht dabei sind mit ihren Wünschen. Es wird vielleicht schwer zu machen sein – aber es kann dabei überhaupt kein schlechtes Gewissen geben.

Wer den Kindern zuliebe auf sich verzichtet – obwohl er im Innersten seines Herzens eigentlich gar nicht verzichten will –, der tut weder den Kindern noch sich selbst einen Gefallen. Er tut eigentlich etwas, das sowohl den Kindern als auch dem Erwachsenen selbst Schaden zufügt. Es ist in der neuen Beziehung gerade umgekehrt wie es so oft zu hören ist: Daß man sich für die Kinder aufopfern sollte. Wer dies aus echter Überzeugung tut, für den entsteht kein Problem, und der mag dies auch tun. Wer sich aber nach dieser »Grundregel« richtet, obwohl es in ihm rumort und er eigentlich gar keine Lust hat, sich aufzuopfern, auf sich selbst und die Verwirklichung seiner eigenen Bedürfnisse zu verzichten, der ist schlimm dran – und es käme darauf an, ihm zu helfen, von so einer wirklichkeitsfremden Position herunterzukommen.

»Kaufst du mir noch ein Eis?« – »Lies mir noch eine Geschichte vor« – »Spielst du mit mir?« – »Wann gehen wir denn endlich zum Einkaufen?« – Ihr Kind will in der gerade aufgeräumten Küche einen Kuchen backen – Ihr Baby weint schon wieder – Ihr Sohn möchte unbedingt beim Autofahren vorn sitzen – Ihre Tochter will die Stereoanlage voll aufdrehen...

Wenn es Ihnen zuviel wird, was die Kinder von Ihnen möchten – dann, so meine ich, ist es gut, wenn Sie an sich selbst denken. Sie können sagen, daß es Ihnen jetzt reicht und daß Sie jetzt eben eine Pause brauchen. Man nennt dies auch »Notwehrrecht in Beziehungen«: Man denkt dann, wenn man sich angegriffen fühlt (hier von den Wünschen der Kinder) an sich selbst und schützt sich. Und dies kann auch bedeuten, daß man den anderen dann zurückweist oder sich seiner wehrt. Dann wächst neue Kraft und man kann sich später wieder um den anderen (hier die Kinder) kümmern. Mit neuer Gelassenheit und Freude – und: ohne Schuldgefühle.

Aber ist das nicht kinderfeindlich? Die Kinder brauchen den Erwachsenen und der hat einfach keine Lust, ihnen zur Seite zu stehen? Ich glaube schon, daß wir den Kindern oft nicht vermitteln können, daß wir dann, wenn wir uns um uns selbst kümmern, nicht ihre Feinde sind. Wir tun dann ja nicht, was sie von uns wollen, und dies kann sie schon sehr wütend auf uns machen. »Du bist richtig gemein« – wir sollten unseren Kindern dies nicht übelnehmen. Auch sie haben das Recht auf ihre Gefühle, und wenn sie über uns ärgerlich werden, hat das denselben Stellenwert wie unsere Gefühle. Aber wir sollten uns wegen ihres – berechtigten – Ärgers auch nicht davon abbringen lassen, uns um uns selbst zu kümmern, wenn dies ansteht.

Ich rede damit nicht denen das Wort, die nur allzufroh sind, eine bequeme Ausrede zu haben, um die Kinder sich selbst zu überlassen. Ich schreibe keine Entschuldigungen für Leute, denen Kinder ein Greul sind. Ich wende mich an Eltern, die ihr Verhalten vor sich selbst verantworten, die sich bei dem, was sie im Umgang mit den Kindern tun, selbst mögen. Jeder von uns hat seine eigene Grenze im Zusammensein mit Kindern und ihren Wünschen, und was dem einen zuviel ist, ist dem anderen noch lange nicht zuviel. Aber beide haben gemeinsam, daß sie ihr Verhalten verantworten. Und darauf kommt es an: Kann ich zu meiner Entscheidung stehen, jetzt für mich selbst zu sorgen, obwohl die Kinder mich brauchen? Wer dies ehrlich so entscheidet, der ist nicht kinderfeindlich. Er sorgt dafür, daß er sich mit neuen Energien versieht. Und er mag seine Kinder immer: Dann, wenn er sich von ihnen abwendet und sich um sich selbst kümmert und auch später, wenn er wieder mit ihnen zu tun hat. Sie haben ihm nichts zerstört, und er hat ihnen gegenüber kein schlechtes Gewissen. Und seine Offenheit und Ehrlichkeit wird auch bewirken, daß die Kinder sich bei allem Ärger nicht noch obendrein vom Erwachsenen abgelehnt und mißachtet fühlen. Das klare und ichbezogene »Ich will jetzt nicht« richtet keinen Schaden an, sondern es hilft.

Ich glaube, daß das »Ich muß mich doch um die Kinder kümmern« für viele Erwachsene eine schaurige Verpflichtung ist. Wer setzt denn eigentlich dieses »du mußt« fest? Müssen Sie sich nicht vielmehr zuerst einmal um sich selbst kümmern, um kinderfreundliche Eltern sein zu können? Das Leiden an der Verpflichtung, sich um die Kinder kümmern zu müssen, ist eine furchtbare Auswirkung der pädagogischen Denkweise, die Eltern Regeln vorsetzt, wie sie mit Kindern umgehen sollen. Und ich glaube auch, daß es viele junge Paare gibt, die aus dem völlig berechtigten Horror vor dieser idiotischen Verpflichtung, die den Erwachsenen mißachtet und die Kinder nach oben setzt, keine Kinder wollen.

Manchmal muß man für die Kinder da sein, ob man will oder nicht. Das stimmt. Es stimmt aber auch, daß dies nur manchmal ist, und daß wir gut darüber nachdenken können, ob es jetzt tatsächlich notwendig ist, zurückzustecken. Aber wir können auch dann unseren Ärger als berechtigt annehmen und brauchen uns keine Vorwürfe zu machen. Wir sind wie stets in der neuen Beziehung unser eigener Chef, und wir entscheiden, was wir tun, wenn es uns zuviel wird mit den Kindern.

4. Wenn Kinder stören

Es kommt sicher oft vor, daß wir uns von den Kindern gestört fühlen. Wir fühlen uns auch von erwachsenen Mitmenschen gestört. Daß andere uns stören, auf die Nerven gehen, daß wir sie im Moment nicht vertragen können – das ist eine ganz normale Sache.

Die Kinder haben eine eigene Art, sich und ihre Wünsche ins Spiel zu bringen. Es geschieht direkter und ungefragter als wir Erwachsenen dies machen. Kinder kommen sozusagen ohne Anklopfen auf uns zu, während wir uns ständig überlegen, ob wir dem anderen jetzt gelegen sind und was er von unseren Wünschen wohl halten mag. Wenn uns ein Erwachsener dann sagt, daß wir ihm jetzt auf die Nerven gehen, schlagen wir entweder zurück oder wir ziehen uns zurück und werden vorsichtiger sein.

»Laß mich in Ruhe« – »Ich habe jetzt keine Zeit« – »Ich kann mich überhaupt nicht konzentrieren« – »Ich muß arbeiten« – »Stör mich nicht« – Es gibt viele Situationen, in denen uns die Kinder ungelegen sind.

Wenn ich hier schreibe und Felix jetzt gerade ruft, dann stört mich das einfach. Ich würde lieber meine Dinge zu Ende tun (also dieses Kapitel schreiben), dann hätte ich wieder Zeit für ihn. Es kann lästig sein, sich um die Kinder zu kümmern, auch dies ist wahr. Ich denke, daß wir uns ehrlich eingestehen sollten, daß wir uns immer wieder von Kindern gestört fühlen. Sie wollen etwas von uns, und wir sind dazu gerade nicht bereit. Dann sind wir nicht böse auf die Kinder oder so etwas. Nur: Jetzt, im Moment, da sollten sie uns in Ruhe lassen. Nachher ist wieder mehr Zeit.

Je jünger die Kinder sind, desto mehr wird es nötig sein, sich trotz des Störgefühls den Kindern zuzuwenden. Jüngere Kinder können viel weniger das ausführen, was sie selbst möchten, als die älteren Kinder. Wenn ein Baby wie Felix weint, dann sehe ich eben einfach mal nach, auch wenn mich das stört (ich war gerade bei ihm und es ist wieder alles o.k.).

Wenn Diana (5) hier mit im Zimmer ist, wo ich schreibe, und sie etwas von mir will, dann gehe ich nicht darauf ein. Dies hatte ich ihr vorher auch gesagt. Sie merkt, daß ich jetzt keine Zeit für sie habe und wendet sich einer anderen Sache zu.

Es ist klar, daß dieses Stören der Kinder ein anderes Stören ist als ich oben in »Beziehung ohne Störung« beschrieb. Dort ging es um die Störung in der Erfassung der Wirklichkeit, in der Wahrnehmung des anderen. Solche Störungen gibt es zwischen uns und den Kindern nicht mehr. In diesem Kapitel gehe ich auf Störungen ein, die passieren, wenn wir echt und offen – also ohne Störung auf der Wirklichkeitsebene – miteinander umgehen. Man könnte sagen: Je ehrlicher wir miteinander umgehen (je weniger Störung im Vertrauen ist), desto leichter geschieht es, daß wir einander stören (in der Ruhe, in der Konzentration, in einer bestimmten Beschäftigung usw.). Obwohl sich auch Menschen stören (in der Ruhe usw.), die einander nicht so ehrlich und offen begegnen wie wir in der neuen Beziehung, ist es dort doch so, daß sie lernen, sich aus dem Wege zu gehen, sich zu verstellen. Unsere Art, sich immer weniger zu verstellen, bringt es mit sich, daß wir einander leichter ins Gehege kommen.

Das muß nicht zum Problem werden. Wenn ich mich gestört fühle und in einer ehrlichen Beziehung bin, dann kann ich das einfach mitteilen. Ohne daß für den anderen jetzt die Welt untergeht. Störungen (in der Ruhe usw.) kommen eben vor. Es gehört dazu, daß man sich hin und wieder auf die Nerven geht. Wenn man zusammenlebt, kann man sich nicht ausweichen. Also sage ich den Kindern, mit denen ich zu tun habe, wenn ich mich gestört fühle.

»Ich fühle mich jetzt gestört. Laß mich mal in Ruhe, bis ich dir sage, daß ich wieder Zeit habe.« Ein solches Statement ist unproblematisch. Wenn überhaupt nötig: Denn wenn wir uns genug kennen, dann reicht es, wenn ich auf eine Anrede gar nicht mehr eingehe. Diana weiß auch ohne Erklärung Bescheid, daß ich jetzt schreiben will. Sie fragt mich trotzdem das, was ihr wichtig ist: »Kann ich noch Schreibmaschinenpapier haben?« Da ich aber nicht antworte (sondern gerade ihre Frage aufschreibe), tut sie dann das, was sie als meine Antwort vermutet und nimmt sich das Papier.

Wie ich einem Baby mitteilen soll, daß ich mich gestört fühle, weiß ich nicht so recht. Wenn ich mich ihm nicht zuwenden will, dann wird es das »merken«. Gestern stand ich am Herd und machte etwas zu essen. Felix weinte, und es war klar, daß er hochgenommen werden wollte, daß ich mit ihm reden sollte. Doch meine Kocherei? »Ich fühle mich jetzt beim Kochen gestört. Warte, bis ich fertig bin.« Ich habe dann so etwas zu ihm gesagt, und es ist klar, daß er meine Worte nicht versteht – aber vielleicht bekommt er ja mein Gefühl mit. Und ich habe ihn warten lassen, bis ich soweit war.

Wir sind Chef für unser Tun, und wir können unsere Entschlüsse auch ändern. Wenn mich ein Kind stört, dann liegt es an mir, wie lange ich das als Störung empfinde. Ich kann ja auch das, was ich gerade tue, unterbrechen und mir sagen, daß das Anliegen des Kindes jetzt Vorrang hat. Ich *kann* dies tun, aber ich *muß* es nicht. Ich hätte auch den Herd abstellen und mich sofort um Felix kümmern können. Dann wäre er mir wichtiger gewesen als mein Kochen. So war es gestern aber nicht: Ich wollte dran sein und fertig werden. Das Gerede von »Kinder haben immer Vorrang, Kinder stören nie« ist für mein Verständnis heuchlerisch: Dies kann niemand durchhalten. Und es ist auch gefährlich, weil dieses Gerede Schuldgefühle macht (wenn man es dann nicht schafft, sich dauernd den Kindern zuzuwenden) und zu einem Ärgerstau führt (weil man selbst nie drankommen darf).

Die Vernachlässigung der eigenen Interessen im Zusammensein mit Kindern: Dies ist eine gefährliche Sache. Da staut sich etwas, tief in einem drin. »Ich lebe eingeschränkt. Es geht alles auf meine Kosten.« Da wächst Groll über die Störer. Und weil man dann so eine »kinderfreundliche und verantwortungsvolle« Norm in sich trägt – »ich muß mich doch schließlich um die Kinder kümmern und mich einschränken«, kommt dann noch dazu: »Ich sollte mich schämen, mich über die Kinder zu ärgern. Kinder stören doch nicht.« Man kriegt also Schuldgefühle. Und die Mischung aus Groll und Schuldgefühlen ist eine gefährliche Sache, die in plötzlichen wüsten Aggressionen explodieren kann. Auf einmal erleben wir uns, wie wir die Kinder anschreien oder drauflosschlagen.

In der neuen Beziehung haben wir Erwachsene unseren festen Platz. Mit unseren Interessen. Wir sind gleichberechtigt, und Gleichberechtigung ist keine Einbahnstraße. Wir können sagen, wie es in uns aussieht: »Laß mich mal in Ruhe.« Wir können dies sagen – *ohne* Schuldgefühl. Ganz im Gegenteil: Mit dem Gefühl, Richtiges zu tun, nämlich dem anderen ehrlich zu sagen, wie es in uns aussieht. Wir nehmen dann uns selbst mit unserem Ruhebedürfnis ernst und auch die Kinder als gleichwertige Informationspartner. Und wir wissen auch, daß wir damit etwas gegen heimlichen Groll und überraschende Explosionen tun. Wir beugen bereits im Ansatz den kinderfeindlichen Aktionen vor, indem wir auf uns und unsere Grenzen acht geben und scheinbar so egoistisch sind.

Wir können uns über unsere Gefühle offen austauschen: »Hau jetzt ab, ich brauche Ruhe« und »Es ist gemein, daß du jetzt keine Zeit hast.« In unserer Beziehung gibt es keine Störung auf der Wirklichkeitsebene, wenn wir uns stören. Und dadurch haben wir dann auch wieder Zeit füreinander, wenn die Zeit dafür gekommen ist.

5. Wenn Kinder streiten

Ines (3) reißt Melanie an den Haaren. Melanie (3) beißt. Sie schreien und heulen sich an. Ich bin dabei, knie vor ihnen und sehe sie vor mir. Ich nehme auf, was sie tun und mein Gesicht drückt aus, daß mich ihr Streit angeht und wie er mich angeht. Ich spüre ihr Leid und das Gewitter ihres Zusammenstoßes. Es geht darum, daß Ines auch mal Melanies Rad benutzen will. »Ist meins«, sagt Melanie, und sie will nicht.

Ich habe keine Aufforderung zum Schlichten erhalten. Weder Ines noch Melanie wenden sich an mich, ihr Problem zu lösen. Und selbstverständlich lasse ich sie ihren Streit führen. Wie hätte ich das Recht, mich in ihre Angelegenheiten einzumischen, unaufgefordert? Ihre Angelegenheiten sind gerade sehr laute Angelegenheiten, mit Schmerz und Leid, Wut, Zorn und Ärger. Soll ich mich als Oberschiedsrichter reinhängen und »Frieden stiften«?

Frieden stiften: Ich habe es oft genug erlebt, daß »friedenstiftende« Erwachsene ihre Macht ins Spiel brachten, um einen Konflikt zu beenden. Da bringt jemand seine Machtmittel ins Spiel – laute Stimme, körperliche Überlegenheit, psychischen Druck – und stoppt den Krach der anderen. Er wird aggressiv, um Aggressivität zu beenden. Er führt den Superkrieg, um den Krieg der Kleinen zu »befrieden«. »Alles hört auf mein Kommando« – die Ordnungsmacht hat gesprochen. Wer sich so den Kindern gegenüber verhält, sollte sich im Klaren darüber sein, daß er den Kindern vorlebt: Mit Herrschaft und noch mehr Aggressivität und Macht kann man einen Konflikt beenden. So ein Erwachsener stiftet nicht Frieden, sondern er stiftet zum nächsten Krieg an.

Ich will uns Erwachsenen dies nicht zum Vorwurf machen. Wir sind schließlich in einer Tradition des erzieherischen Befriedens groß geworden. Wir haben Angst vor aggressiven Auseinandersetzungen und wünschen uns den Frieden so sehr, daß wir auch schnell bereit sind, ihn mit kriegerischen Mitteln herzustellen. Unsere Angst und Unfähigkeit, aggressive Konflikte als menschliche Realität zu akzeptieren, macht uns dumm und hilflos und uneffektiv. Außerdem ist es heute sehr »fortschrittlich«, jede Art der Aggressivität zu verdammen. Außer der Aggressivität, die die Aggressivität unterdrücken soll – dies merken wir nicht einmal.

Ich habe eine andere Position gewonnen. Ich habe sie langsam erlernt mit den Kindern, fernab von den Erwachsenen. Ich habe erkennen können, daß Kinder mit ihrem Streit leben können – schlicht und einfach. Streit wird nicht zu dem

Problem, das wir Erwachsenen darin sehen. Ich habe es einmal auf eine einfache Formel gebracht: Kinder töten sich nicht, sie streiten nicht mit Tötungsabsicht. Es gibt bei ihnen keine gezielten Tötungsmanöver wie bei uns Erwachsenen. Ich habe von den Kindern den unverkrampften Umgang mit dem Streit wiedergelernt, wie ich ihn selbst als Kind praktiziert habe.

Wenn ich mich so vor Ines und Melanie hinknie und »da bin« (emotional und konzentriert anwesend bin), dann bringe ich ein, was ich an friedenstiftenden Dingen geben kann: »Ich mag euch. Jeden von euch. Ich mag euch, auch wenn ihr streitet.« Und ich bin schon ein Stück weiter: »Ich mag euch – ob ihr streitet oder nicht streitet. Es ist nicht wichtig für das Mögen, was ihr tut: streiten oder nicht streiten. Ich mag euch ohne Vorbedingungen. Ich mag euch als Streitende und als Nicht-streitende, wie es kommt.« Und ich habe Platz in mir für ihre Aggressivität, die mir in den Ohren gellt. Und für ihre Wut und ihren Zorn, die in mir tiefe Gefühle aufrühren. Ich lasse mich auf ihren Streit auch mit meinem Gefühl ein, dies verwirrt mich nicht.

Ich habe viel dazugelernt, die Tränen anderer Menschen mitansehen zu können *ohne* hinzustürzen. Sondern mit Emotionalität, Ruhe, Wärme, Konzentration und mitunter auch mit Berühren anzusehen und auszuhalten. Ich habe dies erstmals in Erwachsenengruppen gelernt, in denen wir uns so vertrauten, daß wir auch weinten, wenn uns danach war, und unser Weinen war nicht das Signal für die anderen, nun besorgt und angstvoll hinzustürzen. Im Zusammensein mit den Kindern entdecke ich dies wieder: Sie vertrauen mir ihren Streit an, ihre Tränen und ihre Wut. Es ist ein kostbares Anvertrauen. Und nicht geeignet für tölpelhaftes »Helfen«.

In all den Stunden, die ich im Forschungsprojekt mit den Kindern zusammen war, wurde ich nicht ein einziges Mal als Schlichter angerufen. Meine Bereitschaft zu schlichten war stets da, und ich habe ihnen auch davon gesagt. Aber dies war für sie uninteressant: Sie lösen ihre Konflikte ohne fremde Hilfe. Da gab es Niederlagen und Siege, oder auch Einigungen.

Wie es eben kam. Das Verlieren enthält keine Dramatik, das Gewinnen auch nicht. Es kommt und geht, und schon kommt Neues. Ihre Grundeinstellung dem Konflikt gegenüber ist von anderer Art als unsere Erwachseneneinstellung hierzu.

Es kam gelegentlich vor, daß ich zu Hilfe gerufen wurde. »Ich find die ja so doof. Kannst du nicht dafür sorgen, daß sie nicht mehr in die Gruppe kommt?« und »Hubertus hat aber gesagt...« Das Hilferufen war eine Waffe in ihrem Kampf, um zu gewinnen. Dann beriefen sie sich auch auf mich oder sie schoben mich vor. Es war das Ausschauhalten nach einem Verbündeten. Wenn ich mitbekam, wie sie mich einsetzten, sagte ich nur: »Ihr wißt, daß ich mich in euren Streit nicht reinhänge. Ich mache nicht für den einen gegen den anderen mit.« Ich paktiere nicht mit diesem gegen jenen. Ich machte ihnen klar, daß ich für beide Parteien als Ansprechpartner da war. In meiner freundlichen Neutralität war ich mit Teilnahme dabei, aber ich ergriff nicht Partei. »Hubertus, hilf mir gegen den« – ich stand immer auf der Seite von beiden. Gelegentlich gab es Ausnahmen und ich wurde parteiisch: Wenn mein Gerechtigkeitsgefühl mich irgend etwas nicht mehr mit ansehen ließ. Als einmal Jürgen (13) von drei anderen durchgekitzelt wurde, fand ich das einfach unfair. Er rief mich um Hilfe und ich mischte mit. Die Möglichkeit zum Parteiergreifen gab ich nicht auf, nur machte ich selten davon Gebrauch.

Die neue Beziehung kennt den streitenden Kindern gegenüber diese wohlwollende Neutralität. Neutral: Erwachsene mischen sich nicht in die inneren streitenden Angelegenheiten von Kindern ein. Wohlwollend: Erwachsene stehen nicht abseits, sondern sie fühlen sich in die Situation einbezogen, sie sind konzentriert und gefühlsmäßig präsent. Sie sind da für die eventuelle Ansprache der Kinder: »Hilf mir« – »Ich mische mich nicht ein«. »Was können wir machen (um uns zu einigen)?« – »Ich schlage vor...«. »Der ist so gemein« – »Ja (ich spüre deinen Ärger und Zorn)«. Es gibt keine »bösen Streiter«. Der Schuldvorwurf hat in der neuen Beziehung nichts verloren, auch nicht, wenn Kinder streiten. Streit und

Sieg und Niederlage und Einigung gehören zum Leben, sie sind nicht dramatisch. In der neuen Beziehung leben wir auch in Konfliktfällen der Kinder unseren Frieden: Wir mischen uns nicht ein und bieten unsere Wärme und Nähe jedem der Streitenden an.

Nachdem Ines das Rad nicht bekam, lief sie aus dem Hof in den Garten. Ich war mit Melanie allein. Sie sah mich an – und ich merkte, daß sie das kannte: Die Angst, etwas angerichtet zu haben und bestraft zu werden. »He, du, hallo«, sagte ich und sah sie warm und aufmerksam an. In ihren Augen lebte das Vertrauen zu mir, und sie wandte sich um und ihrem Rad zu. Ich ging zu Ines, setzte mich in ihre Nähe und sprach sie nicht an. Wozu etwas sagen? Ich brachte ihr Wichtigeres als Gerede mit: Mein »ich bin da und habe Zeit für dich«. Sie sah, daß ich gekommen war, kam aber nicht zu mir und sah auch nicht zu mir hin. Ich setze mich an den Zaun und dachte über dies und das nach. »Schaukelst du mich?« Das Leben geht undramatisch weiter, wenn wir seine Erscheinungen akzeptieren und kein Drama daraus machen.

6. Wenn es unordentlich ist

Ein deutlicher Unterschied in der Lebensart junger und erwachsener Menschen liegt darin, wie Ordnung hergestellt wird. Wir Erwachsene sagen von uns, daß wir ordentlich sind, während die Kinder erst noch lernen müssen, Ordnung herzustellen und ordentlich zu sein.

Man kommt an das Ordnungsproblem gut heran, wenn man sich auf einen Vergleich mit einer anderen Kultur einläßt. Kinder haben ihre eigenen Auffassungen vom Leben, vom Heute, vom Umgang mit den Dingen. Sie richten es sich so ein, wie sie es brauchen, um sinnvoll und schön leben zu können. Und dazu gehört auch, daß sie eine ganz bestimmte Art haben, Ordnung herzustellen.

Ich habe dies einmal sehr deutlich erlebt, als ich mit vier Kindern (zwischen 11 und 13) eine Woche im Ferienhaus war. Ich war neugierig, wie sie das mit der Ordnung hinbekommen würden – wie *ihre* Ordnung aussah. Ich ließ sie machen – und nach zwei Tagen sah es wüst aus!

Ich habe damals viel beobachtet, und ich wollte viel mitbekommen. Wenn Silvia den Kamm, den sie gerade noch benutzt hatte, einfach »aus der Hand legte« – dann tat sie dies wirklich: Sie machte ihre Hand auf und der Kamm fiel zu Boden. Sie war auf einmal mit einer neuen und wichtigeren Sache als Haarekämmen beschäftigt. Wie will sie denn nachher wissen, wo der Kamm ist, wenn sie ihn wieder braucht? Es war meine, *meine* Erwachsenenperspektive, die mich dies hat denken lassen. Für die Kinder ist so etwas kein Problem.

Als später der Kamm gebraucht wurde und auch ich nicht mehr wußte, wo er lag, da wurde von uns allen kurz gesucht. Es gab dabei keinen Ärger, daß wir jetzt suchen mußten. Ich Erwachsener merkte den Unterschied zu meiner Lebensart: Wenn etwas nicht an seinem Platz liegt und dies dann Zeit kostet, dann ist das ärgerlich. Dies ist bei den Kindern anders gewesen. Sie suchten alle gemeinsam, kurz, solange sie Lust zum Suchen hatten. »Hilfst du mir, den Kamm zu suchen?« – »Ja.« Das war alles. Und als er sich nicht finden ließ – wieder war es anders als bei mir, dem Erwachsenen. Es war zwar ärgerlich, aber es wurde kein Drama daraus. Es gab nur einen kurzen Ärger darüber, der schnell wieder ging, aber kein weiteres Nachdenken oder Vorwürfe.

Ich habe in dieser Woche viel von der Souveränität der Kinder auch in Bezug auf das Ordnungsproblem erfahren. Es war eindringlich: Es gibt wichtigere Dinge als Ordnung herzustellen. Jetzt leben und das tun, was gerade dran ist. Das Herstellen von Ordnung, merkte ich, schiebt sich ja wie eine Wand zwischen das Jetzt und das Gleich. Bevor ich Schach spiele, räume ich die Stifte weg, damit ich sie hinterher auch wiederfinde – eine typische Erwachsenendenkweise, dieses »bevor« und dieses »damit hinterher«.

Kinder sind da souverän. Was hinterher wichtig ist, das werden wir schon hinterher sehen. So ungefähr läuft es. Und sie sind nicht die Kümmerer, die wir Erwachsenen sind. Dauernd sich kümmern um etwas, um das, was nachher sein könnte. Nachher – das sehen wir nachher: Die Position der Kinder.

Ich finde es schon gut, daß ich als Erwachsener auch an Nachher denken kann. Aber ich habe von den Kindern wieder gelernt, diese Fähigkeit, an später denken zu können und vorzusorgen, nicht zum Selbstzweck werden zu lassen. Sondern daß dies mal sinnvoll eingesetzt werden kann, und mal einen versklavt. Ich finde es zum Beispiel sinnvoll, wenn ein Reservekanister in meinem Auto ist. Jeder wird da seine eigenen Maßstäbe haben. Wichtig ist nur, daß wir wieder Chef im Ordnungs-Hause sind, daß wir selbst entscheiden, wann wir vorsorgen und wann nicht.

Genau so machen es die Kinder. Sie sind voll davon, Chef zu sein. Bei allem, was sie tun – auch in ihrer Ordnung. Sie finden sich in ihrem »Durcheinander« zurecht – auch wenn sie ihre Gegenstände nicht wiederfinden. Es geht bei dem Ordnungs-problem ja auch gar nicht in erster Linie um Gegenstände, sondern um eine innere Größe: Das Sich-Zurechtfinden und das Sich-Wohlfühlen in bestimmten Strukturen (z. B. hier: Ansammlung von Gegenständen). Und in diesem Punkt sind die Kinder sicher: Sie fühlen sich wohl und sie finden sich zurecht in der Ansammlung und Anhäufung von Gegenstän-den, die sie um sich herum verstreuen. Und es stört sie auch nicht sonderlich, wenn sie etwas nicht auffinden – dies stört ihr Sich-Zurechtfinden und ihr Wohlfühlen nicht.

Ich Erwachsener brauche da so gewisse »ordentliche« Anord-nungen, um mich wohlzufühlen. Ich bin davon abhängig – sonst fühle ich mich nicht wohl und finde mich nicht zurecht. Ich »hänge mein Herz an Äußeres« und bin da weniger souverän und damit auch abhängiger als die Kinder. Und ich habe auch das Ferienhaus wieder aufgeräumt, als wir nach Hause fuhren – so, wie meine Ordnungskriterien dies von mir wollten.

Wenn die Kinder also »schrecklich unordentlich« sind – die

Frage, um die es dabei geht, ist für mich heute die: Fühlen sie sich wohl? Und eigentlich frage ich mich sogar dies heute nicht mehr. Denn es ist für mich klar, daß jeder die Ordnung herstellt – oder eben nicht herstellt aus der Sicht des anderen –, in der er sich wohlfühlt. Auch das Stöhnen darüber, daß man sich gar nicht mehr zurechtfindet, gehört dazu. Aber stöhnen über die Ordnung der Kinder – dies tun die Kinder nicht, dies tun nur die Erwachsenen.

Was soll man machen, wenn die Kinder nicht eigene Zimmer haben? Wo sie die (Un)Ordnung machen können, wie sie wollen? Wenn also zwei Lebensarten kollidieren? Wenn die Kinder sich in den Räumen der Erwachsenen aufhalten und wie einen Kometenschweif ihre »schreckliche Unordnung« hinter sich herziehen?

Wenn ich dann den Kindern sage, wie ich es gern hätte – na gut. Wenn es nur eine Information ist. Aber was soll's? Meine Vorstellungen von Ordnung – von *meiner* Ordnung – werden die Kinder längst kennen. Dies nochmal auszusprechen ist doch meist nur der Beginn, Druck auszuüben, damit die Kinder tun, was ich will. Ich habe mir eine bessere Lösung ausgedacht: Ich stelle selbst die Ordnung her, die mir wichtig ist. Und ich sorge dafür, daß sie entweder nicht gestört wird (indem ich die Kinder eben an bestimmte Sachen nicht mehr heranlasse) oder ich lasse die Kinder machen und räume dann selbst in meinem Sinne auf.

Was hat es für einen Sinn, andere meine Ordnung herstellen zu lassen, außer dem, daß ich diesen Ordnungskrieg gewinne? Ich habe es nicht mehr nötig, solche merkwürdigen Kriege zu führen und zu gewinnen. Die »Unordnung« der Kinder in meinem Bereich provoziert mich nicht. Ich freue mich doch, daß Kinder da sind und daß sie bei mir leben. Und klar – das hat auch Auswirkungen, eben »Kometenschweife«. Einem Hund sehen wir nach, wenn er Dreck in die Wohnung bringt – aber die Kinder sollen »Ordnung halten«. Nein, ohne mich. Ich liebe die Kinder und auch ihre Ordnung, ihre Botschaften, ihre Symbole, daß sie bei mir leben. Ich habe dadurch am Tag ein paar Minuten Mehrarbeit, stimmt. Ja und? Wieviel Energie und Zeitverschwendung würde es kosten, einen Ordnungskrieg zu führen?

Ich habe diese ganze Problematik des »Wenn es unordentlich ist« hinter mir, ausdiskutiert. Ich finde mich zurecht in unseren verschiedenen Welten. Und ich nehme meine Energie, um etwas auszudenken, das mich meinen Weg schneller gehen läßt: Ich habe zum Beispiel die »Kiste« entdeckt, in die alle Kindersachen reinkommen, die bei mir rumfliegen. Mein Aufräumen geht mir von der Hand.

7. Wenn Kinder nicht zur Schule wollen

I

»Die Schule ist dafür da, damit die Kinder etwas lernen. Die Schule soll ihnen das Wissen vermitteln, das sie brauchen, um sich in unserer modernen technisierten Welt zurechtzufinden und um einen ihnen entsprechenden Beruf ausüben zu können.«

Soweit unsere guten Vorsätze. Die Vorsätze von Erwachsenen, die für die Kinder die Schule eingerichtet haben. Und damit es auch so kommt, wie wir es uns ausgedacht haben, setzen wir den Kindern ein »Ihr müßt in die Schule« vor. Wir denken uns nichts dabei, wenn wir Kindern das »Ihr müßt« sagen. In die Schule muß doch jeder. Wir mußten auch in die Schule. Die Schule ist eine Errungenschaft unserer zivilisierten Welt. Ohne Schule gibt es Analphabetismus. Schule ist die Voraussetzung für so gut wie alles.

Und dennoch haben wir Erwachsene einen großen Fehler gemacht mit der Einrichtung der Schule. Genauer gesagt, dieser Fehler wurde gemacht, als man erstmals unseren Urgroßvätern das »Ihr müßt in die Schule« vorsetze. Der Fehler liegt darin, *daß die Kinder nicht gefragt werden,* ob sie überhaupt in eine Schule wollen, und – falls sie zustimmen sollten – was dort gemacht werden soll.

Wenn wir nicht die Kinder fragen, tun wir etwas sehr Unwürdiges: Wir legen fest, womit sich junge Menschen über einen Teil ihres Lebens beschäftigen sollen – jeden Tag etliche Stunden, inzwischen 10 Jahre lang. Wir legen fest, was sie tun sollen – und, viel bedeutsamer noch, was sie denken sollen. An Schulvormittagen (und nachmittags bei den Hausaufgaben) werden sich die Gedanken unserer Kinder nicht in selbstbestimmten Bahnen bewegen, sondern auf den Pfaden, die die Erwachsenenwelt in einem fein ausgeklügelten System (den Lehrplänen) getrampelt hat.

»Die Gedanken sind frei.« Auch an Schulvormittagen? Die Kinderrechtsbewegung kritisiert die Schulpflicht als wohlwollende Maske einer diktatorischen und chauvinistischen Grundeinstellung jungen Menschen gegenüber. Es *ist* das Grundrecht eines jeden Menschen, über sein Lernen, über die Wege seiner Gedanken, selbst zu bestimmen. Doch in unseren Schulen weichen wir von dieser Selbstverständlichkeit ab. »Zum Besten der Kinder.«

Wir sind empfindlich, wenn wir von Umerziehungslagern hören. Daß unsere Schulen mit ihrer Pflicht zur Teilnahme am Unterricht und dem Ausgeliefertsein der Kinder an die Anweisungen der Lehrer (»Schlag dein Buch auf« – »Hör auf zu reden« – »Geh an die Tafel« – »Beantworte meine Frage« – »Schreib dies ab« – »Lern das auswendig« – »Wiederhole«…) im Grunde, nämlich aus der Sicht der Betroffenen, nichts anderes sind, machen wir uns nicht klar. Es geschieht doch alles zum Besten der Kinder… Die Argumentation in den Lagern ist dieselbe, und vielleicht sogar noch ehrlicher: es ist klar, daß dort zum Besten des jeweiligen Systems erzogen wird.

Jedenfalls wird in der Schule die Würde des Menschen, des jungen Menschen, mißachtet. Kein Kind kann selbst bestimmen, ob es überhaupt in einer staatlichen Lerninstitution (Schule genannt) etwas lernen will, wie lange am Tag und wie lange im Leben es dort etwas lernen will, von wem es dort etwas lernen will, wie schnell und mit welchen Pausen. Und, besonders wichtig: Kein Kind kann selbst bestimmen, oder in einem freien und offenen Gespräch *mit Wirkung* darüber Auskunft geben, was es lernen will, womit es sich beschäftigen will, in welche Bahnen es seine Gedanken, seine Emotionalität und sein Handeln lenken möchte. Ich nenne dies Lernzwang – und ich sage, daß der Lernzwang in unseren Schulen mit zum Abscheulichsten gehört, was wir unseren Kindern heute – in einer demokratischen Gesellschaft – antun.*

Wenn mir ein Kind sagt, daß es nicht in die Schule will, dann weiß ich, was es damit aussagt. Es fordert ein Menschenrecht ein: Über das eigene Lernen selbst bestimmen zu können. Und ich meine, daß wir diese Aussagen nicht als »Schulverweigerung« abstempeln dürfen, sondern sehr ernst nehmen müssen.

Es kommt auf eine Grundregelung dieser Frage an. Wenn Eltern das Unrecht erkennen, das die Schule ihren Kindern antut, können sie sich solidarisieren und ihr Elternrecht mit politischem Nachdruck ins Spiel bringen. Man kann eine Vereinigung gründen und die Befreiung vom Schulbesuch juristisch oder politisch erkämpfen. Wir Eltern haben es in der Hand, ob wir bis zuletzt auf der Seite der Kinder stehen oder ob wir zum Hilfsbüttel einer menschenrechtswidrigen Schulbürokratie werden (deren Beamte, Erwachsene wie wir, sicher nichts Böses im Sinn haben – aber unabhängig von ihrem guten Willen eben Schlimmes bewirken). Ich weiß von mir, daß mich ein staatliches System niemals wirklich zwingen kann, zum Feind meines Kindes und zum Unterdrücker seiner Rechte zu werden. Wenn wir alle dies wieder tief in uns entdecken würden, diese unsere Macht als Eltern, dann würde sich viel ändern (s. a. S. 183 f.).

---

* Ausführlich hierzu in meinem Schultagebuch: Der Versuch, ein kinderfreundlicher Lehrer zu sein, Frankfurt 1980.

II

Lernen ist eine Grundeigenschaft des Menschen. Man lernt sein Leben lang. Und das Lernen ist eine selbstbestimmte Eigenschaft: Wir nehmen an neuen Erfahrungen und neuem Wissen das in uns auf, was uns selbst wichtig ist.

Wenn wir zu etwas gezwungen werden, dann lernen wir, daß man uns zwingt. Wenn man uns zwingt, etwas zu lernen – dann lernen wir zunächst, daß es da jemanden gibt, der uns zwingt, daß wir etwas Bestimmtes lernen. Es liegt dann an uns, ob wir uns diesem Druck beugen und tatsächlich das im Gedächnis behalten oder ausführen, was wir »lernen« sollten (ich schreibe jetzt zur besseren Unterscheidung das erzwungene Lernen mit zwei »e«, also »leernen«). Ich sage: Es liegt an uns, denn niemand kann uns letztlich wirklich zwingen, weder unsere Gedanken noch unser Tun. Es ist immer die Frage, was uns wichtiger ist: Dem Druck nachzugeben oder nicht. Dies aber entscheiden wir selbst, und jeder von uns hat da eine andere Grenze.

Meist werden die Kinder tun, was man von ihnen verlangt, wenn sie zum Leernen gezwungen werden. Die Nachteile wären sonst zu groß. Dies abzuwägen ist aber Sache der Kinder, und heute gelten da andere Kriterien als noch zu unserer Schülerzeit. Sie leernen dabei jedoch nur so viel, wie es nötig ist, um den angedrohten Nachteilen zu entkommen.

»Wenn ich heute nachmittag diese Seite im Lesebuch nicht durchlese (und leerne, was drin steht), schreibe ich morgen eine Fünf im Aufsatz. Ich lese es lieber. Ich leerne, um keine Fünf zu bekommen.« Und dieses Kind lernt erneut, wie der Mechanismus von Erpressung und Unterliegen funktioniert.

Das wirkliche Lernen geschieht jedoch ohne Zwang. Dieselbe Lesebuchseite könnte mich auch interessieren. Mich persönlich. Das Kind als Person, nicht als Schüler. Und dann wird es von dieser Seite all die Dinge, Anregungen, Assoziationen behalten die es *selbst* interessieren.

Eigentlich findet das tatsächliche Lernen nur statt, wenn wir es von der Schule losgelöst betrachten. Wenn z. B. die 14jährige Rosi nicht als Schülerin etwas leernt, sondern als Person etwas lernt. Dies findet nun auch noch oft genug in der Schule statt – aber ungefragt, inoffiziell, unter der Bank. Es ist für die Schule schlicht nicht von Interesse, was Rosi als Person lernt. Die Schülerin Rosi muß diese und jene Leistung erbringen, dazu muß sie leernen. Wenn sie dann von den Dingen, die sie leernt, noch persönlich etwas lernt, so ist dies ihr Privatvergnügen.

Wenn Rosi die Lesebuchseite liest, und dann morgen eine Zwei im Aufsatz schreibt, ist die Schule zufrieden. Konkret: Der Deutschlehrer ist zufrieden, der Rosi die Schule repräsentiert. »Die Schülerin hat gut gelernt« heißt in menschenrechtsorientierte Sprache übersetzt: »Rosi ist mit Erfolg gezwungen worden, ihre Gedanken in vorgeschriebene Bahnen zu lenken. Mit gutem Erfolg.«

Wenn Rosi den Text liest und ihn persönlich interessant findet, private Neuigkeiten entdeckt, die sie behalten wird, dann ist das für die Schule nicht von Interesse. Nur insofern, als dieses private Interesse eventuell ja das schulisch Erforderliche fördern könnte. Doch läßt die Schule die Kinder in Ruhe, wenn sie ihre privaten Neuigkeiten aus dem Erzwungenen herauslesen – glücklicherweise, könnte man meinen, doch dahinter steckt, daß Zwangswirtschaft immer versagt und heimlich oder tolerierend auf Privatinitiative zurückgreifen muß. Wir kennen dieses Dulden des Privaten in diktatorischen Regimen sehr gut aus anderen, großen politischen Zusammenhängen. Es läßt sich durchaus sagen: Die Leistungen, die in der Schule überhaupt noch erbracht werden (und die wahrlich gering genug sind), kommen daher, weil die Kinder bei allem Abwehrkampf gegen den Schulzwang, seine Demütigung und Mißachtung, Behinderung und Zerstörung, noch neugierig und lernbegierig geblieben sind. Doch der Schaden ist immens.

Wie kann ich mein Kind beim tatsächlichen Lernen unterstützen? Zunächst einmal mache ich unmißverständlich klar, daß ich als Mutter oder Vater das Schullernen für einen unverschämten Zwang halte, und daß mir nicht wichtig ist, welche Bewertungen die Schule dem erzwungenen Lernen gibt. »Die Noten, die du in der Schule erhältst, beruhen auf Zwang. Sie sind mir nicht wichtig.« Wenn die Schulnoten den Kindern wichtig sein sollten – nun gut, dies kann man akzeptieren. Wichtig ist nur, daß wir Eltern nicht notenhörig werden. Wichtig ist, daß wir uns durch die Schule nicht von unseren Kindern entzweien lassen. Daß wir nie beginnen, in unseren Kindern Schüler zu sehen.

Ich denke, daß Eltern merken, wofür sich ihre Kinder wirklich interessieren. Und dort kann man Angebote machen, etwas schenken, etwas unternehmen. Oder man macht einfach generell viele Angebote im Miteinander mit Kindern. So, wie es einem selbst Spaß macht. Die Kinder suchen sich dann schon das Ihre aus. Doch auch ohne unsere Angebote lernen die Kinder, ein Leben lang.

»Du magst doch Tiere – komm, wir fahren in den Zoo.« – »Ich habe dem Hans-Jürgen gesagt, daß du dich für technisches Basteln interessierst. Er wird dir einen Metallbaukasten zum Geburtstag schenken.« – »Du hilfst doch gern anderen, wenn sie krank sind. Wenn du magst, gehen wir heute Abend in einen Film über Albert Schweitzer.«

Und wenn die Kinder dann lauter Fünfer und Sechser von der Schule mitbringen? Wenn sie dann nicht die Zeugnisse bekommen, die sie für einen guten (gutbezahlten) und befriedigenden Beruf brauchen? Ich weiß heute auch keine endgültige Antwort auf dieses Problem. Ich weiß aber, daß ich lieber ein Kind um mich habe, das hier und jetzt glücklich ist – mit Fünfen und Sechsen –, als eins, das schulkrank ist und gute Noten hat. Und ich lasse die Kinder nicht allein, ich unterstütze ihr selbstbestimmtes eigenes Lernen. Wer sagt denn mit Recht, daß diese jungen Menschen dann, wenn es soweit ist, sich nicht viel glücklicher im späteren Erwachsenenleben behaupten werden als die Nachbarskinder, die immer gut in der Schule waren?

Das Lernen ohne Schule ist das eigentliche Lernen. Ich werde unser Kind, Felix, in diesem Lernen unterstützen. Ich lebe mit ihm heute. Wir leben mit Kindern – nicht mit »Bald mal einen tollen Beruf ergreifenden Leuten«. Und ich werde mich dafür einsetzen, daß mein Kind die Chancen bekommt, die es gern haben möchte. Ich werde meine Erwachsenenellenbogen und mein Erwachsenen-Know-how zum Wohle meines Kindes einsetzen: So, daß es tatsächlich unterstützt wird.

Wenn die Kinder wissen, daß wir ihr eigenes Lernen unterstützen, dann könnte es auch geschehen (wenngleich es nicht die Absicht unseres neuen Verhaltens ist), daß sie mit einer befreiten Einstellung zur Schule gehen. Sie könnten sich sagen: »Wir brauchen keine guten Noten. Wir sind hier, um zu sehen, was es an Angeboten gibt, was uns persönlich interessiert. Kein Lehrer kann uns zum Lernen zwingen. Wenn es einer versucht und uns nicht in Ruhe läßt, sagen wir es zu Hause, und unsere Eltern rufen den Rektor oder den Schulrat an. Wir gehen in die Schule, weil uns das interessiert und uns niemand dort Angst machen kann. Und wir freuen uns auf die Lehrer, von denen wir gemocht werden und die wir gut leiden können.«

8. Wenn der Partner nicht mitmacht

Die neue Beziehung wird von jedem von uns individuell verwirklicht. Jeder findet seinen eigenen Weg und seinen eigenen Stil. Und jeder von uns hat auch seine eigenen Ängste und Bedenken, Grenzen und Launen. All dies bringt er in die neue Beziehung ein, so, wie es gerade ist.

Es ist sehr schön, wenn man sich mit seiner Partnerin oder seinem Partner gemeinsam auf den Weg in die neue Beziehung begibt. Sie haben sich dann beide entschieden und können sich unterstützen. In verzwickten Situationen kann der Partner, der etwas mehr Energie hat, den anderen entlasten. Nachher wird es wieder andersherum sein. Man kann sich abwechseln, ablösen und ergänzen.

Wie ist es, wenn einer von beiden mehr Angst hat als der andere? Es kommt darauf an, wie es mit dem Vertrauen der beiden untereinander aussieht. »Ich habe Angst, daß es nicht gutgeht, Alexander (7) allein entscheiden zu lassen, wann er ins Bett geht. Der kommt dann morgens nicht rechtzeitig aus dem Bett.« Sie könnten auf diese Angst reagieren mit »Laß mich mal machen« und Ihr Partner könnte Ihnen seine Angst anvertrauen. Wenn sie dennoch zu groß wird, wird er es schon sagen.

Die Ängste in der Partnerschaft sind wichtige Elemente, um sich weiter vertrauen zu lernen, um sich vom anderen aus der eigenen Angst heraushelfen zu lassen, oder auch um sich vom anderen gestützt zu fühlen, wenn man der eigenen Angst nachgibt (und die Kinder und den Partner einschränkt). Der angstfreiere Partner kann sagen: »Ich weiß wie du auch, daß deine Angst jetzt die Kinder stoppt. Aber du brauchst natürlich deine Angst nicht zu unterdrücken. Sie gehört zu dir wie mein Mut zu mir. Wir alle leben in dieser Familie zusammen und müssen mit unseren Grenzen und Ängsten leben. Es führt nicht weiter, wenn wir uns über deine Angst hinwegsetzen. Wir akzeptieren sie.« Wenn Sie sich vertrauen, wird es auch nicht geschehen, daß der eine dem anderen die Angst auszureden oder »wegzutherapieren« versucht. Sie ist eine von vielen Realitäten unseres Lebens und wir nehmen sie ernst.

Soll die neue Beziehung nur so langsam vorankommen, wie es die Ängste des jeweils Ängstlicheren erlaubt? Ich glaube, daß es nicht anders gehen wird, und es gibt auch die Angst vor der Angst – das Bedenken nämlich, nun überhaupt nicht weiterzukommen »weil du dauernd so viel Angst um die Kinder hast«. Diese Angst (das Bedenken) ist eigentlich am allerwenigsten nötig. Sie entspringt dem leistungsorientierten Denken, nun möglichst rasch und effektiv auf dem neuen Weg voranzukommen. Solche Ansprüche an sich selbst haben aber mit der neuen Beziehung nichts zu tun. Wir achten dann nicht unser So-Sein (unser langsames Tempo, unsere Ängste), sondern wir wollen uns verbessern – uns erziehen. Es ist zu wenig Vertrauen im

Spiel, wenn wir fürchten, wegen der Ängstlichkeit des Partners nicht weiterzukommen. Er teilt seine Angst doch offen mit! Und darum geht es: Sich zu sich selbst bekennen, offen sein, sich selbst trauen und den anderen vertrauen.

Sie kommen weiter, wenn Sie dem Ängstlicheren von Ihnen beiden folgen. Sie kommen in der Grundlage weiter, in der Basis der neuen Beziehung: Dem Vertrauen. Auch wenn das äußere Verhalten so ist wie bisher – im gegenseitigen Verstehen, Achten und Vertrauen erfolgt der Fortschritt. Wenn Alexander immer noch »spätestens um acht« im Bett sein muß – alle Familienmitglieder wissen um die Angst des einen von ihnen, sie akzeptieren es mit seiner Angst und stehen auf seiner Seite. Und ein solches verstehendes Miteinander, das dem Ängstlicheren folgt, setzt Energien frei, so daß es denkbar ist, daß auch der Ängstlichere eines Tages über seine Angst hinwegkommt und Alexander seine Ins-Bett-Geh-Zeit selbst festlegen kann.

Was aber soll man tun, wenn der Partner überhaupt nichts von der neuen Beziehung hält? Wenn er sie unmöglich und unverantwortlich findet? Wenn er sich furchtbar aufregt? Es fällt mir schwer, Ihnen – also dem Partner, der nun allein dasteht mit seinem Wunsch nach der neuen Beziehung – einen Tip zu geben. »Suchen Sie sich außerhalb der Familie Gleichgesinnte« ist leicht gesagt, aber Sie müssen das ja dann auch zu Hause wieder durchstehen.

Wegen der neuen Beziehung den Familienfrieden aufs Spiel setzen? Wenn es bei Ihnen zu Hause sowieso keinen Familienfrieden mehr gibt, wenn Sie sowieso in ganz andere Richtungen gehen als Ihr Partner, dann ist es wohl sinnvoll, auch in der Frage des Umgangs mit den Kindern Ihren eigenen Weg zu gehen. Die Entscheidung zur neuen Beziehung ist ja eine Sache, die von unserem Gefühl kommt, eine Herzenssache. Sie wollen *so* sein, und wenn das Ihr Partner nicht versteht, versteht er Sie nicht. Dies könnte Ihnen vielleicht dann doch viel ausmachen, aber es muß Sie nicht hindern.

Wenn Sie aber ein gutes Verhältnis zu Ihrem Partner haben und mit einer resoluten Entscheidung »Ich mache das jetzt mit den Kindern ganz anders« den Familienfrieden gefährden, wäre es sicher besser, erst einmal auf das gute Verhältnis zu setzen. Es geht dann um Vertrauen, und Sie erzählen Ihrem Partner, was sie bewegt. Warum sollte er Sie nicht gewähren lassen? Vielleicht ist er sehr skeptisch und befürchtet schlimme Auswirkungen. Aber wenn Sie sich mit Ihrem Partner verstehen, ist Optimismus angebracht, meine ich.

Solidarisieren sich die Kinder nicht sofort mit dem »großzügigeren« Elternteil? Wahrscheinlich. Ist das schlimm? Vielleicht beeindruckt den reservierten Partner ja Ihr neues Verhältnis zu den Kindern. Auf der anderen Seite kann es dann aber auch zu völligem Abblocken kommen. »Du hetzt die Kinder gegen mich auf« – »Wenn ich sage, daß Ulrike (14) um neun zu Hause sein soll, dann kannst du ihr doch nicht erlauben, erst dann zu kommen, wann sie es für richtig hält!« Irgendwie liegt Krach in der Luft, wenn es Ihnen nicht gelingt, mit Ihrem Partner behutsam umzugehen. Ich nehme ja nun einmal an, daß er nichts von der neuen Beziehung hält, daß er nicht mitmacht. Vielleicht liegt die Lösung darin, auf die restriktive Oben-Unten-Haltung Ihres Partners zu achten und Ihre neue Position nicht gegen seine Entscheidungen zu setzen, sondern vor allem die Kinder darin zu unterstützen, eigene Wünsche und Vorstellungen offen mitzuteilen. Ihr Partner kann sich ja vielleicht darauf einlassen, sich anzuhören, was die Kinder wollen. Wenn er sich einbezogen, ernst genommen und gefragt fühlt, könnte das viel Abwehr und Blockade verhindern. Sie wollen ja – da Sie ein gutes Verhältnis zu ihm haben – auf Dauer gesehen mit ihm gemeinsam den neuen Weg versuchen. Es kommt also darauf an, ihn zu achten und auch seine Ablehnung zu akzeptieren.

Es kann auch sein, daß es einfach nicht geht, die neue Beziehung zu beginnen, solange der Partner nicht mitmacht. Wenn Sie auf das neue Miteinander mit Kindern nicht verzichten wollen, wird es sicher eine schwere Zeit. Am ehesten fällt mir dann ein, daß Sie mit Ihrem Partner im

Gespräch bleiben über diese Dinge, aber irgendwann müssen Sie wohl doch Klartext miteinander reden: Machen wir es mit den Kindern so – oder so. Es kommt auf Ihre Beziehung zueinander an, wie es weitergehen wird. Eine Patentlösung gibt es nicht. Und Sie können sich natürlich auch Unterstützung von anderen holen, ihre verzwickte Lage zu meistern oder auch zur eigenen Unterstützung.

9. Spezielle Bereiche

Da die neue Beziehung keine Methode ist, sondern eine neue Art zu leben, werden sich immer wieder die verschiedensten Fragen und Probleme ergeben. In diesem Abschnitt greife ich die Bereiche auf, nach denen ich beim Erklären der neuen Beziehung oft gefragt worden bin. Ich stelle sie in einer losen Reihenfolge vor.

Rauchen, Alkohol, Drogen

Wie reagieren Sie, wenn einer Ihrer erwachsenen Freunde raucht? Wahrscheinlich überhaupt nicht. Oder so: »Wenn es ihm halt schmeckt«, oder »Aber nicht in meiner Wohnung«. Wenn Sie selbst Raucher sind, interessiert Sie vielleicht noch, welche Marke er raucht. Oder Sie klagen mit ihm zusammen »Wenn ich doch nur aufhören könnte!« Mit anderen Worten: Nichts Dramatisches, ein Gesprächsthema wie andere – eigentlich schon kein Thema mehr. Und selbstverständlich kämen Sie nicht auf die Idee, Ihrem Freund das Rauchen abzugewöhnen. Sie würden sich sicher lächerlich vorkommen, wenn Sie ihn auf einen Anti-Raucherfilm im Fernsehen aufmerksam machen sollten, und die Idee, ihm eine Broschüre über die schädlichen Auswirkungen des Rauchens zu schenken, wäre genauso absurd.

Damit meinte ich nicht, daß Sie deswegen das Rauchen gut

finden müssen. Nur: Sie mischen sich nicht in die Sachen Ihrer Freunde ein. Und genau diese Einstellung habe ich den Kindern gegenüber.

Dadurch, daß ich mich nicht in die Angelegenheiten der Kinder einmische und mich auch in der Raucherfrage so verhalte, dramatisiere ich sie nicht, mache sie nicht zu einem Prestigeobjekt. Ich sage irgendwann einmal, was ich davon halte, wenn die Sprache darauf kommt (ich bin Nichtraucher), und dann lasse ich die Kinder damit in Ruhe. Wenn – was bisher noch nie vorgekommen ist – tatsächlich einmal Interesse an mehr Information über die Raucherfrage da sein sollte, werde ich darauf eingehen und auch Broschüren oder Filme aufzutreiben wissen. Erwachsene, die damit immer wieder anfangen, bewirken den verkorksten Dialog über das Rauchen: Ihr ungefragtes Einmischen hat diesen Lebensbereich zu einer Frage des »Wer setzt sich durch« gemacht – und gerade deswegen kommen viele Kinder nicht mehr von »ihrem« Rauchen weg.

Und Alkohol? Es ist dasselbe wie beim Rauchen. Mit dem Zusatz: Wenn ein Kind, das ich kenne, mehr und mehr zu trinken anfängt, dann fange ich an, mich um das zu kümmern, was dahinter steckt. So, wie ich das bei vielen anderen Dingen auch tue, die signalisieren, daß etwas nicht stimmt. Daß es sich dabei um Alkohol handelt, ist eigentlich nebensächlich. Wichtig ist das Signal: Es stimmt etwas nicht – es könnte gut sein, wenn ich mich mal darum kümmere.

Drogen? Ich habe da wenig Erfahrung, außer, was man so am Rande mitbekommt. Wenn ich einmal mit einem drogenabhängigen Kind konfrontiert werden sollte, würde ich mich wie bei der Alkoholfrage verhalten. Es sei denn, ich hätte akute Angst um sein Leben – dann würde ich sofort einen Arzt alarmieren. Es kommt immer auf das ganze Drum und Dran an, und grundsätzlich gilt stets das, was ich zum Rauchen meine. Die Gesundheitsgefährdung ist jedoch unterschiedlich, und da kommt dann meine Sorge ins Spiel. Aber ich weiß von mir auch, daß ich meine Angst um den anderen eben diesem anderen nicht zur zusätzlichen Belastung machen möchte. Es geht darum, ihn zu entlasten – und da taste ich mich langsam heran. Bei Alkohol und Drogen kümmere ich mich um die Hintergründe, beim Rauchen lasse ich die Kinder ganz in Ruhe.

Sage ich den Kindern dann »Es ist besser, wenn du nicht mehr trinkst« und »Es ist besser, wenn du nicht mehr fixt?« Ich habe da schon deutlich für mich selbst und für die Kinder Position bezogen: Jeder hat das Recht, auch über diese Dinge selbst zu entscheiden. Es steht mir nicht zu, anderen zu verbieten, dies oder das nicht mit sich selbst zu machen – ich achte den anderen in dem, was er tut, auch in dem, was er mit sich tut. Dieses »Ich schütze dich vor dir selbst« drückt Herrschaftsdenken von Erwachsenen aus (das sie als Sorge erleben). Ich biete meine Hilfe an, das tue ich allerdings, auch ungefragt. Der nächste Schritt geht dann aber vom anderen aus, oder wir gehen keinen Weg gemeinsam.

Plädiere ich nun dafür, daß Kinder rauchen, trinken und fixen sollen? Ich bin dafür, daß sie dieselben Rechte erhalten wie wir Erwachsene, und das heißt, daß niemand ihnen eine Zigarette oder eine Flasche zu Recht wegnehmen darf. Fixen ist auch für Erwachsene verboten. Wenn ich für ein Recht eintrete, dann ist dies aber noch keine Aufforderung, von den eingeräumten Möglichkeiten auch Gebrauch zu machen. Das muß dann schon jedes Kind selbst entscheiden und mit sich ausmachen. So, wie ich auch Erwachsenen gegenüber nicht darauf dränge, nun zu rauchen oder zu trinken. Die Kinder sollen ihr Recht eingeräumt bekommen – da bin ich für ein »Sollen«. Rauchen und Alkohol finde ich schädlich – aber es ist nicht meine Angelegenheit, dies für andere zu befinden. »Sollen die Kinder nun Ihrer Meinung nach rauchen oder nicht?« – wenn die Frage auf das Recht abzielt, das tun zu können, was Erwachsene auch tun können: Dann bin ich mit von der Partie. Wenn die Frage aber tatsächlich darauf abzielt, ob ich Kinder zum Rauchen ermuntern will, dann heißt meine klare Antwort: nein.

Es ist schon eine wichtige Sache von uns Eltern, den Kindern zu sagen, was es mit der Sexualität auf sich hat: Wie Kinder gezeugt werden, wo sie heranwachsen und wie sie auf die Welt kommen. Und wir werden unseren Kindern auch von unseren Werten über das Miteinanderschlafen erzählen, und von unserer Einstellung zur Körperlichkeit und Zärtlichkeit. Wir informieren die Kinder so, wie wir das wollen.

Es wird dann aber Sache der Kinder sein, diesen Lebensbereich in eigener Regie zu erkunden und zu erleben. Wenn sie uns mit in ihr Erkunden einbeziehen, wenn sie uns fragen oder etwas gezeigt bekommen möchten, werden wir so auf sie eingehen, wie wir können und möchten. Es gibt keine Regeln, was richtig oder falsch sein könnte: Unser Miteinander hängt von dem ab, wie wir sind, wie unser Gefühl, unsere Angst, unsere Verklemmung, unsere Lockerheit gerade sind. Die Sexualität unserer Kinder ist eine von vielen Realitäten in unserer Beziehung – und wir lassen uns auf sie wie auf andere Bereiche ein.

Unsere Kinder wissen also um ihre Sexualität, sie haben von uns gehört, was dies bedeutet und wie es zusammenhängt. Sie sind aufgeklärt, wie man sagt. Und dann werden sie als ihr eigener Chef mit ihrer Sexualität leben, sie erleben und lernen, was dies für sie bedeutet. Die Sexualität ist eine ihrer Dimensionen, so, wie es zum Beispiel das Laufen, Lachen oder Singen auch ist. Sexualität ist etwas Selbstverständliches, wenn wir den Kindern kein Drama daraus machen. Und sie ist wie alle anderen Dinge auch, die mit den Kindern zu tun haben, ein Teil unseres Miteinanders: Sie beschäftigt uns, und wir können unsere Gefühle mitteilen und darüber sprechen.

Problematischer wird es, wenn die Kinder nicht nur etwas wissen, sondern auch etwas tun wollen. Es kommt dann – wie immer – darauf an, wie unsere Beziehung zu den Kindern ist. Es gibt keine Patentrezepte, was man tun sollte, wenn so etwas auf einen zukommt. Und es ist auch weder richtig noch falsch, abzulehnen oder sich darauf einzulassen. So, wie wir uns selbst trauen und wie wir den Kindern trauen – so werden wir reagieren. Die Regeln, die wir selbst als Kinder gelernt haben, sind voller Mißtrauen, Angst, Verklemmung und Verstellung. Aber wir werden sie wohl doch in uns spüren, dies »Es gehört sich nicht« und »Schäm dich«. Wenn in uns diese alten Gefühle hochkommen, können wir unseren Kindern davon sagen und ihnen klarmachen, daß wir da an Grenzen in uns stoßen, die wir nicht schön finden, die aber dennoch da sind. Es ist schon schwierig, unseren Kindern unsere Verklemmung zu erklären und ihnen gleichzeitig nicht auch Verklemmtes einzureden. Aber wenn wir uns unseren Kindern anvertrauen, werden wir ihnen sagen können, wie es in uns aussieht und weshalb wir ungute Gefühle bekommen, wenn sie dies oder das in unserer Gegenwart tun. Und wir sagen ihnen auch, daß andere Erwachsene aggressiv reagieren können, wenn sie ihnen mit ihrer Sexualität kommen.

Wenn unsere herangewachsenen Kinder mit ihren Freundinnen und Freunden Kinder in die Welt setzen? Wenn aus dem selbstverantworteten Umgang der Kinder mit ihrer Sexualität Kinder entstehen? Ich habe für mich entschieden, daß ich meine Kinder unterstützen werde, wenn sie Kinder großziehen wollen, so, wie ich sie in anderen Dingen unterstütze. Dann wird es um finanzielle Hilfe gehen und um Ellenbogen, die herbeistürzende und lamentierende Erwachsenenwelt zurückzudrängen. Außerdem: Gesellschaftlich akzeptiert wäre ein Kind meiner Kinder einige Jahre später, und die Willkürlichkeit der Altersgrenze – mit 14 nein, mit 16 oder 18 ja – kann nie ein echtes Argument sein.

Was ist, wenn die Kinder nicht nur untereinander ihre Sexualität leben, sondern auch für Erwachsene akttraktiv werden? Die neue Beziehung wirft nichts ab, was in die Richtung auf »die Kinder als Objekt ansehen« geht, auch nicht in die Richtung »Kinder als Sexobjekt gebrauchen«. Wir haben eine gleichberechtigte, achtungsvolle und freundschaftliche Beziehung zu unseren Kindern. Wenn sich daraus auch sexuelle Vertrautheit entwickelt, die die Achtung vor dem anderen einbezieht, die keinen verletzt oder verstrickt, sehe ich kein Problem für die Beziehung zwischen Kindern und Erwachsenen (die juristische Problematik ist allerdings eine andere Sache). Wenn aber Erwachsene drängen und hinter sexuellen Beziehungen mit Kindern her sind, dann stellt sich sofort die Frage, ob diese Erwachsenen die Souveränität der Kinder überhaupt respektieren oder dies nur vorgeben, um Kinder »legitimiert« für ihre Zwecke zu benutzen.

Insgesamt meine ich, daß wir das Recht unserer Kinder verteidigen und schützen sollten, mit ihrer Sexualität so leben zu können, wie sie selbst entscheiden. Und da wir mit ihnen zusammenleben, wirkt sich diese unsere Einstellung auch auf unser tägliches Miteinander aus. Die neue Beziehung ist umfassend, sie spart keinen Lebensbereich aus. Sexualität gehört selbstverständlich zu uns, und im Miteinander mit Kindern hat unsere eigene Einstellung zur Sexualität ihre Bedeutung, so, wie auch die Einstellung der Kinder zu ihr. Übergeordnete Normen und »anerkannte« Regeln gehören zum Spiel des Oben-Unten. Wir souveräne erwachsene und junge Menschen finden in unserer Beziehung heraus, wo wir unsere Grenzen haben und wie wir mit ihnen und miteinander achtungsvoll zusammenleben. Sexualität ist kein Drama und keine Tragödie im neuen Miteinander. Es liegt an uns, sie als Glück zu erleben.

Krank

Wenn ein Kind krank wird – ist dies in der neuen Beziehung anders als bisher? Eigentlich nicht, aber ich sehe eine Ausnahme. Wenn nämlich die Auffassungen der Erwachsenen – der Eltern und gegebenenfalls auch des Arztes – von denen des Kindes abweichen, wie mit der Krankheit umzugehen ist. Wenn der sechsjährige Max keinen Hustensaft will. Wenn die achtjährige Sibylle nicht zum Zahnarzt gehen will. Wenn die zehnjährige Petra nicht mit ihrer Erkältung im Bett bleiben will.

Man kann sich als Erwachsener, zumal mit dem Arzt im Verbund, immer durchsetzen. Wir sind körperlich überlegen und können versuchen, die Kinder mit »vernünftigen« Argumenten in die Ecke zu treiben. »Es ist zu deinem Besten.« Sollte die neue Beziehung auch diese Domäne unserer Herrschaft über Kinder in Frage stellen? Wie im Erwachsenenleben auch geht es um Vertrauen: Wenn ich krank bin und mir ein Arzt etwas vorschreibt, halte ich mich nur daran, wenn ich ihm vertraue. Ich entscheide – es ist zu meinem Besten –, einen anderen bestimmen zu lassen, was mir jetzt hilft oder schadet. Er weiß es dann besser als ich, das stimmt. Aber ich bleibe der Chef des Unternehmens, und ob ich ihm abnehme, daß jetzt dies oder das gut für mich ist, ist meine Sache.

In derselben Weise billige ich den Kindern zu, nach ihrem Vertrauen zu den beratenden Erwachsenen das zu tun oder eben nicht zu tun, was diese als »gut für dich« überlegen. Wenn ich als Erwachsener dann aber schlimme Folgen auf das Kind zukommen sehe? »Wenn du keinen Hustensaft nimmst, kann es sein, daß du nachher ins Krankenhaus mußt.« Wenn ich es vor mir selbst vertreten kann, daß jetzt diese Medizin oder jener Arztbesuch zu verweigern nicht gefährliche Folgen haben wird, bin ich lieber loyal auf der Seite meines Kindes als daß ich jetzt medizinische Kenntnisse oder ärztliche Anweisungen gegen den Willen des Kindes durchsetze. Wenn in mir aber die Angst zu groß wird, daß es wirklich gefährlich werden könnte, werde ich meiner Angst nachgeben und Gewalt anwenden (anders geht es nicht, wenn die Kinder nicht wollen – man sollte sich da nichts vormachen). Ich kann nicht aus meiner Haut, und daß wir in unserem Miteinander an Grenzen stoßen, die dem anderen dann zur Last werden, kommt nicht nur im Krankheitsfall vor. »Ich habe keine Lust, mein Leben lang mit Vorwürfen rumzulaufen, wenn etwas passiert, weil du diese Medizin nicht genommen hast« – ich werde es wohl so sagen, und dabei auch wissen, daß ich dann Gewalt anwende. Es ist nicht gerechtfertigt, auch nicht durch medizinisches Wissen. Aber dieser Moment meiner Angst und Grenze, der mich zur

Gewalt greifen läßt, gehört auch zu mir und ich bringe ihn in unsere Beziehung ungeschminkt – aber auch ungeschmälert – ein.

Die Behandlung einer Krankheit oder eines Fehlers soll entlasten und nicht das Leid noch vergrößern. Es gibt unzählige Probleme: Spreizhose, Gipsbett, Fußeinlagen, Brille, Zahnspange, Gymnastik, Schwimmen, Diät, usw. Heute sage ich: Nicht dann, wenn dies für die Kinder zur Qual wird. Die Frage der irreparablen Schäden aber bleibt, der nicht wiederholbaren Behandlungschancen. Dennoch denke ich, wir sollten die Kinder entscheiden lassen, ohne wenn und aber – sofern wir dies vor uns vertreten können. Und wir stehen ja nicht abseits: Unsere Beziehung ist von Vertrauen geprägt, wir können unseren Rat und den der Ärzte ohne Herrschaftselemente weitergeben. Die Kinder haben dann alle Energie, ganz aus sich heraus zu entscheiden, ob sie unserem Rat folgen oder nicht. Wenn wir ihre Souveränität nicht in Frage stellen, werden sie das tun können, was sie tatsächlich tun wollen.

»Behindert«

Warum müssen Behinderungen als »Behinderungen« eingestuft und bekämpft werden? Warum können wir unsere Energien nicht darauf verwenden, die Behinderungen zu akzeptieren und uns auf sie einzulassen? Wer »behindert« ist, sieht alles aus einer anderen Perspektive als wir »Normale«. Wer sagt denn mit Recht, mit Gültigkeit für jeden »Behinderten«, daß diese andere Perspektive nicht so vollwertig ist wie unsere, daß sie einen Mangel darstellt? Eine körperliche Beschaffenheit oder ein psychischer Zustand *sind,* sie existieren, sind Realität dieser Menschen. Die Bewertung ist eine andere Sache – und die sollten wir auch den Betroffenen überlassen, ohne ihnen das »du bist behindert« vorzusetzen.

Im Broadway-Theaterstück »Children of a Lesser God« (»Gottes vernachlässigte Kinder«) will Sarah, die taubstumme Hauptperson des Stückes, eigene Kinder – aber sie sollen taubstumm geboren werden! Sara wehrt sich gegen die Abstempelung der Sprechenden und Hörenden als »behindert«. »Taubheit«, sagt sie mit ihren Händen, »ist nicht das Gegenteil von Hören, es ist eine Ruhe, angefüllt mit tausend Tönen.« (Der Spiegel 32/80 S. 124.) Mich hat dabei überzeugt, daß diese Rolle von einer taubstummen Schauspielerin gespielt wurde, die zusammen mit ihrer Organisation für die Anerkennung »Behinderter« als vollwertiger Mensch kämpft. Und das monatelang ausverkaufte Theater zeigt, daß auch dort ein Umdenkungsprozeß begonnen hat, daß das Schlagwort »behindert ist schön« nicht Ausdruck von Verzweiflung, sondern selbstbewußtes Auftreten dieser von uns »Normalen« diskriminierten Gruppe signalisiert.

Für uns »Normale« gilt, noch etwas anderes zu bedenken: Ich glaube, daß die »behinderten« Menschen uns sehr wichtige Dinge über den Sinn und die Erfüllung des Lebens mitteilen können. Wenn wir ihre Art zu leben verstehen lernen, gewinnen wir neue Perspektiven für unsere Art der Lebensführung. Und es stellt sich dann auch radikal die Frage, was eigentlich »normal« heißt. Die Antipsychiatrie Ronald D. Laings (Das geteilte Selbst, Reinbek 1976) hat hier wertvolle Hinweise gegeben.

Einem »behinderten« Kind seine »Behinderung« wegerziehen zu wollen – dies finde ich sehr grausam. In der neuen Beziehung lassen wir uns auf die andere Art dieser Kinder ein, und wir stellen ihre Vollwertigkeit nicht in Frage. Wenn sie auch dieses oder jenes nicht können oder nie gekonnt haben, so heißt das noch längst nicht, daß sie mit uns keine Beziehung aufnehmen könnten, die genau so schön und glücklich ist wie die zu »normalen« Kindern. Es ist schwieriger, miteinander auszukommen, aber es geht und es zeigt uns neue Perspektiven. (Ausführlich hierzu: Ernst Klee; Behindert, Frankfurt 1980).

Wenn ich einem anderen die Selbstbestimmung zugestehe, dann ist es unumgänglich, daß ich auch ihm überlasse, zu entscheiden, ob er weiterleben will oder nicht. Die neue Beziehung achtet den anderen selbstverständlich auch in dieser Frage, auch, wenn wir es mit Kindern zu tun haben.

Ich weiß, daß hierüber auch ganz anders gedacht wird. Aber ich kann niemandem zustimmen, der einen anderen Menschen gegen dessen Willen weiter am Leben halten will. Ich wehre mich gegen den Anspruch, einem anderen die Verfügungsgewalt über sein eigenes Leben zu nehmen – ein Anspruch, der Herrschaft ausdrückt, wie getarnt er auch immer daherkommen mag. Die Achtung vor dem anderen schließt auch die Achtung vor seinem selbstgewählten Tod mit ein.

Es ist ein ander Ding, jemanden aus einer akuten Selbstmordsituation zu retten. Hinzuspringen, wenn sich jemand von der Brücke stürzen will. Einen Arzt anrufen, wenn ich merke, daß einer Tabletten geschluckt hat. Wenn dies aus spontaner mitmenschlicher Betroffenheit geschieht, aus Angst oder aus Schmerz über den möglichen Verlust des anderen, finde ich dies einfach menschlich und sehr in Ordnung. Sowie aber der Anspruch ins Spiel kommt »Du darfst das nicht« wird der andere mißachtet.

Nehme ich nun Kindern die Tabletten weg? Wenn ich überraschend damit konfrontiert werde, viel eher – aus Schreck und Sorge –, wie wenn ich mit diesem Kind darüber im Gespräch bin. Es kann dann sein, daß ich es nicht tue, daß mir wichtiger ist, in den letzten Minuten eines Menschen da zu sein, zur Seite zu stehen, als ihn seinen letzten Schritt allein tun zu lassen. Wenn ein Kind (oder sonst jemand) tief entschlossen ist, nicht weiterleben zu wollen, dann wird es dies auch realisieren. »Aber sie wissen doch gar nicht, was sie tun« – soll ich wegen dieser Parole einem Menschen meine Nähe und Wärme zuletzt verweigern, ihn dauernd bedrängen – »mit ihm über die schönen Seiten des Lebens reden« –, so daß er dann schließlich ganz allein aus dem Leben geht? Ich habe mich für das Dasein in einer solchen Situation entschieden, ein Dasein ohne Anspruch und Absicht, ihn dann doch noch rumzukriegen. Gleichzeitig weiß ich auch, daß nur dieses bedingungslose Dasein die größte Chance enthält, einem Menschen den Schritt wieder zurück zum Leben finden zu helfen. Ich weiß dies – aber ich lege es nicht darauf an. Ich akzeptiere auch, wenn Kinder von uns gehen – so, wie ich das von jedem anderen auch akzeptiere. Und meine Trauer darüber findet Halt in der Achtung, die ich vor diesem Menschen und seiner Entscheidung habe.

Religion und Kirche

Da wir uns in der neuen Beziehung mit unserer ganzen Person einbringen, gehören auch religiöse Gefühle dazu. Wie stets sagen wir auch hier unseren Kindern, was wir denken und fühlen. Dies bedeutet nicht, daß ich dafür wäre, Kinder mit religiösen Gefühlen zu überschütten. Wir leben ihnen unsere Einstellung vor, so, wie wir ihnen vieles vorleben. Wenn wir eine »Ich weiß, was für dich gut ist«-Sache daraus machen, finde ich dies gerade in der religiösen Frage höchst unwürdig. Wenn Sie einer Kirche angehören, könnte es schwierig werden, diese erziehungsfreie Haltung auch der Kirche gegenüber zu vertreten. Das fängt bei der Taufe an und wird im Religionsunterricht in der Schule wieder problematisch, erneut beim Kommunions- und Konfirmandenunterricht. Jede Kirche ist selbstverständlich daran interessiert, den Kindern etwas von dem zu vermitteln, was ihr wichtig ist. Und die Kirchen setzen auf Sie als ihre Helfer. Ich bin optimistisch, daß es möglich ist, sowohl in einer Kirche zu sein als auch die neue Beziehung zu realisieren. Warum sollte man sich selbst nicht seiner Kirche verbunden fühlen und die Kinder ihren eigenen Weg gehen lassen? Die Achtung vor dem anderen, die Achtung vor der Selbstbestimmung und Würde des Menschen ist durchaus christliche Tradition, wenngleich die Kirchen in verschiedenen

Epochen davon rigoros mit »missionarischer« Legitimation abgewichen sind. Heute treffe ich oft Pfarrer und Pastoren, die mit antipädagogischen Aussagen und der bedingungslosen, erziehungsfreien Achtung vor Kindern kein Problem haben, sondern dies als mit ihrer Botschaft verwandt erleben. Der missionarische Eifer und erzieherische Impuls sind heute nicht so ausgeprägt wie zu anderen Zeiten. »Ich werde die Kinder selbst entscheiden lassen, wie sie es mit der Taufe, dem Religionsunterricht und der Kommunion oder Konfirmation halten wollen« – Sie müßten es ausprobieren, ob Sie von Ihrem Pfarrer oder Pastor hier nicht Unterstützung erfahren können. Ein wichtiger Unterschied zwischen kirchlicher Position und neuer Beziehung liegt in der Behandlung des Schuldproblems. Ich weiß noch aus eigener Kindheitserfahrung, daß das »ich bin schuld« eine wichtige Rolle im religiösen Selbstverständnis von Kirchen spielt. Die neue Beziehung hingegen ist frei von Schuldvorwürfen – sich selbst gegenüber und auch anderen gegenüber. In der neuen Beziehung verantworten wir unser Tun vor uns selbst und vor den anderen – aus religiöser Sicht ließe sich hinzufügen: und vor Gott –, wir benötigen keine Schuldkonstruktion. Jeder Mensch ist souverän und selbstbestimmt – ein Schuldvorwurf macht diese freien Geschöpfe Gottes zu demoralisierten Sklaven von Herrschenden, die Schuld- und Sühnekataloge aufstellen: Wäre dies eine mögliche Art, aus der Sicht von Religion und Kirche zu argumentieren?

Es gilt noch eine weitere Überlegung: Die pädagogische Tradition hat sicher nicht Halt gemacht vor den Aussagen der Bibel. Wie wäre es, diesen Text einmal mit antipädagogischen Augen zu lesen? Steht wirklich geschrieben, daß Gott besser weiß als der einzelne Mensch, was für diesen gut ist? Wie ist das mit der Freiheit, die Gott dem Menschen einräumt? Unterstützt Gott den Menschen in seinem Tun oder ist er dessen Oberschiedsrichter? Was bedeutet die Aussage unter antipädagogischem Fragezeichen, daß der Mensch nach Gottes Bild geschaffen wurde? »Ich bin die Wahrheit und das Leben«, sagt

Jesus: Sagt er es nur von sich oder sagt er uns etwas, das für jeden gilt, das wir nur verlernt haben, in uns zu erkennen, weil die jahrtausendalte pädagogische Tradition uns in Herrschaftsstrukturen preßte?

Kindergarten

Sollen die Kinder in den Kindergarten? Ich werde dies den Kindern überlassen. Ich werde Felix dieses Angebot machen und denke auch, daß er von Freunden darüber etwas gehört haben wird, wenn ein Kindergartenbesuch für ihn aktuell wird. Warum sollte es dort nicht Spaß machen? Allerdings werde ich aufpassen und mir den Kindergarten, den ich ihm anbieten werde, sehr genau ansehen. Wenn er mit Freunden von sich aus in einen bestimmten Kindergarten zieht, ist es etwas anderes, und ich regele die Erwachsenenzuständigkeiten. Und ich sage dann, daß er natürlich dort jederzeit wieder rauskann, wenn er das möchte.

Nach welchen Kriterien suche ich mir einen Kindergarten aus, wenn ich Felix einen vorschlagen will? Es müßte dort etwas vom Geist der neuen Beziehung zu spüren sein. Anweisungen, Gängelungen, erzieherische Konzepte, Methoden, Lernziele usw. – das ist nichts. Wenn sich bei mir das Gefühl festigt, daß sich in unserer Wohngegend kein Kindergarten finden läßt, in dem die Kinder als selbstbestimmte Persönlichkeiten ernst genommen und unterstützt werden, dann lieber überhaupt kein Kindergarten.

Läßt sich ein Kindergarten, der auf der neuen Beziehung aufbaut, denn finden? Und wenn sich keiner findet – verpassen die Kinder dann nicht zu viel? Ist der Kindergarten nicht wichtig, wegen all der Erfahrungen und der Lernmöglichkeiten, die die Kinder dort machen können? Nun – Erfahrungen mit pädagogisch eingestellten Erwachsenen: Darauf können die Kinder gut verzichten! Die Erfahrungen, die Felix in einem pädagogischen Kindergarten machen könnte, werde ich nicht auch noch anzetteln. Vielleicht möchte er ja trotz meiner

Bedenken dort mitmachen – dann ist es seine Sache. Die »wichtigen« Erfahrungen eines solchen Kindergartens sind immer in bezug zu der dort verwirklichten Grundeinstellung des Umgangs mit Kindern zu sehen.

Erziehungsbücher

Es gibt gegenwärtig sehr viele Bücher, die sich mit derselben Thematik beschäftigen wie dieses Buch. Es geht wohl immer darum, wie wir uns den Alltag mit den Kindern so einrichten, daß wir gut miteinander leben können. Die auf der pädagogischen Einstellung – »ich weiß, was für dich gut ist« – beruhende Literatur ist von den wenigen Büchern, die direkt über die neue Beziehung geschrieben worden sind, radikal unterschieden. In den Erziehungsbüchern geht es darum, daß die Kinder die von Erwachsenen gesteckten Ziele erreichen. Die Erziehungsbücher wollen hierzu Hilfen geben. »Wie komme ich mit den Kindern besser zurecht« heißt eigentlich: »Welche Möglichkeiten und Methoden gibt es, damit die Kinder – möglichst selbsteinsichtig – tun, was ich will und als gut für sie ausgesucht habe?«

Es gibt nun einige Bücher, z. B. die »Familienkonferenz« von Thomas Gordon, bei denen es besonders auf die Position des Lesers ankommt. Man kann zum Beispiel die »Familienkonferenz« durchaus als Anregung und Hilfe für die neue Beziehung heranziehen – man kann ihr aber auch Manipulationsmöglichkeiten entnehmen. Die vorgeschlagene Konferenz kann auf der Basis der Gleichberechtigung durchgeführt werden. Man kann die Konferenz aber auch dazu benutzen, um die eigenen Erwachsenenziele um so besser durchzusetzen. Und daß die Kinder überhaupt eine Konferenz mitmachen, ist ja auch bereits ein Erwachsenenziel. Auf der anderen Seite ist es immer auch im Sinne der neuen Beziehung berechtigt, Vorschläge zu machen, und auch eine Familienkonferenz kann so ein Vorschlag sein. Aber es gilt Vorsicht walten zu lassen: Wenn Elemente der neuen Beziehung aufgegriffen werden, oder sich sonstwie fortschrittlich gebärdet wird, um damit letztlich Erwachsenenziele bei den Kindern durchzusetzen, spreche ich vom »pädagogischen Supertrick«.

»Ihr seid meine gleichberechtigten Partner« – damit ihr viel effektiver das tut, was ich letztlich von euch will, als wenn ich das mit autoritärem Druck versuchen würde. »Ich respektiere eure selbstbestimmten Entscheidungen« – damit ihr viel effektiver ... und im übrigen werden sie nachher schon einsehen, daß es so ja doch nicht geht, daß sie Kompromisse schließen müssen.

Die meisten Erziehungsbücher tragen jedoch so dick die pädagogische Position auf, daß man schnell erkennt, um was für ein Buch es sich handelt. Die neue Beziehung vermeidet das Wort »Erziehung«, um sich deutlich von der pädagogischen Umgangsart zu unterscheiden. Man kann meist schon an den Titeln, Untertiteln, Texten auf der Buchrückseite oder dem Einband, den Vorstellungen »Über dieses Buch« oder spätestens in der Einführung feststellen, was für ein Buch man in der Hand hat.

Berufstätig

»Wie soll das denn mit der neuen Beziehung gehen, wenn man berufstätig ist? Ich habe dann nicht viel Zeit für die Kinder. Wenn ich nach Hause komme, muß es laufen, da kann ich nicht stundenlang auf die ›souveränen Wünsche‹ der Kinder eingehen. Ohne klare Anweisungen bricht doch alles zusammen.« – Hinter so einer Argumentation spüre ich Angst und Unbehagen vor Überforderung. Und daß man die neue Beziehung »zwar eigentlich ganz gut« findet, sie aber nicht auf die eigene Situation zu Hause überträgt.

Ich schlage vor, es einfach mal zu versuchen. Es muß ja nicht perfekt funktionieren. Wenn Sie k.o. vom Beruf nach Hause kommen und ihnen das neue gleichberechtigte Miteinander jetzt zu anstrengend ist und Sie lieber alles nach der bewährten Ruck-Zuck-Methode managen wollen: Wer sollte Sie daran hindern, es zu tun? Meinen Sie, die Leute der neuen Beziehung würden Ihnen Ihr Verhalten vorwerfen? Sie sorgen für sich, Sie sind belastet und sehen, wie Sie klar kommen. Dies ist ein guter Schritt. Wenn Sie dann einmal etwas mehr Luft haben und nicht böse auf die neue Beziehung sind – weil die Sie nur überfordern will –, dann könnten Sie ja mal ein bißchen versuchen, anders auf die Kinder zuzugehen. Sie könnten zum Beispiel Ihren Kindern davon erzählen, daß Sie ein interessantes Buch über Kinder gelesen haben und daß Sie davon auch mal etwas ausprobieren wollen. Vielleicht ergibt sich ein Gespräch über Aspekte der neuen Beziehung. Und dann können Sie auch gleich ganz klar sagen, daß dies noch lange nicht bedeutet, daß die Kinder jetzt machen können, was sie wollen – ohne Rücksicht auf Verluste. Ihre Gefühle und Wünsche sind in der neuen Beziehung wichtig – die Gefühle und Wünsche des Erwachsenen. Dort setzt die neue Beziehung an, dort fängt sie an.

Die neue Beziehung funktioniert auch, wenn Sie berufstätig sind. Die Entscheidung hierzu fällt ja bei Ihnen, in Ihrem Herzen, wie ich sage. Wie weit Sie dies dann täglich anwenden können, wie weit Sie Energie und Nerven nach einem anstrengenden Berufsalltag noch haben, ist eine wichtige Frage, die niemand, der für die neue Beziehung eintritt, runterspielt. Das neue Miteinander ist keine Anforderung, sondern eine von innen kommende Sache – es muß in uns Zeit und Energie dafür da sein.

Es könnte ja auch ganz anders sein: Nach einer gewissen Zeit des Beginnens freuen Sie sich darauf, nach Hause zu kommen und mit Ihren Kindern den Frieden der neuen Beziehung zu erleben. Ihre neue Familiensituation ist dann für Sie ein wirklicher Ausgleich für den Berufsstreß, und sie kommen nicht nach Hause, um alles nach der Ruck-Zuck-Methode zu managen, managen zu müssen, sondern Sie tanken auf im gleichberechtigten Miteinander mit Ihren Kindern: Ihr Bedürfnis nach Ruhe wird geachtet, Sie erholen sich rasch und unternehmen etwas zusammen. Ihre Familie wird durch die neue Beziehung auch für Sie eine neue Funktion erhalten: Sie wird Sie unterstützen.

Nachbarskinder

Die Nachbarskinder werden schnell merken, daß Sie nun ganz anders auf Ihre Kinder zugehen. Sie werden unter ihnen neue Freunde gewinnen und erleben, wie man Ihnen Vertrauen schenkt. Dies ist eine fantastische Sache und eröffnet Ihnen viel. Sie können zum wertvollen Ansprechpartner dieser Kinder werden, und diese Kinder können Ihnen helfen, die neue Beziehung immer sicherer zu verwirklichen.

Problematisch könnte es werden, wenn die Eltern dieser Kinder ins Spiel kommen. Ihre neue Art wird sich ja auch in den Nachbarsfamilien herumsprechen. Sie können dann Zustimmung erfahren, aber auch Ablehnung. Durch den Umgang mit den Nachbarskindern merkt man schnell, daß die neue Beziehung einen hohen politischen Stellenwert hat.

Es ist eine vielleicht unbequeme, aber eigentlich gute Möglichkeit, rasch das Gespräch mit den Eltern der Nachbarskinder zu suchen. Dann passiert es nicht so leicht, daß sie unangenehme Gefühle bekommen, wenn sie merken, daß ihre Kinder gern mit Ihnen zu tun haben. Sicher ist es nicht nötig, dieses Gespräch zu suchen: Mit den Kindern kommen Sie auch so gut aus. Aber wenn Sie mögen, tragen Sie den Gedanken der neuen Beziehung doch einfach weiter, vielleicht erfahren Sie ja, daß man zwar nicht mitzieht, aber doch beeindruckt ist und die eigenen Kinder mit neuen Augen zu sehen beginnt.

Mütter und Väter

Haben es Mütter oder Väter leichter mit der neuen Beziehung? Gibt es etwas an der neuen Beziehung, das besonders für Mütter oder besonders für Väter problematisch ist? Es ist im allgemeinen so, daß immer mehr Mütter zu Informationsveranstaltungen über *Freundschaft mit Kindern* kommen. Ich meine, daß hier die traditionelle Rollenaufteilung – die Mütter werden zunächst als zuständig für die Kinder angesehen – deutlich wird. Wenn die Teilnehmer solcher Veranstaltungen dann ihre Fragen mitteilen und sagen, was ihnen noch problematisch ist, wird aber immer wieder klar, daß es für die Entscheidung zur neuen Beziehung, für ihre alltägliche Umsetzung und für die damit verbundene Selbstbefreiung des Erwachsenen nicht so sehr ins Gewicht fällt, ob eine Mutter oder ein Vater auf *Freundschaft mit Kindern* zugeht.

Frauen und Männer haben sicher ihre rollenspezifischen Probleme mit der neuen Beziehung. Aber nicht in der Weise, daß dies irgendwie mit der neuen Beziehung zusammenhängt, sondern so, wie rollenspezifische Abhängigkeiten stets ihren Einfluß haben. Die Rolle, in der eine Frau bzw. Mutter drinsteckt, wirkt sich eben auch auf die neue Beziehung aus, und ebenso gilt dies für Männer bzw. Väter. Die neue Beziehung selbst macht es aber weder Müttern noch Vätern besonders schwer (oder leicht), weil sie nun Mütter oder Väter sind. Die neue Beziehung ist für *Menschen* da, und sie fragt nicht danach, ob der, der sie praktizieren will, Mutter oder Vater ist. Wiewohl ein jeder, der sie praktiziert, seine speziellen Probleme mitbringt, auch die Rollenprobleme.

Mütter und Väter können sich über ihre rollenspezifischen Hindernisse oder Startvorteile in gemeinsamen Gesprächen austauschen und beraten. Das Klima einer Erwachsenengruppe, in der *Freundschaft mit Kindern* erlernt wird, hilft, die Probleme der anderen zu spüren und tieferen Zugang zu den eigenen Bedingtheiten zu finden. Dabei geht es darum, das eigene Ich mehr und mehr wiederzuentdecken und von der Basis der Selbstakzeptierung die neue Beziehung zu verwirklichen. Und hierbei haben es Mütter und Väter gleich schwer oder gleich leicht, auch wenn sie unterschiedlichen Rollenerwartungen ausgesetzt sind.

Großeltern hatten immer schon die Möglichkeit, sich der Kinder – ihren Enkeln – in einer freundschaftlichen und achtungsvollen Weise anzunehmen. Sie sind auch in der pädagogischen Tradition frei von der »Erziehungsverantwortung« für die Kinder. Dafür werden die Eltern, also die Kinder der Großeltern, verantwortlich gemacht. Den Enkeln gegenüber konnten sich Großeltern immer schon so einstellen, wie sie es wollten.

Ich sage: Sie konnten es. Sie hatten die allgemein akzeptierte Möglichkeit hierzu. Großeltern können das tun, worum wir Eltern uns heute mühsam anstrengen. Großeltern waren da immer schon ein Stück weiter. Wenn dies sicher auch nicht allzuviele Großeltern so gemacht haben, sondern auch die Enkel kräftig miterzogen, so gibt es doch auch sicher Großeltern, die das ganze Erziehungsgehabe und die »Erkenntnisse der Pädagogik« aus einer gelassenen Distanz heraus betrachten.

Man hat gelegentlich gesagt, daß es eine heimliche Koalition von Großeltern und Enkeln gegen die Eltern gebe. Großeltern und Enkel haben oft einen »eigenen Sinn«, den die »vernünftige« Erwachsenengeneration nicht versteht. Da liegt es nahe, sich mit Gleichgesinnten zusammenzutun. Und die Weisheit des Alters hat ja auch viel mit der Weisheit der Kinder zu tun.

In der neuen Beziehung können die Großeltern eine wichtige Aufgabe übernehmen. Sie können ihren Kindern – also uns Eltern – vorleben, wie das ist, mit jungen Menschen achtungsvolle, freundschaftliche und erziehungsfreie Beziehungen zu haben. Sie konnten dies schon eine lange Zeit tun, und sie brauchten nicht erst eine Kinderrechtsbewegung hierzu.

Neu dürfte für Großeltern sein, daß sie jetzt offen und auch mit Selbstbewußtsein für die neue Beziehung eintreten können. »Wir zeigen euch, wie man das macht: *Freundschaft mit Kindern*. Denn wir wissen darum.«

Großeltern können ihr Know-how und ihre Gelassenheit im

Umgang mit der neuen Beziehung an uns weitergeben. Auch sie werden sich in neue Bereiche vortasten, so wie wir es auch tun. Wenn die neue Beziehung die allgemeine Art des Miteinanders in einer Familie ist, werden wir alle voneinander lernen, auch die Großeltern von uns. Nur, meine ich, sie haben doch einen Startvorteil. Sie werden nicht von der Umwelt mit der »Erziehungsverantwortung« belästigt – und sie haben schon so viel erlebt, mit uns, ihren Kindern. Wir sollten uns dieses Wissen zunutze machen.

Wenn die Mutter beim Toben ihrer Kinder Rücksicht auf die Nachbarn nehmen möchte – oder genauer: wenn sie Angst vor den Beschwerden der Nachbarn hat –, könnte dann nicht die Großmutter der lärmenden Enkel ihrer Tochter zur Seite stehen: »Laß sie doch spielen – was meinst du, wie laut ihr damals gewesen seid. Wenn sich jemand beschwert, schick ihn zu mir. Ich habe das schon oft genug mitgemacht und weiß, wie ich Nachbarn beschwichtigen kann.«

Wenn der Vater beim Klettern zusieht und seinem Sohn »aber nicht höher« zurufen will: Kann dann der Großvater nicht davon erzählen, wie er damals unter diesem Baum stand, und wie oft er Angst hatte, und wie oft er immer wieder erlebte, daß nichts passierte? Daß die Kinder – »und das warst du, mein Sohn« – immer wieder ihre eigenen Möglichkeiten richtig und sicher einschätzten und wieder heil unten ankamen?

Die Großeltern können zwei Generationen unterstützen: Ihre Enkel auf deren selbstbestimmten Weg, und ihre Kinder, sich auf die neue Beziehung einzulassen.

VI Wegbereiter

Es gibt viel Literatur über die Grundlagen der neuen Beziehung. Wissenschaftler und Kinderrechtler haben jeweils aus verschiedenen Perspektiven ihre Aussagen über die Möglichkeit eines neuen Miteinanders der Generationen gemacht. In diesem Kapitel stelle ich – stellvertretend für die große Zahl derer, die zu dieser Thematik geschrieben haben (s. a. Literaturliste am Schluß des Buches) – sieben Autoren vor, die mir mit den grundlegenden Aussagen ihrer Bücher besonders geholfen haben, die *Freundschaft mit Kindern* – Bewegung in Deutschland anzustoßen.

Dieses Kapitel soll einmal *belegen,* daß sich die Erwachsenen-Kind-Beziehung in einem übergeordneten Prozeß der Umorientierung und des Aufbruchs befindet – und zwar von verschiedenen Positionen aus gesehen – und daß auch andere Menschen konstruktive Möglichkeiten für ein neues Miteinander mit Kindern sehen. Ich verdanke diesen weisen Menschen viel, und vielleicht sollte ich sogar sagen, daß es ohne diese Wegbereiter *Freundschaft mit Kindern* heute nicht geben würde.

Ein jeder der hier vorgestellten Autoren stützt die neue Beziehung von seinem besonderen Aspekt her: Carl R. Rogers als Psychotherapeut, Frédérick Leboyer als Arzt und Geburtshelfer, Margaret Mead als Kulturanthropologin, Richard Farson als analysierender Kinderrechtler und als Praktiker (Vater von fünf Kindern), John Holt als ehemaliger Lehrer und politisch-aktiver Kinderrechtler, Ekkehard v. Braunmühl als Begründer der Antipädagogik. Schließlich berichte ich von Uwe Stillers Buch »Das Recht anders zu sein« (Berlin 1977), in dem er anhand von authentischen Quellen berichtet, daß viele Stämme nordamerikanischer Indianer mit ihren Kindern erziehungsfrei zusammenlebten.

1. Wissenschaft

Carl R. Rogers

Dr. Carl R. Rogers wurde 1902 in Oak Park, USA, geboren. Er entwickelte ein neues psychotherapeutisches Verfahren, die Gesprächspsychotherapie. Auf ihn geht die gesamte Gruppenbewegung therapeutischer Gruppen zurück. Als wichtigste Elemente seiner Therapie führte Rogers ein: den anderen akzeptieren – dem anderen gegenüber selbst unverstellt sein – die Gefühle des anderen in sich selbst mitschwingen lassen. Akzeptanz, Kongruenz und Empathie – die Rogers'schen Größen – sind Grundelemente der neuen Beziehung.

In seinem Buch »Die Kraft des Guten« (München 1978) schreibt Rogers über die Politik in den zwischenmenschlichen Beziehungen. Im Zentrum der von ihm beschriebenen neuen Politik, des »personenbezogenen Ansatzes«, wie er sagt, steht die Überzeugung, daß es nicht darum geht, anderen Menschen Macht und Kraft zu *geben,* sondern daß es darauf ankommt, zu erkennen, *daß niemand in Wirklichkeit die Macht und Kraft, die er in sich trägt, abgeben muß* – daß er alle Energie ein Leben lang bei sich trägt (wiewohl wir glauben lernen, daß uns andere dies tatsächlich wegnehmen könnten). »Dieses Buch«, schreibt Rogers, »berichtet über Familien, Schulen, Industriebetriebe und rassische und kulturelle Begegnungsstätten, die eins miteinander gemeinsam haben: Sie alle wurden durch Menschen grundlegend verändert, die auf ihre eigene Macht vertrauen, die kein Bedürfnis nach ›Macht über andere‹ haben und bereit sind, den latent vorhandenen Kräften ihrer Mitmenschen zur Entfaltung zu verhelfen.« Und: »›Es geht nicht darum, daß dieser Ansatz der Person Macht verleiht; er nimmt sie ihr niemals weg.‹ Daß eine scheinbar so harmlose Grundlage in ihren Implikationen so wahrhaft revolutionär sein kann, mag überraschend erscheinen. Es ist jedoch das zentrale Thema dessen, was ich geschrieben habe.« (S. 8.)

Die Übertragung dieses Ansatzes auf die Familie beschreibt

Rogers im Kapitel »Die neue – und die alte Familie«: »Ein Individuum, das versucht, sein Leben auf personenbezogene Weise zu leben, betreibt damit eine Politik der Familienbeziehungen und der Ehe- und Partnerbeziehungen, die sich radikal vom traditionellen Modell unterscheidet. Das Kind wird als unverwechselbares, achtenswertes Individuum betrachtet, welches das Recht hat, sein Erleben auf seine persönliche Weise zu bewerten und dem umfassende, autonome Entscheidungsbefugnisse eingeräumt werden. Jeder Elternteil respektiert gleichermaßen sich selbst und verfügt über Rechte, die durch das Kind nicht außer Kraft gesetzt werden können« (S. 42.)

Rogers macht deutlich, daß es nicht darauf ankommt, die Machtstruktur des herkömmlichen Modells (Erwachsene oben – Kinder unten) einfach umzudrehen, sondern daß die neue Sichtweise die Eltern als Partner mit gleichen Rechten wie die Kinder einbezieht, daß die Gefühle der Eltern sehr wichtig sind und daß diese Gefühle durchaus auch Grenzen für die Kinder sein können. Es herrscht eine große Offenheit gegenüber den eigenen Gefühlen und denen der anderen, und »die Beziehung ist gekennzeichnet durch einen wechselnden Ausdruck von Gefühlen und Einstellungen, die der andere akzeptierend anzuhören und aufzunehmen bemüht ist, wobei auch er ein Recht auf seine eigenen Gefühle und Einstellungen hat, die ebenfalls akzeptierend angehört werden sollen« (S. 42).

Rogers schreibt über die Kinder, die auf diese Weise groß werden:

»Dies mag wie eine völlig kindbezogene Familie klingen, aber dem ist nicht so. Auch die Eltern haben Gefühle und Einstellungen, die sie dem Kind auf eine Weise zu vermitteln suchen, welche von ihm verstanden werden kann. Die Resultate sind phantastisch. Da sich die Kinder ständig vieler ihrer eigenen Gefühle sowie jener ihrer Eltern bewußt sind und weil diese Gefühle ausgedrückt und akzeptiert wurden, entwickeln sie sich zu höchst sozialen Wesen. Sie sind anderen Menschen gegenüber aufgeschlossen, drücken ihre Gefühle offen aus, lehnen es ab, herablassend behandelt zu werden, und erweisen sich in ihren Unternehmungen als kreativ und unabhängig. Sie haben ein Gespür für die Gefühle, die ihnen andere entgegenbringen, und obwohl sie nicht vor Konfrontationen zurückscheuen, versuchen sie nur gelegentlich, einander bewußt weh zu tun. In ihrem Leben gibt es somit nur zweierlei Arten von Disziplin: Die Selbstdisziplin, die stets mit der verantwortungsbewußten Autonomie einhergeht, und die flexiblen Grenzen – und somit die Disziplin –, die von den Gefühlen der Menschen in ihrer Umgebung gesetzt werden.

Diese Kinder eignen sich schlecht für die traditionelle Schule, die sie zu angepaßten Robotern erziehen möchte, aber sie sind ungeheuer lernwillig, wenn man sie einem Klima aussetzt, das zum Lernen ermutigt. Sie stellen eine große Hoffnung für die Zukunft dar. Sie sind gewohnt, als unabhängige Menschen zu leben und offen zu anderen in Beziehung zu treten, und sie erwarten, ihr Leben auf diese Weise fortsetzen zu können – in der Schule, im Beruf und in ihren Partnerbeziehungen. Diese Kinder wachsen mit einem Minimum an verdrängten Gefühlen heran – Gefühle, die aus Schuldbewußtsein oder Angst nicht ins Bewußtsein dringen dürfen – aber auch mit einem Minimum an Hemmungen, die ihnen andere von außen aufzwingen. Sie sind freiere Geschöpfe als alle Erwachsenen, die ich kenne« (S. 43 f.).

Rogers warnt vor einer unrealistischen Einschätzung der neuen Möglichkeiten: »Ich möchte nicht ein zu rosiges Bild entwerfen. Ich habe erlebt, daß manche dieser Eltern vorübergehend vergessen, daß auch *sie* Rechte haben, mit dem Resultat, daß sie ihr Kind verwöhnten. Ich habe erlebt, daß Eltern und Kinder zeitweilig zu den alten Verhaltensweisen zurückkehrten – die Eltern kommandierend, das Kind opponierend. Eltern wie Kinder sind manchmal erschöpft und reagieren falsch. Es gibt immer wieder Reibungen und Schwierigkeiten, die besprochen und durchgearbeitet werden müssen« (S. 44). Doch er zeigt deutlich den neuen Weg auf: »Alles in allem befinden sich Eltern und Kinder in diesen Familien in einem kontinuierlichen

Beziehungs*prozeß,* sie machen eine Reihe von Veränderungen durch, deren Endresultat wir nicht kennen, das aber von einer endlosen Zahl täglicher Entscheidungen geprägt wird. Die Politik der Herrschaftsausübung und des Gehorsams mit ihrer angenehmen statischen Sicherheit gehört der Vergangenheit an. An ihre Stelle tritt eine ganz anders geartete Politik: die Politik des Beziehungsprozesses zwischen nicht austauschbaren Individuen« (S. 44).

Frédérick Leboyer

Dr. Frédérick Leboyer, geb. 1918, brachte die achtungsvolle Einstellung dem Neugeborenen gegenüber wieder in das Bewußtsein unserer Zeit. Als Arzt und Geburtshelfer stellte er erstmals die Frage nach den Gefühlen und dem Erleben des Neugeborenen – und er revolutionierte die Grundeinstellung zur Geburt und die Geburtsmethode. Mit seinem Buch »Geburt ohne Gewalt« (München 1981, Original 1974) begann ein neues Zeitalter der Geburt. Zunächst in Frankreich und den USA, seit etwa 1978 auch in Deutschland findet Leboyers Botschaft immer mehr Zustimmung. Inzwischen wurde sein Anstoß von vielen Praktikern und Forschern aufgegriffen und auch weiterentwickelt.

Der entscheidende Schritt, den Leboyer in der neueren Zeit erstmals wieder tat, war, sich auf die Bedürfnisse und Gefühle, auf den Wert und die Würde des neugeborenen Menschen einzulassen und zu überlegen, wie sich zu diesen neuen Menschen eine achtungsvolle Beziehung herstellen ließe. »Auch Leboyer hat lange geglaubt – so zäh ist das Vorurteil –, daß das Neugeborene nichts fühle, kein Bewußtsein habe und weder glücklich noch unglücklich sein könne. Der Autor hat gelernt, das Neugeborene anzusehen und in ihm und durch es hindurch seine eigene Geburt nochmals zu durchleben. In dem Kampf zwischen Säugling und Mutter am Ende der Schwangerschaft bahnt sich der Säugling ausgehungert seinen Weg, um in die Außenwelt zu gelangen. Was ist seine erste Erfahrung? Er

173

wird gepreßt, geblendet, herumgeschwenkt, gequält. Es ist ein Schock von unerhörter Brutalität – wahrscheinlich der unerträglichste, den er je im Leben erfährt. Der Autor macht sich zum Fürsprecher des Säuglings, den er im Dunkeln, in der Stille, mit Geduld, Aufmerksamkeit und großer Zuneigung entbindet und dem er eine sanfte und freundliche Umwelt schafft, die das Trauma der Geburt so weit wie irgend möglich abschwächt« (Umschlagtext von »Der sanfte Weg ins Leben«, München 1974).

Frédérick Leboyer beschreibt in seinem Buch die alte, traditionelle Geburtsmethode und seinen neuen Weg. Das Durchtrennen der Nabelschnur *vor* oder *nach* dem ersten Atmen ist zum symbolischen Unterschied für die alte und die neue Methode geworden – und das »selbstbestimmt von Geburt an« der Kinderrechtsbewegung erhält durch Leboyer seinen ganz konkreten Sinn. Jeder Mensch kann in eigener Verantwortung entscheiden, wann er mit Atmen beginnen will, und das Durchtrennen der Nabelschnur vor dem ersten Atmen ist Ausdruck der Gewalt und Mißachtung seiner Würde, ein Spiegel unserer Unkenntnis und Angst vor dem Leben. Ich stelle Ihnen einige Passagen aus Leboyers Buch vor, die sich mit dieser Frage von verschiedenen Aspekten her beschäftigen (»Geburt ohne Gewalt«, München 1981, S. 67 ff.):

Leboyer beschreibt zunächst den medizinischen Zusammenhang:

»Die Hauptgefahr für das Kind während der Geburt besteht in der Anoxie, das kann nicht genug betont werden. Anoxie bedeutet Mangel an Sauerstoff, und besonders das Nervengewebe reagiert darauf äußerst empfindlich. Wenn ein Kind vorübergehend zu wenig Sauerstoff erhält, so führt das zu irreparablen Schäden im Gehirn, die es möglicherweise sein Leben lang zum Krüppel machen.

Mit anderen Worten: das Kind darf unter keinen Umständen, zu keinem Zeitpunkt der Geburt in einen Sauerstoffmangel geraten. Nicht einmal für kurze Zeit.

So sagen die Experten, und sie haben recht.

So sagt es auch die Natur.

Darum hat sie es so eingerichtet, daß das Kind in der gefährlichsten Phase so unmittelbar nach der Geburt aus zwei Quellen Sauerstoff erhält: aus seinen Lungen und aus der Nabelschnur. Beide Systeme arbeiten gleichzeitig, allmählich löst eins das andere ab: das alte, die Nabelschnur, versorgt das Kind noch so lange ausreichend mit Sauerstoff, bis das neue, die Lungen, diese Funktion in ausreichendem Maße übernehmen können.

So bleibt das Kind, das eben erst den Mutterleib verlassen hat, noch einige Minuten lang durch die kräftig pulsierende Nabelschnur mit ihr verbunden. Vier, fünf Minuten, manchmal noch länger.

Der Sauerstoff, den es weiterhin über die Nabelschnur erhält, schützt es vor Anoxie, so daß es gefahrlos und ohne Schaden zu nehmen in aller Ruhe mit dem Atmen beginnen kann, langsam und ohne etwas zu überstürzen.

Das Blut hat Zeit, nach und nach die alte Bahn zu verlassen (die zur Placenta führte) und zunehmend die Lungenstrombahn zu entfalten.

Das Kind reitet vier bis fünf Minuten lang wie auf einem First zwischen zwei Welten. Da es von beiden Seiten Sauerstoff erhält, kann es allmählich von der einen zur anderen hinüberwechseln, ohne daß dies gewaltsam geschehen muß. Man hört kaum einen Schrei.«

Daß es für uns Erwachsene schwer ist, den Neugeborenen seinen eigenen Weg zum Atmen finden zu lassen, ist auch Leboyer klar. Den unsicheren Erwachsenen rät er: »Was können wir zu diesem Wunder beitragen? Geduldig sein, Warten. Nichts überstürzen. Dem Kind Zeit lassen, sich zurechtzufinden. Auch dies ist ein Lernprozeß. Es fällt uns schwer, fünf lange Minuten zu ertragen, in denen wir nichts tun. Alles in uns drängt danach, zu handeln: unsere Zerstreutheit, unsere Routine, unsere Gewohnheit. Und eine merkwürdige Nervosität, die nichts anderes ist als verdrängte Angst ... unsere eigene Geburt.«

Leboyer erkennt, welche katastrophalen Auswirkungen das traditionelle, sofortige Durchtrennen der Nabelschnur für das Neugeborene hat:

»Durchtrennen wir die Nabelschnur sofort, so wird dem Gehirn abrupt der Sauerstoff entzogen.

Wie heftig ein Lebewesen auf einen solchen Streß reagiert, wissen wir: Panik, rasende Aufregung, markerschütternde, angstvolle Schreie.

Ein perfekter Reiz, wenn wir das Alarmsystem des Körpers prüfen wollen.

Gegen einen solchen Angriff wird sich der ganze Organismus wehren. Mit ungeheurer Wucht wirft sich die Atmung der Aggression entgegen.

Gleichzeitig entsteht ein bedingter Reflex:

Wir haben Atmung und Aggression miteinander verknüpft.

Das Kind wehrt sich gegen das Leben.

Atmung und Tod, Leben und Angst werden für immer aneinander gekoppelt.

Welch ein großartiger Empfang.

Wir legen den Grund zur Neurose. Wir stellen das Kind vor eine unmögliche Wahl:

Entweder es atmet und läßt sich vom Feuer verschlingen, und seine Schreie sagen uns, wie schmerzhaft dieser Brand ist,

oder es atmet nicht und macht die köstliche Erfahrung ... zu ertrinken.

Wir stellen den kleinen Matrosen vor die Wahl, in den Wellen oder in den Flammen zu verderben.

Wer dieses Gefühl noch einmal kosten möchte, der braucht nur einen Freund zu bitten, ihm Mund und Nase fest zuzuhalten,

Dreißig Sekunden genügen.

Mehr wird er kaum verlangen.«

Danach geht Leboyer auf den ersten Schrei des Neugeborenen ein: »Wenn das Kind herauskommt, wird der Brustkorb, der bis dahin aufs Äußerste zusammengepreßt war, plötzlich durch nichts mehr eingeengt und öffnet sich. Es entsteht eine Leere, in die die Luft sogleich mit Wucht eindringt. Es ist ein passiver

Vorgang. Das ist der erste Atemzug. Das ist die Verbrennung. Das Kind beantwortet diese Verletzung, indem es ausatmet. Zornig jagt es die Luft wieder hinaus. Das ist der Schrei.« Leboyer berichtet dann davon, daß das Neugeborene danach oftmals eine Weile still verharrt – »wenn wir ihm Zeit zu einer Pause lassen« ... Und er fährt fort: »Wenn wir der Natur und den kräftigen Pulsationen der Nabelschnur vertrauen, brauchen wir uns nicht einzumischen. Wir werden sehen ... daß die Atmung von allein wieder einsetzt.«

Und poetisch schließt Leboyer seine Ausführungen zu dieser Thematik:

»Laß deine groben Hände von diesem Kind.

Laß es nur machen: es weiß schon Bescheid.

Schau, wie die Wellen es ans Ufer tragen,

Woge für Woge kommt

und schiebt es noch ein wenig höher an Land.

Sieh, jetzt ist es dem Wasser entstiegen.

Die Erde hat es zu sich genommen.

Es hat sich aus der Brandung befreit

und ist bestürzt darüber.

Nicht stören.

Warten.

Es ist die Morgendämmerung.

Störe nicht jenes Morgenrot,

das sich großartig und majestätisch über alles breitet.

Warte, warte.

Wie langsam, wie gewichtig vollzieht sich der Übergang.

Dieses Kind erwacht zum ersten Mal.

Es ist noch mit einem Fuß im Reich der Träume,

der andere stößt schon an die Bettkante.

Es verläßt die Ewigkeit

und springt in die Zeitlichkeit:

Das Kind hat begonnen zu atmen.«

Margaret Mead

Margaret Mead wurde 1901 in Philadelphia, USA, geboren. Sie ist eine inernational anerkannte Kulturanthropologin und berühmt durch ihre Forschungen über Eingeborene in der Südsee in den dreißiger Jahren. 1969 wurde die Welt erneut aufmerksam, als sie ihre Vortragsreihe »Man and Nature« gehalten hatte. Sie nahm zum weltweiten Problem des Generationenkonflikts Stellung und stellte neue, radikale Positionen zur Diskussion.

In ihrem Buch »Der Konflikt der Generationen« (München 1974), das ihre Vortragsreihe zusammenfaßt, zeigt Margaret Mead die verschiedenen Gründe auf, die zu einer neuartigen Trennung der Generationen geführt haben. Im Unterschied zu früheren Kulturformen sind zu unserer Zeit Ereignisse eingetreten, »die die Beziehungen der Menschen untereinander sowie ihr Verhältnis zur natürlichen Welt unwiderruflich verändert haben. Die Erfindung des Rechenautomaten (Computer), die erfolgreiche Kernspaltung und die Erfindung der Atom- und Wasserstoffbombe, die Entdeckung der Biochemie der lebenden Zelle, die Erforschung der Erdoberfläche, die extreme Beschleunigung der Bevölkerungszunahme [und die Einsicht, daß sie mit Sicherheit zur Katastrophe führt, wenn sie anhält], das organisierte Chaos unserer Großstädte, die Zerstörung der natürlichen Umwelt, die Verbindung aller Teile dieser Welt durch Düsenflugzeuge und Fernsehen, die Vorbereitungen für den Bau von Satelliten und die ersten Schritte in den Weltraum, die neuen Einblicke in die von unbegrenzt nutzbaren Energiequellen und synthetischen Rohstoffen gebotenen Möglichkeiten sowie in den fortgeschritteneren Ländern die Umwandlung des uralten Menschheitsproblems Produktion in Verteilungs- und Konsumprobleme – das alles hat die Generationen kraß und unwiderruflich voneinander getrennt.

Noch bis vor kurzem konnten die Älteren sagen: ›Weißt du, ich war einmal jung, aber *du* warst niemals alt.‹ Heute können die jungen Leute darauf antworten: ›Ihr wart nie jung in der Welt,

in der wir jung sind, und ihr werdet es auch nie sein!«« (S. 80 f.).
Margaret Mead fährt fort: »Und weil heute alle Völker der
Welt durch die elektronische Nachrichtentechnik an ein
einziges, interkommunizierendes Netz angeschlossen sind,
machen junge Menschen überall plötzlich Erfahrungen, wie sie
kein Älterer je gemacht hat oder je machen wird. Entsprechend wird die ältere Generation im Leben der Jungen nie ihre
eigene, ebenfalls beispiellose Erfahrung einer unaufhörlichen
Folge von Wandlungsprozessen wiederholt sehen. Dieser
Bruch zwischen den Generationen ist völlig neu; er ist weltweit
und universell« (S. 82).
Margaret Mead fordert die Erwachsenenwelt auf, ihre Macht
mit den jungen Menschen zu teilen. Nur so läßt sich ihrer
Meinung nach die Zukunft bewältigen. Die Voraussetzung
hierfür liegt im Zustandekommen eines kontinuierlichen Dia-
logs der Älteren mit den Jüngeren, »in dessen Verlauf die
Jungen Eigeninitiative in vollem Umfang entfalten und den
Älteren den Weg ins Unbekannte weisen können. Dadurch
wird der älteren Generation der Zugang zu dem neuen
Erfahrungswissen eröffnet, ohne das sinnvolle Planung unmöglich ist. Eine lebensfähige Zukunft können wir nur bauen, wenn
wir die über dieses Wissen verfügenden jungen Menschen
direkt beteiligen« (S. 110).
Am Schluß ihres Buches teilt Margaret Mead uns mit, daß sie
selbst in einer Art des Miteinanders mit Erwachsenen auf-
wuchs, um die es auch in der neuen Beziehung geht – und die
mithin so neu gar nicht ist: »So, wie ich aufgewachsen war,
wären sie selber auch gern aufgewachsen: unter der Obhut
einer Großmutter und von Eltern, die nicht meinten, sie
könnten ihre Kinder in irgendwelche vorgezeichneten Bahnen
lenken. Diese Erziehung war meiner Zeit damals um fast
siebzig Jahre voraus – heute hört man von den Zwanzigjähri-
gen, daß sie ihre Kinder in Freiheit heran- und in eine Zukunft
hineinwachsen lassen wollen, die offen und nicht vorgeprägt
bleiben müsse. In gewissem Sinne verdanke ich dieser meiner
Kindheit die Kraft zu der heutigen Überzeugung, daß wir

bewußt, freudig und tatkräftig zu einer präfigurativen Kultur übergehen und in ihr unbekannte Kinder für eine unbekannte Welt erziehen können« (S. 112).

2. Kinderrechtsbewegung

(Eine zusammenfassende Darstellung der Kinderrechtsbewegung habe ich in der Broschüre »Kinderrechtsbewegung und Deutsches Kindermanifest« [*Freundschaft mit Kindern* – Förderkreis e. V. 1981] erarbeitet.)

Richard Farson

Dr. Richard Farson ist Mitbegründer des Western Behavioral Science Institut in La Jolla/Kalifornien, Psychologe und Vater von fünf Kindern. In seinem Buch »Menschenrechte für Kinder« (München 1975), diskutiert er sehr fundiert die Gleichberechtigung des Kindes und grundlegende Rechte junger Menschen. So fordert er beispielsweise folgende Rechte für jeden jungen Menschen:
Recht auf freie Wahl der Umgebung
Recht auf kindgemäße Umwelt
Recht auf Wissen
Recht auf Selbsterziehung
Recht auf Leben ohne Körperstrafe
Recht auf sexuelle Freiheit
Recht auf wirtschaftliche Betätigung
Recht auf politischen Einfluß.
John Holt, den ich als nächsten Autor vorstelle, hat diese Rechte differenziert und erweitert (s. u.), im »Deutschen Kindermanifest« habe ich sie 1980 in einer ausführlichen Liste zusammengestellt (Präambel mit 22 Artikeln). Richard Farson macht auf viele einzelne Aspekte und Details der »Emanzipation des Kindes« in seinem Buch aufmerksam, von denen ich

Ihnen einige mitteilen möchte: Sie sind Bausteine der neuen Beziehung.

»Alle gewonnenen Erkenntnisse von den psychologischen Bedürfnissen der Kinder müssen noch einmal überdacht werden. Wir haben es dann mit Kindern zu tun, die ihren Lebensweg frei gestalten und sich nicht mit dem abzufinden brauchen, was ihnen einseitig von den Erwachsenen zugebilligt wird« (S. 9), schreibt Farson über den Fall, daß der Kampf um die Rechte der Kinder Erfolg hat. Farson meint, daß »die Bürgerrechtsbewegung und andere von ihr ausgelöste Initiativen uns schließlich auf die mannigfaltigen Unterdrückungsformen unserer Gesellschaft aufmerksam gemacht (haben). Wir können nun die Kinder so sehen, wie sie sind: machtlos, unterjocht, mißachtet und vernachlässigt. Allmählich begreifen wir, wie notwendig eine Emanzipation der Kinder ist« (S. 7f.).

Auf ein weitverbreitetes Mißverständnis macht Richard Farson aufmerksam, wenn er schreibt: »Kinderemanzipation und Gewährung von Gleichberechtigung scheinen nicht zu der erst jetzt gewonnenen Einsicht zu passen, daß Kinder keine Erwachsenen en miniature seien und daß die Jugendzeit einen besonderen Lebensabschnitt mit eigenen Merkmalen und Problemen darstelle. Unter Psychologen, Eltern und Lehrern hat es nie zuvor ein größeres ›Verständnis‹ für Kinder gegeben. Aber so ein Verständnis, das sich in einer Atmosphäre anhaltender Unterwerfung der Kinder herausbildet, ist suspekt und genügt keineswegs, wenn man Kindern in einer gegen sie voreingenommenen Welt helfen will. Dieses zunehmende Verständnis ist leider nicht mit dem Gewähren von mehr Rechten verbunden« (S. 8).

Farson tritt einer gleichgültigen Gewährungshaltung den Kindern gegenüber entgegen: »Wenn man Kindern mehr Rechte zugesteht, so darf das nicht heißen, daß man sie aus der elterlichen Obhut entläßt: Man kann die Tatsache nicht leugnen, daß wir Erwachsenen ihnen manches zu bieten haben. Es darf nicht dazu kommen, daß man die Möglichkeit eines geregelten Zusammenlebens mit den Kindern gänzlich außer acht läßt. Wir Erwachsenen sollten von unserer Urteilsfähigkeit, Erfahrung, Überzeugungskraft und unserem Einfluß eher mehr Gebrauch machen. Denn schließlich wachsen Kinder dadurch in unsere Gesellschaft und Kultur hinein, indem sie die Modelle der Erwachsenen nachahmen.

Emanzipation der Kinder bedeutet also nicht die Negierung *aller* Moral, sondern der *doppelten*. Unser Verhalten wird sich auch weiterhin nach ethischen Prinzipien, Moralbegriffen, Überzeugungen und Gesetzen ausrichten. Wie sich Erwachsene gewissen Regeln, Wertmaßstäben und Vorschriften fügen, so müssen es in eigener Verantwortung auch die Kinder tun« (S. 9).

Den Erwachsenen, die Kinder schützen, stellt Farson die Erwachsenen gegenüber, die *die Rechte* der Kinder schützen. Über die erste Gruppe von Erwachsenen schreibt er, daß sie »wegen der Hilflosigkeit der Kinder besorgt (ist) und (daß sie) eine weitgehende Einschaltung der Erwachsenen (propagiert), wenn Kinder in bestimmten Situationen unterdrückt werden. Sie sieht für die Erwachsenen eine Beschützerrolle vor und versucht deren Macht und Autorität anstelle der des Kindes einzusetzen. Diese Gruppe, bei weitem die größte, konnte eine beträchtliche Anzahl von Gesetzen zum Schutz der Kinder durchsetzen und viele Praktiken aufdecken, wie Kinder ausgenützt und schikaniert werden. Verfechter dieser Couleur neigen dazu, die Unmündigkeit der Kinder und ihre Machtlosigkeit für gegeben hinzunehmen. Bedauerlicherweise haben ihre Anstrengungen ›den kleinen Kindern zu helfen‹, zu einer paternalistischen Haltung geführt und somit das Gegenteil erreicht« (S. 12f.). Über die Erwachsenen, die erkannt haben, daß der wichtigere Schutz der Schutz der Rechte der Kinder ist (und nicht der Schutz des Kindes selbst), führt Farson aus: »Verfechter der zweiten Gruppe meinen hingegen, daß Kindern letztlich dadurch am meisten geholfen sei, wenn man sich zu ihrem Schutz nicht dauernd einmische, sondern durch beharrliche Arbeit ihre vollen Bürgerrechte absichere. Da sie fest daran glauben, daß Kinder einmal selbst für sich sorgen können, laufen ihre Bestrebungen eher auf eine Emanzipation als auf eine Schutzfunktion hinaus« (S. 13).

Richard Farson erkennt deutlich, daß die Befreiung des Kindes nur über die Befreiung des Erwachsenen und eine Entlastung der Eltern geschehen kann: »Die Eltern sollen zum Beispiel genausowenig den ausgefallenen Launen eines Kindes nachgeben wie denen eines erwachsenen Familienmitgliedes. Das Ziel aller Emanzipationsbestrebungen ist schließlich die Verminderung der Möglichkeiten, einander zu unterdrücken. Eltern sind ohnehin schon überfordert und haben ihrerseits ein Recht auf Emanzipation« (S. 9f.). Und etwas später: »Wenn uns der Gedanke an eine Emanzipation der Kinder beunruhigt, sollten wir uns daran erinnern, daß die Forderung nach mehr Rechten für Kinder nicht auf die Zerstörung des Familienlebens abzielt, sondern auf seine Bereicherung. Die Erziehung soll nicht abgebrochen, sondern erweitert werden. Die Bande zwischen Erwachsenen und Kindern werden dadurch fester geknüpft und nicht zerrissen. Man will die Eltern befreien und sie nicht verunsichern. Die Überlebensfähigkeit der Gesellschaft soll dadurch nicht bedroht, sondern gefördert werden« (S. 10f.).

John Holt

John Holts Buch »Zum Teufel mit der Kindheit« (Wetzlar 1978) ist wohl *das* Standardbuch der Kinderrechtsbewegung. Ausführlich, rücksichtsvoll und freundlich klärt uns der berühmte amerikanische Kinderrechtler über die Rechte junger Menschen auf. John Holt hat in den USA zahlreiche Veröffentlichungen in Millionenauflage geschrieben, und es gibt nun auch eine Kinderrechtsorganisation, die seinen Namen trägt: »John-Holt-Association«. Die Kinderrechtsbewegung ist in den USA weiter als bei uns – sie begann dort ja auch bereits vor 10 Jahren. Die Zeit berichtete 1980, daß es zahlreiche Eltern in den USA gibt, die ihre Kinder nicht mehr in die Schule schicken, es entstand eine Home-schooling-Bewegung, zu deren Sprecher sich John Holt machte. Er gibt eine Zeitschrift heraus, in der diese Eltern darüber informiert werden, welche Rechtsmittel sie in Anspruch nehmen können, wenn die Schulbürokratie Schwierigkeiten macht. Holt ist selbst Lehrer gewesen und er erkannte nach jahrelangen Versuchen, das Schulwesen zu verbessern, daß dies nicht gelingen konnte: »Weil die Schulen sich stur weigern, die Verantwortung für die Ergebnisse ihres Unterrichts zu übernehmen. Wieviel einfacher ist es doch, Schüler als lernbehindert abzustempeln statt herauszufinden, warum sie Schwierigkeiten haben«.*

John Holt ist in Sachen Schule so eindeutig wie in allen anderen Dingen, die er über unsere Beziehungen zu Kindern sagt: »Ich will, daß sie das Recht haben, bestimmen zu können, wann, wieviel und von wem sie unterrichtet werden, und darüber entscheiden zu können, ob sie in einer Schule lernen wollen, und wenn ja, in welcher Schule und für wieviele Stunden am Tag. Kein Menschenrecht – vom Recht auf Leben selbst abgesehen – ist fundamentaler als dieses. Die Freiheit des Menschen, zu lernen, ist Teil seiner Gedankenfreiheit und noch grundlegender als seine Redefreiheit. Wenn wir jemandem das Recht nehmen, selbst zu bestimmen, worüber er neugierig sein wird, zerstören wir seine Gedankenfreiheit. Letzten Endes sagen wir ihm damit: du darfst nicht über das nachdenken, was *dich* interessiert und betrifft, sondern nur über das, was *uns* interessiert und betrifft« (Zum Teufel mit der Kindheit, S. 188).

John Holt schreibt, daß er erst in den letzten Jahren sich zu fragen begann, ob es für junge Menschen nicht andere oder bessere Lebensmöglichkeiten geben könnte als »Kind« zu sein. »Inzwischen bin ich zu der Auffassung gelangt, daß die Tatsache, ›Kind‹ zu sein, d. h. völlig unterwürfig und abhängig zu sein, von älteren Menschen als eine Mischung aus kostspieligem Quälgeist, Sklave und behätscheltem Schößling betrachtet

* *DIE ZEIT,* Nr. 28 vom 4.7.80, S. 51.

zu werden, den meisten jungen Menschen mehr schadet als nützt. Ich schlage vor, die Kindheit zu ersetzen, indem wir jedem jungen Menschen, gleich welchen Alters, alle Rechte, Privilegien, Pflichten und Verantwortlichkeiten *zugänglich* machen, damit er sich ihrer bedienen kann, wenn er möchte« (S. 13).

Im Kapitel »Über den Gebrauch des Wortes ›Rechte‹« macht John Holt deutlich, in welchem Sinne die Kinderrechtsbewegung vom ›Recht des Kindes‹ spricht: »Es wird heutzutage viel über die ›Rechte‹ von Kindern geschrieben. Viele Autoren gebrauchen dieses Wort in dem Sinne, daß Kinder etwas haben sollten, mit dem wir wohl alle einverstanden sind: ›Das Recht auf ein gutes Zuhause‹ oder ›Das Recht auf eine gute Erziehung‹. Ich verstehe demgegenüber unter dem Wort dasselbe, was gemeint ist, wenn von den Rechten Erwachsener die Rede ist. Ich bestehe darauf, daß das Gesetz den Kindern und Jugendlichen die gleichen Freiheiten einräumt und garantiert, die es heute Erwachsenen einräumt, damit sie bestimmte Entscheidungen treffen, bestimmte Dinge tun und bestimmte Verantwortungen tragen können. Dies bedeutet umgekehrt, daß das Gesetz *gegen* jeden vorgehen sollte, der die Kinder und Jugendlichen an der Ausübung ihrer Rechte hindern will« (S. 114).

Daß die Einräumung von Rechten nicht automatisch bedeutet, daß von ihnen nun auch Gebrauch gemacht werden sollte, sondern daß die Inanspruchnahme eines Rechtes der Entscheidung eines jeden einzelnen jungen Menschen vorbehalten bleibt, zeigt Holt an einem Beispiel: »Wenn mir beispielsweise das Gesetz das Recht gibt, an Wahlen teilzunehmen, dann heißt das noch lange nicht, daß ich auch wählen muß. Das Gesetz *gibt* mir keine Wahlstimme. Es sagt lediglich, daß es, wenn ich wählen gehen will, gegen jeden vorgehen wird, der mich daran hindern will« (S. 114). Und er fährt allgemein fort: »Wenn es mir diese Rechte gibt, sagt das Gesetz nicht, was ich tun muß oder tun soll. Es sagt lediglich, daß es niemandem erlauben wird, mich an diesen Dingen zu hindern« (S. 114f.).

Zu den Rechten junger Menschen – gleich welchen Alters – zählt John Holt (S. 13 f.):

1. Das Recht auf gleiche Behandlung vor dem Gesetz – d. h. das Recht, in jeder Situation nicht schlechter behandelt zu werden als Erwachsene.
2. Das Recht, zu wählen und vollen Anteil am politischen Leben nehmen zu können.
3. Das Recht, für sein Leben und seine Taten die rechtliche Verantwortung zu tragen.
4. Das Recht, für Geld zu arbeiten.
5. Das Recht auf ein Privatleben.
6. Das Recht auf finanzielle Unabhängigkeit und Verantwortung – d. h. das Recht, Eigentum zu besitzen, zu kaufen und zu verkaufen, Geld zu leihen, Kredite zu gewähren, Verträge abzuschließen etc.
7. Das Recht, sein Lernen selbst zu lenken und zu verwalten.
8. Das Recht, zu reisen, außerhalb seines Elternhauses zu leben, sein eigenes Zuhause zu wählen oder zu begründen.
9. Das Recht, zu bekommen, was immer der Staat seinen erwachsenen Bürgern an Minimaleinkommen zusichert.
10. Das Recht, auf der Grundlage gegenseitiger Übereinstimmung familienartige Beziehungen außerhalb seiner unmittelbaren Familie zu begründen und anzuknüpfen – d. h. das Recht, andere Personen als seine Eltern zum Vormund zu erwählen und sich in ihre Abhängigkeit zu begeben.
11. Das Recht, generell alles zu tun, was jeder Erwachsene im Rahmen der Gesetze tun darf.

John Holt ist sich bewußt, daß diese Rechte nicht von heute auf morgen Wirklichkeit für junge Menschen werden und daß dies von vielen Faktoren abhängt. So kann meiner Meinung nach ja beispielsweise eine weite Verbreitung der neuen Beziehung dazu beitragen, daß sich die politische Situation und die Grundeinstellung der Erwachsenenwelt so ändern, daß die Forderungen der Kinderrechtsbewegung nach und nach erfüllt werden. John Holt hierzu: »Die Veränderungen, auf die ich dränge, werden mit Sicherheit nicht alle auf einmal eintreten.

Wenn sie überhaupt stattfinden werden, dann wird es sich um einen Prozeß handeln, um eine ganze Reihe von Schritten, die über mehrere Jahre hinweg vollzogen werden. So haben wir kürzlich das Mindestalter für Wahlberechtigte von 21 auf 18 Jahre gesenkt. Wir sollten es noch weiter senken, auf 16 oder 15 Jahre und später dann auf 14 und 12 Jahre und so fort, bis diese Barriere und alle anderen Schranken, die jungen Menschen die Möglichkeit zu wirklicher, selbständiger und verantwortungsvoller Teilnahme am Leben ihrer Umwelt vorenthalten, vollauf beseitigt sind« (S. 15). Und John Holt schließt: »Doch dies wird Zeit brauchen, und vielleicht ist es auch am besten so.«

Ekkehard v. Braunmühl

Ekkehard v. Braunmühl ist freier Publizist und Antipädagoge in Wiesbaden und Vater von zwei Kindern. Nach zahlreichen Veröffentlichungen in Zeitschriften und Rundfunksendungen schrieb er 1975 die »Antipädagogik« (Weinheim 1975) als erstes deutsches Buch im Bereich der neuen, erziehungsfreien und gleichberechtigten Eltern-Kind-Beziehung. v. Braunmühls Buch ist eine sehr detaillierte und fundierte Kritik an der Pädagogik, der er die Menschenrechte des Kindes gegenüberstellt. »Pädagogisches Denken, die Erziehung der Kinder nach vorgegebenen Zielen und erzieherischer Ehrgeiz haben zu einem Erziehungskrieg zwischen Erwachsenen und Kindern geführt. Erst die Überwindung einer solchen pädagogischen Einstellung kann autonomes Lernen ermöglichen, die Unantastbarkeit der Würde des Kindes gewährleisten und Kinderfeindlichkeit abbauen« (Klappentext).
Ekkehard v. Braunmühl ist es zuzuschreiben, daß Deutschland den Anschluß an die internationale Entwicklung fand, die nach einer neuartigen Erwachsenen-Kind-Beziehung Ausschau hält. 1976 erschien das Buch »Die Gleichberechtigung des

Kindes« (Frankfurt), in dem v. Braunmühl zusammen mit dem Familienrichter Helmut Ostermeyer und dem Pädagogikprofessor Heinrich Kupffer bereits formale Forderungen zur Verwirklichung der Menschenrechte des Kindes erhebt: zum Beispiel fordert er eine Erweiterung des Grundgesetzartikels 3, in dessen Absatz 2 es heißt: »Männer und Frauen sind gleichberechtigt.« Die erweiterte Fassung soll lauten: »Männer, Frauen und Kinder sind gleichberechtigt« (S. 175).

Ekkehard v. Braunmühl gehört zu den wichtigsten Wegbereitern von *Freundschaft mit Kindern*, in persönlichen Gesprächen haben wir die theoretischen Grundlagen der neuen Beziehung oft erörtert. Heute arbeitet v. Braunmühl als der erfolgreichste deutsche Kinderrechtler. In unzähligen Informationsveranstaltungen spricht er die Menschen persönlich an, informiert sie über die Alternative zum althergebrachten Oben-Unten und ermutigt sie, einen eigenen, erziehungsfreien Weg zu ihren Kindern zu finden.

Ich stelle Ihnen aus der »Antipädagogik« einige wichtige Aussagen vor, die mit zu den Grundlagen von *Freundschaft mit Kindern* gehören. Die antipädagogische Komponente der neuen Beziehung steht in der kompromißlosen Tradition der Aufklärung – und wenn ihre Aussagen auch scharf und ätzend sind, so sind sie dennoch wahr! Die neue Beziehung erhält ihre Kraft zum Konstruktiven gerade auch durch eine Bereinigung im Grundsätzlichen und durch den radikalen Bruch mit der pädagogischen Tradition. Es ist, als ob zur Friedlichkeit von *Freundschaft mit Kindern* nur der kommen kann, der die Berechtigung der aggressiven antipädagogischen Erkenntnisse akzeptiert hat und ihnen ohne Schaden zu nehmen standhalten kann.

In der »Antipädagogik« macht Ekkehard v. Braunmühl die Grundzüge der pädagogischen Erwachsenen-Kind-Beziehung deutlich, gesehen aus der kinderrechtsorientierten und antipädagogischen Position:

»(Das Kind) kann entweder – wenn es sich respektiert weiß, wie es ist – seine eigene Lage aktiv und unvoreingenommen erforschen, oder es muß – wenn es erzogen wird – seine Energien in Abwehrkämpfen verschleißen, die zu Resignation oder blinder Wut führen« (S. 77).

»Der Anspruch, andere Menschen zu verbessern, zu ändern, kann durch keinen Trick der Welt mit den Ideen von Toleranz, Respekt, Vertrauen in Übereinstimmung gebracht werden. Von Demokratie gar nicht zu reden« (S. 80).

»Der Anspruch, andere Menschen in ihren »Grundstrukturen« zu formen (nach Hans Aebli), ihnen »Ziele der Lebensgestaltung«, den »Kurs fürs Leben« zu setzen, darüber zu bestimmen, was sie als »lebenswert« betrachten (nach Behrendt), sie zur »Verinnerlichung gleichbleibend dominanter Motivationen« zu zwingen (nach Ernest Jouhy), dieser Anspruch ist es, der mit dem Begriff »Erziehung« gekennzeichnet ist. Ihn zu durchschauen als seinem Wesen nach intolerant, mißtrauisch, totalitär und auf Entselbstung zielend, ist die Voraussetzung dafür, die Erziehung nicht nur als überflüssig..., sondern als kinder-, menschen-, lebensfeindlich, als verbrecherisch zu erkennen« (S. 78).

v. Braunmühls antipädagogische Position läßt ihn die pädagogische Deutung der Dominanz in der Erwachsenen-Kind-Beziehung genau andersherum sehen: »Nun kann am Extrembeispiel des Säuglings gezeigt werden, daß die Konstruktion der erzieherischen Herrschaft und Autorität, der ›empirisch‹ notwendigen Dominanz der Gewachsenen, der Realität nicht standhält. Die umgekehrte Konstruktion erweist sich als empirisch weitaus besser belegt. Denn in Wahrheit dominiert, wie jede einigermaßen ›funktionierende‹ Mutter weiß, der Säugling. Eine vernünftige – im Gegensatz zu einer lieblosen oder erziehenden – Mutter beansprucht nicht Autorität oder Dominanz, sondern sie ist ihrem Säugling gehorsam, einfach weil er so abhängig und darauf angewiesen ist« (S. 224).

Dieser Gedanke antipädagogisch weitergedacht: »Eine Mutter, die nicht solche Anerkennung fordert (ihr Kind unterwirft), sondern sich über die wirklichen Kompetenzverhältnisse Gedanken macht, kommt schnell auf antipädagogische

Ideen. Sie erkennt, daß nicht sie, sondern der Säugling sowohl weiß als auch signalisiert, was ihm jeweils fehlt« (S. 224). Und v. Braunmühl folgert: »D. h. der Säugling besitzt (vor aller Bewußtheit) die Wahrnehmungs- und Kommunikationskompetenz und ist *von Anfang an* zur Selbstbestimmung fähig« (S. 224).

Eltern können – und werden dies in aller Regel auch tun – die selbstbestimmten Mitteilungen des Säuglings mehr oder weniger gut verstehen und ihnen nachkommen – kraft ihrer »komplementären Kommunikations- und Handlungskompetenz« wie v. Braunmühl sagt (S. 225).

v. Braunmühl bringt den Unterschied von pädagogischem und antipädagogischem Denken auf den Punkt: »Aus der Tatsache also, daß die Mutter das Fläschchen bereitet und bringt, zu schließen, sie sei (›empirisch notwendig‹) die Dominanz- und Autoritätsperson, mag zwar ›pädagogisch‹ eine ›Paradoxie‹ (Mollenhauer) stiften – außerhalb solchen Denkens ist es schlicht absurd« (S. 225). »Außerhalb solchen Denkens« – genau dies ist es, was die pädagogische Kultur uns nicht mehr gestattet hat: Die Pädagogik hat das Denkmonopol für die Erwachsenen-Kind-Beziehung gehabt, bis Ekkehard v. Braunmühl die Kraft und das Genie fand, sich außerhalb zu stellen, gleichsam die (pädagogische) Welt aus den Angeln zu heben. v. Braunmühls Aussagen befreien uns von einer alltäglichen Absurdität: Den Umgang von Erwachsenen und Kindern *pädagogisch* zu sehen.

Um das Ideologische an Erziehungsaussagen zu erkennen, braucht man sie oft nur umzukehren. v. Braunmühl bringt ein weiteres Beispiel: »Wenn eine Psychoanalytikerin z. B. erklärt: ›Je jünger das Kind ist, um so mehr braucht es das Gehorchen als Grundlage seiner kindlichen Existenz‹ (Frances G. Wickes, Analyse der Kinderseele, Zürich 1969, S. 98) – dann ist diesem Satz zuzustimmen, sofern man das Subjekt des Gehorchens (Wickes meint natürlich das Kind) als die Mutter ansieht« (S. 229).

Gegen die antiautoritäre Bewegung grenzt sich die Antipädagogik insbesondere durch das »Notwehrprinzip« ab, das die Autorität des Erwachsenen gleichberechtigt neben die Autorität des Kindes stellt. v. Braunmühl spricht dieses Prinzip an, als er sich mit der Forderung der Pädagogik auseinandersetzt, man *müsse* den Kindern Grenzen setzen – aus pädagogischen Überlegungen heraus, nicht weil sich dies im täglichen Miteinander zwangsläufig von selbst ergibt: »Kinder brauchen keine pädagogischen Forderungen, um ein realistisches Selbstwertgefühl zu entwickeln; die Erwachsenen brauchen lediglich in schlichter authentischer Selbstachtung nach einer Art Notwehrprinzip ihre Eigenbereiche abgrenzen und kindliche Übergriffe weder herauszufordern noch sich gefallen zu lassen« (S. 230).

Diese Art der spontanen, nicht-pädagogischen, sich aus der jeweiligen Situation ergebenden Grenzen, die Erwachsene für die Kinder darstellen, finden sich auch bei Carl R. Rogers Ausführungen über die neue Familie: »Dies ist ein expandierender Prozeß, wobei dem Kind und dem Jugendlichen ein wachsendes Maß an Autonomie zugestanden wird, eine Autonomie, der nur die Gefühle der engsten Bezugspersonen des Kindes Grenzen setzen« und »In ihrem Leben gibt es somit nur zweierlei Arten von Disziplin: Die Selbstdisziplin, die stets mit der verantwortungsbewußten Autonomie einhergeht, und die flexiblen Grenzen – und somit die Disziplin –, die von den Gefühlen der Menschen in ihrer Umgebung gesetzt werden« (Carl R. Rogers, Die Kraft des Guten, München 1978, S. 43).

Daß es in der Antipädagogik nicht darum geht, daß sich alles nach dem Lustprinzip zu richten habe, wird deutlich, wenn v. Braunmühl Unlusterfahrungen – wegen des Notwehrrechts der Erwachsenen beispielsweise – akzeptiert, er sich jedoch gegen die erzieherisch angezettelten Unlusterfahrungen wehrt: »(Das) ›Notwehrprinzip‹ (macht) Angriffe auf das Kind ... überflüssig und (läßt) dadurch ein autonomes Ich sich entwickeln. Es spart dem Kind nicht Unlusterfahrungen, aber Erziehung (›sinnlosen Dialog‹) mit allen notwendigen Folgen« (S. 235).

Ich schrieb in der Einführung (S. 11), daß ich auf den Namen *Freundschaft mit Kindern* durch einen kleinen Abschnitt in Ekkehard v. Braunmühls Buch »Antipädagogik« kam: »Freunde können sich kritisieren, spontan beschimpfen, helfen, streiten, erklären, sich Gedanken machen, wie sie dem anderen eine Freude bereiten, einen Streich spielen, aber sobald einer auf pädagogische Ideen käme..., hätte er der Freundschaft den Boden entzogen« (S. 235), »Wenn Freunde sagen, sie können sich aufeinander verlassen, so bedeutet dies im Kern, der andere akzeptiert sie, wie sie sind« (S. 235), »Freundschaft mit Kindern, so wenig sie sich erzwingen läßt, so total läßt sie sich verhindern, sobald Erziehung/Pädagogik mitspielt, denn dadurch wird Feindschaft konstituiert, wie freundlich es auch zugehen (und sogar gutgemeint sein) mag« (S. 236).

3. Die Indianer Nordamerikas

Uwe Stiller hat ein sehr gründliches und faszinierendes Buch über die Indianer Nordamerikas vorgelegt: »Das Recht anders zu sein«, erschienen 1977 (Berlin). In ständiger Auseinandersetzung mit rund 100 Quellen zeigt er uns eine neue, realistische Sichtweise indianischer Kultur. Viele Stämme lebten mit ihren Kindern erziehungsfrei, d. h. ohne erzieherischen Anspruch zusammen, und es war ihnen ein Greuel, zu erleben, wie die Europäer mit ihren Kindern umsprangen. Ich stelle Ihnen einige Passagen aus dem Kapitel »Erziehung – das Recht anders zu sein« vor und möchte damit zeigen, daß die neue Beziehung in anderen Kulturen durchaus Tradition hat – daß sie also tatsächlich schon lange Zeit im Miteinander von Menschen »funktioniert« hat. Das Wissen um den indianischen Umgang der Erwachsenen mit ihren Kindern kann uns helfen, Angst vor der neuen Beziehung zu verlieren.

»Die Indianer hielten die Weißen im Umgang mit ihren

Kindern für brutal – auf der einen Seite wurden die Kinder verhätschelt, auf der anderen Seite wurden sie argwöhnisch beobachtet, gegängelt und bestraft oder die Kinder wurden zum Gegenstand eines Wettbewerbs zwischen den Eltern gemacht. Die Indianer glaubten, daß Kinder, die so aufwuchsen, nur zu unselbständigen Spielzeugen werden könnten« (zitiert auf S. 38).

»Die Menschenwürde respektieren bedeutet, daß man auch Kindern Respekt erweist. Eingeborene Kinder sind freie Wesen, mit dem Recht, ihr Schicksal selbst zu bestimmen. Europäische Kinder sind leere Behälter, in die die Maßregeln der Eltern gefüllt werden, oder die von repressiven Schulen geduckt werden. Gerade in ihrem Verhältnis zur Erziehung werden die Unterschiede des europäischen und amerikanischen Denkens (mit amerikanisch ist hier indianisch gemeint; U. St.) offensichtlich. Die Weißen sagen, ›ich erziehe ein Kind‹ oder ›ich ziehe ein Kind auf‹, – der indianische Standpunkt ist mehr, »ich werde mit dem Kind leben« (zitiert auf S. 34).

Uwe Stiller zitiert Lame Deer, Minneconjou-Medizinmann: »Für uns ist ein Mensch, was die Natur oder seine Träume aus ihm machen. Wir akzeptieren ihn, so wie er ist – das ist seine Sache« (S. 35). Und zum »Recht anders zu sein« stellt er eine weitere Quelle vor: »Für die Philosophen der Ureinwohner Nordamerikas gibt es nichts Dümmeres, als alle Menschen als gleich zu betrachten. Sicherlich sollte man alle Menschen als ›von gleicher Größe‹ sehen – kein Mensch hat Vorrechte vor anderen. Das ist im sozialen Handeln der Eingeborenen selbstverständlich und tief verwurzelt. Aber jedes Individuum, jedes Ding in der Schöpfung hat einen einzigartigen Geist und Charakter, der erkannt und respektiert werden muß im Zusammenleben der Menschen. ›Das Recht anders zu sein‹ ist ebenso wichtig wie das Recht ›gleich zu sein‹« (zitiert auf Seite 35).

Verhätscheln; gängeln; leere Behälter; erziehen einerseits – ihr Schicksal selbst bestimmen; mit dem Kind leben; wir akzeptieren es, so wie es ist; das Recht anders zu sein andererseits: Dies entspricht dem Einerseits – Andererseits von Pädagogik und Antipädagogik, von alter und neuer Beziehung.

Uwe Stiller schreibt über den Unterschied zwischen der indianischen und der europäischen Kultur in bezug auf das Recht anders zu sein: »Die Möglichkeit des vielleicht eine neue Methode Entdeckens – das ist ein Charakteristikum einer offenen Gesellschaft, einer Gesellschaft, die offen für jede neue Erfahrung ist. In der westlichen Gesellschaft hat der Künstler die Möglichkeit von neuen Erfahrungen, von der Um- und Neudefinierung von Begriffen, zum Teil steht diese Möglichkeit auch Wissenschaftlern offen, egal, die europäische Gesellschaft hält sich professionelle Erfahrungssammler – während diese Möglichkeit indianischen Kindern als eine Selbstverständlichkeit gegeben war. Und sie wurden dabei von den Erwachsenen durchaus ernst genommen« (S. 41).

Stiller veranschaulicht das Recht anders zu sein – das Recht ohne erzieherischen Anspruch der Erwachsenenwelt aufwachsen zu können: »So wollte ich zum Beispiel einmal zum Jagen gehen. Die Älteren wußten, daß ich nicht über den Fluß kommen konnte, weil er über die Ufer getreten war. Aber sie sagten nichts. Sie ließen mich gehen und ich sagte ihnen noch, daß ich sie später wieder treffen würde, und sie sagten o.k. und wußten doch die ganze Zeit, daß ich nicht an das andere Ufer gelangen konnte. Aber sie sagten es mir nicht, sie ließen es mich erfahren... Außerdem hätte es natürlich sein können, daß ich doch über den Fluß gekommen wäre, wo sie es nicht konnten, vielleicht eine andere, neue Methode entdeckt hätte« (zitiert auf S. 41).

Mich hat dieses Beispiel fasziniert: Die Erwachsenen ließen dieses Kind seine eigenen Wege gehen. Ich fühle mich in dieses indianische Kind hineinversetzt und spüre die ungeheure Energie, die in mir lebt, wenn ich meine Wege gehen kann...

VII Anfang und Unterstützung

1. Ich will damit anfangen

Ich möchte Ihnen einige Hinweise geben, etwas von meinem Know-how weitergeben, wenn Sie sich entschlossen haben, mit der neuen Beziehung anzufangen. Dabei ist mir klar, daß Sie wohl andere Wege gehen werden als ich. Aber es könnte vielleicht nützlich sein, Ihnen etwas von meinen Überlegungen für den Anfang in der neuen Beziehung mitzuteilen.

Sie könnten mit einer Versuchshaltung beginnen. »Mal sehen, wie das mit *Freundschaft mit Kindern* gehen soll.« Nicht alles beim ersten Mal perfekt hinbekommen, sondern einfach mal versuchen. Mich hat die Versuchs-Haltung immer sehr entlastet: Da hat man einfach mehr Zeit, man kann dies und das ausprobieren, es kommt nicht so darauf an. Weniger Streß, mehr Gelassenheit.

Und überhaupt: Es kann ja nichts schiefgehen. Wer könnte denn tatsächlich kommen und sagen, daß Sie dies *so* aber unmöglich machen können? Ich wünsche sehr, daß weder ich als Autor dieses Buches und Gründer der *Freundschaft mit Kindern*-Bewegung noch die anderen, die die neue Beziehung bereits praktizieren, jemals Angstfiguren werden für die, die den neuen Weg für sich erobern wollen. Ich setze darauf, daß Sie mir abnehmen, daß ich Sie in Ruhe Ihren eigenen Weg gehen lasse. Wer die neue Beziehung für sich übernimmt, wer sie aus innerer Überzeugung zum Teil seines Lebens macht, dem kann da niemand wirklich reinreden. Sie beginnen damit, im Umgang mit den Kindern Ihr eigener Chef zu sein, alle bisher gültigen Vorschriften für das Miteinander zu überprüfen und alles beiseite zu schieben, was Sie nicht als selbstbestimmte Eltern akzeptiert.

Die alte Bezugsebene war die der Pädagogik, und sie war voller Regeln und Vorschriften, wie man sich den Kindern gegenüber zu verhalten hat. Alle Spielarten auf dieser Ebene enthalten solche Vorschriften: Methoden, Strategien, Ziele usw. Die neue Beziehung setzt auf Sie als souveräne Eltern – das ist die Grundlage. Und von dort aus sind Sie gefragt, Sie sagen als Chef, was für Sie gültig sein soll und was nicht. Es geht um Ihre eigenen Möglichkeiten, um Ihr Gefühl, um Ihre Wärme, um Ihre Wünsche. Wir bringen uns selbst ein – die Person, die wir sind.

Es gibt unzählige pädagogische Regeln. Die neue Beziehung kennt nur die eine Grundlage, aber keine weiteren Regeln: »Ich vertraue mir selbst.« Danach ist alles offen und in die Selbstbestimmung und Selbstverantwortung jedes einzelnen von uns gestellt.

Wenn Sie anfangen, kann nichts schiefgehen. Es gibt keine neuen Verhaltensregeln, die man vielleicht verfehlen könnte. Sie sind der Chef des Unternehmens. Sie gehen in unbekanntes Land. Wer will da sagen, welcher Schritt für diese Menschen – für Sie und Ihre Kinder – der richtige oder der falsche ist? Das, was Sie und Ihre Kinder jetzt neu ausprobieren, hat noch kein Mensch vor Ihnen getan, denn niemand ist so wie Sie und wie Ihre Kinder sind. Man kann Menschen nicht mit Recht vergleichen, parallel setzen, aneinander messen. Wer dies tut, verfällt dem Fehler, naturwissenschaftliche Denkweise auf die Beziehungen von Menschen zu übertragen.

In neues, unbekanntes Land gehen nie richtige oder falsche Schritte, sondern nur tastende. Sie können sich korrigieren, dasselbe noch einmal versuchen, abbrechen, beschleunigen, umkehren, zurückkommen. Niemand kann bei Ihrem Beginn Schiedsrichter spielen. Und selbst, wenn Sie erkennen, daß die neue Beziehung nichts für Sie ist, ist dies kein Scheitern, sondern Ihre Erfahrung, Ihr Weg mit der neuen Beziehung.

Das neue Miteinander ist eine Einladung, aber keine Aufforderung. Es ist ein Angebot: »Sie könnten *so* mit Ihren Kindern leben.« Aber Sie müssen es nicht tun. Die neue Beziehung ist ohne Anspruch an die anderen ringsum. (Dies unterscheidet sie übrigens von der Kinderrechtsbewegung, die ja durchaus – politische – Forderungen und Ansprüche an die Erwachsenenwelt enthält. Die neue Beziehung ist der Kinderrechtsbewegung verwandt, in ihren Grundaussagen – aber sie ist ohne ihre Ansprüche.)

Nun – Sie sind eingeladen. Wenn Sie mögen, fangen Sie an. Sie können keine Fehler machen. Niemand weiß an Ihrer Stelle, was gut für Sie ist. Sie sind der Chef des Unternehmens.

Ich war mir immer meiner Souveränität beim Verwirklichen der neuen Beziehung bewußt. Es war ein sehr befreiendes Gefühl. Ich konnte tun wie mir der Sinn stand. »Mal sehen, was passiert. Ich vertraue mir und ich vertraue euch (den Kindern). Wir mögen uns. Wir werden sehen, wo es uns hinführen wird.« Und mit der Zeit dachte ich über diese Frage auch nicht mehr nach, es war alles so klar. Und heute lebe ich tatsächlich drauflos, wenn ich mit Kindern zusammen bin. Nicht »wild drauflos«, sondern im Vertrauen auf mich und die Kinder drauflos. Es bricht nicht das Chaos aus, wenn ich mich meinem Gefühl und dem Vertrauen in die Kinder überlasse. Solche Befürchtungen haben die, die den Zugang zu ihren eigenen Möglichkeiten nicht mehr kennen. Ich habe im Zusammensein mit Kindern meine Ursprünglichkeit, Spontaneität, Lebensfreude zurückgefunden. Es ist ein verantwortetes Drauflos, das uns nicht bremst, sondern befreit. Es ist der Spaß des Augenblicks zurückgekehrt, die Freude am Leben, die niemals wirklich böse Folgen hat.

Ich möchte Ihnen außer etwas Grundsätzlichem für den Beginn – etwas über meine Grundhaltung des Beginnens – auch etwas Konkretes für den Anfang sagen.

Sie können mit der neuen Perspektive einmal Kinder beobachten. Sie könnten nachmittags zum nächsten Spielplatz gehen und einfach zusehen. Was tun die Kinder? Was sagen ihre Gesichter? Was spüren Sie, wenn die Kinder sprechen? Welche Gefühle tauchen in Ihnen auf, wenn Sie die Stimmen der Kinder hören, was klingt in Ihnen nach? Wie streiten sich die

Kinder? Wie verhalten sich dann die Erwachsenen? Läßt sich merken, wenn Erwachsene sich in die Angelegenheiten von Kindern einmischen? Was liegt in der Luft, wenn der Zweijährige sich mit dem Sand beschäftigt, wenn die Dreijährige dort herumklettert, wenn die Sechsjährigen Fangen spielen? Wie managen die Kinder einen Problemfall? Wie gehen sie mit Konflikten um? Wie reagieren die Kinder auf Erwachsene? Wie sind die Kinder, die allein gekommen sind, im Unterschied zu den Kindern, die mit Erwachsenen da sind? Wie gehen die Kinder mit den mitgebrachten Spielsachen um? Wie wollen die Erwachsenen, daß die Kinder damit umgehen? Ein Spielplatz ist ein fantastisches Beobachtungsfeld. Sie können es immer wieder nutzen.

Sie können mit der neuen Perspektive zu handeln anfangen. Beginnen Sie auch wieder mit fremden Kindern. Die Tochter Ihrer Bekannten, der Sohn Ihrer Schwester. Sie haben dort ja nicht die »Erziehungsverantwortung«. Sagen Sie doch den Eltern, daß Sie mit dem Kind einmal alleine etwas unternehmen wollen. Sie gehen in den Zoo. Oder zum Eisessen. Oder einfach zusammen Einkaufen. Oder Sie fragen das Kind, was Sie zusammen tun könnten. Oder Sie warten ab, ob das Kind sich mit Ihnen beschäftigen möchte, Sie sind heute zu ihm gekommen und haben Zeit. Den Eltern sagen Sie, daß Ihnen viel über das Miteinander mit Kindern durch den Kopf geht, und daß Sie sich gern einmal mit einem Kind, das nicht Ihr eigenes ist, über dies und das klarer werden möchten. Bei den eigenen Kindern hat man oft zu wenig Distanz, gerade am Beginn der neuen Beziehung.

Sie können mit der neuen Perspektive zu anderen Eltern gehen und gemeinsam mit ihnen überlegen, wie man mit der neuen Beziehung beginnen kann. Sie könnten einen »Kindertausch« verabreden: Sie laden die Kinder Ihrer Freunde zu sich nach Hause ein, und umgekehrt. Wenn Sie mit den fremden Kindern entdecken, was Sie schon alles tun können an gleichberechtigtem und erziehungsfreiem Miteinander, dann können Sie vielleicht schon dies oder das in die Beziehung zu Ihren

Kindern übertragen. Natürlich können Sie auch sofort mit Ihren eigenen Kindern beginnen, aber meine Erfahrung ist, daß es mit den fremden leichter geht.

Ich glaube, es ist auch sehr wichtig, nicht aus dem Auge zu verlieren, daß Sie etwas für sich selbst tun. Nicht in erster Linie für die Kinder. Sie möchten ein neuer Erwachsener werden. Wenn Sie gelegentlich daran denken, könnte es helfen, alte Fallgruben zu umgehen: »Ich tue das doch nur zu eurem Besten.« Nichts da – Sie tun, was Sie tun, für sich selbst. Dies hat natürlich Auswirkungen für die Kinder, ja sicher, und auch gute Auswirkungen, wie sich schnell feststellen läßt. Aber es kommt nicht allein aus der Sorge um das Wohl der Kinder, sondern zunächst aus der Sorge um sich selbst. Wir wollen nicht mehr diese Eltern sein, die Kinder nach dem Oben-Unten-Schema behandeln – weil uns dies unangenehme Gefühle macht. Also hören wir auf damit und beginnen etwas Neues. Und wir suchen uns etwas Schönes und Befreiendes aus, etwas, das uns den Frieden in unserer Familie sichert. Mit diesem Beginn tun wir dann auch etwas für das Wohl der Kinder.

2. Allein aktiv sein

Jeder kann die neue Beziehung für sich selbst und in seiner Familie verwirklichen. Aber man kann auch darüber hinaus aktiv werden, um draußen für die neue Beziehung zu werben oder um andere unmittelbar zu unterstützen. Jeder kann die Initiative ergreifen, den privaten Bereich verlassen und öffentlich tätig werden.

Mir ist es nicht leicht gefallen, die Erfahrungen, die ich mit der neuen Beziehung gemacht hatte, so »öffentlich auszubreiten«. Aber es gibt dann einmal den Punkt, an dem man sich sagt, daß es vielleicht doch wichtig ist, andere über eigene Erfahrungen zu informieren. Daß die Ergebnisse meiner Forschung wichtig waren, war mir stets klar. Die Gespräche mit Carl R. Rogers und der Kontakt zum amerikanischen Children's Rights Movement bestärkten mich, sie allgemeinverständlich öffentlich zu machen. Es kam nur darauf an, den Absprung für die Arbeit in der Öffentlichkeit zu finden, und eines Tages war es dann soweit: Als ich erstmals zaghaft von meinen Erfahrungen mit Kindern im Kinderschutzbund Münster berichtete und Jans-Ekkehard Bonte, der damalige Vorsitzende des Ortsverbandes, ganz selbstverständlich mein Positionspapier an alle Mitglieder schickte. Der Schritt in die Öffentlichkeit war getan – und gemeinsam mit Jans-Ekkehard Bonte schrieb ich dann bereits kurze Zeit später das erste *Freundschaft mit Kindern*-Papier, gemeinsam gründeten wir den *Freundschaft mit Kindern* – Förderkreis e. V. und führen nun mit immer mehr Freunden und Helfern die Arbeit für *Freundschaft mit Kindern* durch.

Inzwischen habe ich Spaß daran, etwas anzustoßen und bin gern öffentlich initiativ. Es ist immer so ein gewisses Wagnis dabei, wahrscheinlich alte Angst, daß man mich auslachen könnte oder nicht ernst nehmen würde. Es hat sich aber immer wieder gezeigt, daß es neben Kritikern stets Menschen gibt, die ermutigt, was ich mitteile und anstoße. Ich erinnere mich deutlich an den ersten Brief, den wir im Mai 1978 auf die erste *Freundschaft mit Kindern*-Broschüre erhielten: Wir hatten einer Mutter helfen können, nun selbstbewußter und mit einem Gefühl von Unterstützung tun zu können, was sie jahrelang in ihrer Familie »heimlich« versucht hatte.

Ich möchte Ihnen verschiedene Möglichkeiten aufzeigen, wie Sie aktiv werden können. In diesem Abschnitt geht es darum, wie Sie allein etwas unternehmen können, im nächsten stelle ich Möglichkeiten für gemeinsame Aktivitäten mit anderen vor. Vielleicht noch etwas Wichtiges: Selbstverständlich reicht es völlig aus, wenn Sie in Ihrer Familie aktiv werden und sich dort um die neue Beziehung kümmern. Aber es könnte ja auch sein, daß Sie noch Energie übrig haben und sich auch außerhalb der eigenen Familie für die neue Beziehung einsetzen wollen – und hierbei möchte ich Ihnen auch helfen.

Das Gespräch suchen

Sie können in Gesprächen mit anderen Eltern davon erzählen, wie Sie vom neuen Miteinander gehört haben und daß Sie es jetzt zu Hause versuchen. Sie können einfach demonstrieren, daß Sie von der gängigen Erziehung nichts mehr halten und keine Lust mehr haben, Verantwortlichkeiten nachzulaufen, die Sie nur belasten und die Streit zwischen Sie und die Kinder bringen. »Ich war da hinterher, daß Maria immer pünktlich zum Essen da war. Ich hatte mich dafür verantwortlich gemacht, daß die Kinder sich an feste Essenzeiten gewöhnen. Jetzt ist es Marias Sache, zum Essen da zu sein oder nicht. Vor allem: es regt mich jetzt nicht mehr auf, wenn sie mal nicht mitißt. Und es gibt jetzt keinen Krach mehr darüber bei uns.«

Leserbriefe

Schreiben Sie doch einfach mal einen Leserbrief. An Ihre Tageszeitung, Programmzeitschrift oder eine Fachzeitschrift. Als ich anfing, Leserbriefe zu schreiben, dachte ich, daß sie doch nicht veröffentlicht würden. Aber eigentlich geschieht es nur selten, daß ein Leserbrief nicht gedruckt wird. Ich mache es so, daß ich mir in den Zeitungen einen Aufhänger suche, irgendeinen Artikel über Erziehung oder eine Reportage über Kinderprobleme, oder auch nur eine aktuelle Meldung. Dann schreibe ich dazu, wie ich das aus der Sicht der neuen Beziehung sehe und daß man auch mit einer ganz anderen Perspektive über das Berichtete denken kann. Ein Leserbrief erreicht viele Menschen, und wenn Sie Ihre Anschrift im Text unterbringen, könnten sich auch Kontakte ergeben.

Geschlossener Elternabend

Sie können auf Klassen-Elternabenden von Ihrer Art, mit den Kindern umzugehen, berichten. Oder in der Kindergarten-Elterngruppe, oder in sonst einem Treffen, wo Sie mit anderen Eltern zusammen sind. Sie können herausfinden, ob es nicht Gleichgesinnte gibt. Selbst wenn Sie keine Zustimmung finden, wird das Aussprechen Ihrer Position eine positive Wirkung haben, denn es hören ja alle zu. Und da die neue Beziehung so grundverschieden zum traditionellen Eltern-Kind-Verhalten ist, kann man ziemlich sicher sein, daß die anderen Eltern sich noch eine Zeitlang mit Ihren Ausführungen beschäftigen werden. Es hat sich in unserer Öffentlichkeitsarbeit herausgestellt, daß es wichtig ist, die Position der neuen Beziehung immer wieder ins Spiel zu bringen, durchaus auch ins Spiel der Ablehnungen und Verunglimpfungen. Je mehr sich andere mit der neuen Beziehung beschäftigen, desto größer wird ihre Bekanntheit, und desto eher erreicht sie die, die sich wirklich dafür interessieren. Außerdem kann es durchaus sein, daß die aggressive Abfuhr, die Sie bei einigen Eltern vielleicht bekommen, nur deren Ängste ausdrückt – und im Grunde wollen sie auch so mit ihren Kindern zusammensein. »Die gehen mit ihren Kindern so um« – warum sollte das nicht andere ermutigen?

Schul-Elternabend

Auf Klassen- und Schul-Elternabenden können Sie ganz deutlich für mehr Kinderfreundlichkeit im Klassenzimmer eintreten und Lehrer unterstützen, die von den Kindern gemocht werden. Dies kann man aussprechen! »Reiner hat zu Herrn Kellermann Vertrauen. Ich verstehe überhaupt nicht, weshalb man etwas gegen seine Unterrichtsart haben kann. Es kommt doch darauf an, daß die Kinder einem Lehrer vertrauen und daß der Lehrer einen guten Kontakt zu den Kindern hat. So etwas ist doch überhaupt die Voraussetzung für gute Leistungen.« Und Sie können auch Ideen weitergeben, wie Sie Ihren Kindern den Schulalltag erleichtern: »Ich habe es dem Rektor schriftlich gegeben, daß ich keinen Wert auf Hausaufgaben lege, die mein Kind nicht selbst tun will. Wenn ein Lehrer meine Kinder deswegen anmeckert, bin ich am nächsten Tag beim Rektor.« »Ich habe meinen Kindern klipp und klar gesagt, daß mich ihre Schulnoten nicht interessieren, sondern daß ich es gut finde, wenn sie sich in der Schule das aussuchen, was ihnen selbst interessant ist. Wenn sie dafür etwas lesen oder ausarbeiten, finde ich das wichtig. Wenn es Lehrer gibt, die sich darüber aufregen, daß meine Kinder in ihrem Unterricht nicht mitmachen, sollen sie sich an mich wenden und die Kinder in Ruhe lassen.«

Öffentlicher Elternabend

Es gibt immer mal wieder öffentliche Abende für Eltern. Mal lädt eine Partei ein, mal die Kirche, Volkshochschule oder eine andere Gruppe oder Institution. Zu solchen Abenden, in denen es um Erziehung oder Schule geht, können Sie hingehen und präsent sein. Wenn Sie sich ein paarmal zu Wort melden, dann haben alle Anwesenden etwas von der neuen Beziehung gehört. Wenn es eine Wortmeldeliste gibt, lassen Sie sich ruhig ein paarmal eintragen – wenn Sie dann an der Reihe sind, greifen Sie die letzten Sätze des Vorredners auf und kommen auf Ihr Anliegen zu sprechen. Und Sie können anbieten, mit Interessierten im Anschluß an die Veranstaltung noch weiter darüber zu sprechen. Ein solches Angebot läßt sich immer in einer Wortmeldung unterbringen: »... ich versuche, in dieser Weise mit den Kindern umzugehen, und ich wäre interessiert, mich mit anderen Eltern mal darüber zu unterhalten. Wen das interessiert – ich bin am Schluß noch eine Weile auf meinem Platz.«

Eigener Elternabend

Sie können selbst einen Abend für interessierte Eltern anbieten. Dazu setzen Sie eine Anzeige in die Zeitung. Dabei geben Sie nicht nur den Termin und Ort des Abends an, sondern sagen in einigen Sätzen auch, worum es geht. Das ist zwar etwas teurer, aber dafür haben Sie wieder Informationen weitergegeben. Und selbst, wenn niemand kommt, können Sie sicher sein, daß viele Leute Ihre Anzeige gelesen und darüber nachgedacht haben. »Liebe Eltern! Wir möchten uns mit anderen Müttern und Vätern gern über neue Wege im Miteinander mit Kindern austauschen. Statt Erziehung versuchen wir, gleichberechtigt und als Freunde mit den Kindern umzugehen. Wir laden Sie herzlich ein in unsere Wohnung zu kommen, am 24. 8. um 20.00 Uhr, Straße, Name.«

3. Gemeinsam mit anderen

Im Kreis von Gleichgesinnten lassen sich viele Ideen finden, wie man die neue Beziehung in der Öffentlichkeit weitergeben kann. Dabei kommt es zunächst nicht auf sichtbare Erfolge an, sondern darauf, daß an Ihrem Ort eine Lobby präsent ist, die sich für das neue Miteinander einsetzt, daß immer mehr Menschen davon gehört haben, daß es Ihre Initiative gibt. Wenn sich dann tatsächlich Interessierte melden, um mehr Informationen zu erhalten oder auch um mitzumachen, ist das immer die Spitze des Eisbergs. Eine Zeitungsanzeige etwa wird von Tausenden gelesen, und davon wird sich ein bestimmter Prozentsatz angesprochen fühlen, und von diesen wiederum wird nur der eine oder andere den Kontakt zu Ihnen herstellen wollen – und es wirklich tun werden die wenigen, die dann tatsächlich anrufen. Jedenfalls sollte man sich nicht entmutigen lassen, wenn die Leute auf eine Aktion hin nicht gleich in Scharen kommen, um mitzumachen. Es ist wichtig, öffentlich und deutlich zu sagen, was man vorhat, präsent zu sein in den vielen Informationen und Meinungen, die jeder von uns täglich aufnimmt.

Anzeigenaktion

Sie können eine Anzeigenaktion in Ihrer Tageszeitung durchführen. Sie entwerfen einen Text, in dem Sie Ihren neuen Weg und Ihre Initiative vorstellen. Vielleicht 200 Zeilen in der Zeitung, dies hängt auch von Ihren finanziellen Möglichkeiten ab. Den Text geben Sie als Fortsetzungsserie an aufeinanderfolgenden Sonnabenden in Ihrer Zeitung auf, unter der Rubrik »Veranstaltungen« oder »Vereine – kulturelles Leben«. Sie schließen jede Folge mit Ihrer Kontaktadresse ab, und könnten zum Abschluß der Serie einen Informationsabend ankündigen.

Informationsabend

Wie im vorigen Abschnitt »Allein aktiv sein« beschrieben, führen Sie einen öffentlichen Informationsabend durch. Dazu macht es einen besseren Eindruck, wenn Sie in einem Gebäude einer bekannten Erwachsenenbildungsstätte einen Raum mieten. Vielleicht können Sie auch erreichen, daß eine solche Organisation als Veranstalter auftritt, dies könnte zu Beginn Ihrer Arbeit seriöser wirken. Aber man kommt auch gut allein zurecht. Sie können einen reinen Informationsabend machen: Mitglieder Ihrer Initiative diskutieren mit den Teilnehmern. Sie können auch eine Podiumsveranstaltung oder Expertendiskussion durchführen: Dazu laden Sie einige Fachleute ein und diskutieren mit ihnen vor den Teilnehmern.

Informationsstand

Sie können einen Informationsstand aufbauen und Passanten über die neue Beziehung informieren. Hierzu beantragen Sie beim zuständigen Amt (meist Ordnungsamt) einen Platz, wo Sie Ihren Informationsstand aufbauen und durchführen wollen. Am besten an einem gut besuchten Platz in der Haupteinkaufsstraße an einem verkaufsoffenen Sonnabend. Sie entwerfen hierzu Informationspapiere (Flugblätter), in denen Sie Ihre Gruppe und Ihre Absichten darstellen: Wer Sie sind, die neue Beziehung in Kernaussagen, wie sie wirkt, welche Vorteile sie hat, wie Sie es machen, welche Hilfen Sie geben können, usw. Für den Stand benötigen Sie einen Tisch und viel buntes Dekorationsmaterial. Ihr Stand soll auffallen und zum Hinsehen auffordern. Auf großen Papieren schreiben Sie einige

Kernsätze so groß, daß man es im Vorübergehen lesen kann. Nach mehreren Informationsständen wissen Sie, worauf es ankommt, und Sie können sich auch auf Zielgruppen konzentrieren (z. B. junge Eltern, Großeltern, Studenten, Schwangere, Väter usw.).

Flugblätter

Sie können Informationstexte entwerfen und als Flugblätter verteilen. Hierzu brauchen Sie keine Genehmigung. Sie stellen sich in die Haupteinkaufsstraße und bieten Passanten Ihre Information an. Sie können wieder Texte für Zielgruppen schreiben und dann auch gezielt anbieten. Meist ist es schwierig, allein in der Menge zu stehen und Flugblätter zu verteilen, es ist anstrengend und psychisch belastend. Wenn Sie es zu mehreren tun, macht es viel Spaß.

Informationsfest

Sie können ein Informationsfest veranstalten. Sie mieten einen Platz oder Räume und bauen dort Informationsstände für die Eltern und Spielgeräte für die Kinder auf, eine Imbißecke, einen Grill, Stühle und Bänke, usw. Sie können viele Ideen unterbringen! Mit großen Plakaten kündigen Sie Ihr Eltern-Kinder-Fest an; es gibt sicher einige Geschäfte, die gern Ihr Plakat aufhängen. Und Sie kündigen es mehrmals in der Zeitung an und legen Flugblätter an geeigneten Stellen aus (Alternativläden, Stadtbücherei, usw.).

Öffentliche Veranstaltungen

Sie können sich an öffentlichen Veranstaltungen beteiligen, wenn eine Beteiligung für Vereine und Initiativen vorgesehen ist. Dies gibt es immer mal wieder im Jahr (z. B. Weihnachtsmarkt, Stadtfest). Sie bauen einen Informationsstand auf und verteilen Flugblätter. Zum Abschluß einer mehrtägigen Veranstaltung führen Sie einen Informationsabend durch.

Presseerklärung

Sie können eine Presseerklärung abgeben. Sie stellen ganz allgemein Ihre Initiative vor oder nehmen zu einem bestimmten Vorfall Stellung. Vielleicht ereignete sich in Ihrer Stadt etwas besonders Kinderfeindliches. Zur Presseerklärung laden Sie einen Redakteur Ihrer Lokalzeitung ein, vielleicht noch Vertreter anderer Zeitungen, die über eine Presseerklärung Ihrer Initiative berichten könnten. Sie laden in eine neutrale Stelle ein (z. B. ein gutes Gasthaus, in dem Sie für zwei Stunden einen Raum mieten) und geben ein Informationspapier an die Presse heraus, in dem das, was Sie sagen wollen, klar und knapp steht. Dieses Papier sollten Sie auch unabhängig von der durchgeführten Veranstaltung verschicken, dann liegt Ihre Mitteilung den Zeitungen auf jeden Fall vor. Auf der Presseerklärung können Sie einen (anderen) vorbereiteten ausführlicheren Text verlesen (und verteilen), oder parallel zum verteilten Text nur erklären, worum es geht. Es wäre gut, wenn Sie mit den anwesenden Pressevertretern dann ins Gespräch kämen. Auf die Presseerklärung machen Sie wieder in Zeitungsanzeigen aufmerksam, je nach Anlaß können Sie auch Flugblätter verteilen. Der Sinn der Presseerklärung liegt vor allem darin, daß Ihre Initiative in der Presse erwähnt wird, daß von Ihnen berichtet wird, daß sich Ihr Bekanntheitsgrad erhöht. Darüberhinaus könnte es auch gelingen, etwas für den aktuellen Anlaß – den eigentlichen Grund Ihrer Presseerklärung, z. B. den kinderfeindlichen Vorfall – zu bewirken. Dies wird situativ sehr unterschiedlich sein und ist auch nicht immer Ihr Hauptanliegen, das ja durchaus nur im Erwähntwerden in der Zeitung liegen kann.

Öffentliche Aktionen

Sie können aus verschiedensten Anlässen öffentliche Aktionen durchführen. Zum Beispiel können Sie gegen eine besonders kinderfeindliche öffentliche Person oder Institution vorgehen oder für die Erhaltung eines Kindergartens eintreten. Dazu setzen Sie einen Text in die Zeitung (als Anzeige in den Veranstaltungskalender), der über Ihre Position informiert und kündigen einen Informationsabend an. Oder Sie verteilen Flugblätter, geben eine Presseerklärung oder führen einen Demonstrationsmarsch durch.

Rathausgespräch

Sie können versuchen, mit den Fraktionen im Rathaus ins Gespräch zu kommen. Sie schreiben einen Brief an die Fraktionsvorsitzenden, stellen Ihre Initiative vor und bitten um ein Gespräch mit den für Jugend und Familie zuständigen Ausschußmitgliedern. Hierbei kommt es wieder darauf an, bekannt zu werden. Aber Sie können in einem solchen Gespräch auch fragen, ob die Stadt für Ihre Arbeit Zuschüsse gibt. Wenn dies möglich erscheint, stellen Sie zu den entsprechenden Haushaltsberatungen einen Antrag auf finanzielle Unterstützung Ihrer Arbeit beim zuständigen Ausschuß (z. B. Jugendwohlfahrtsausschuß).

Hochschule

Wenn Sie in einer Stadt wohnen, in der es eine Hochschule (Fachhochschule, Pädagogische Hochschule, Universität) gibt, können Sie Kontakt sowohl zur Studentenschaft (Fachschaft Pädagogik oder Allgemeine Studentenvertretung) als auch zu den Lehrenden (Assistenten, Professoren, Dozenten) herstellen. Dazu kaufen Sie sich ein Vorlesungsverzeichnis, in dem Sie Anschriften und Telefonnummern finden. Sie verabreden mit den Studenten ein Gespräch und berichten von Ihren Vorstellungen über die Eltern-Kind-Beziehung, von der Antipädagogik und Kinderrechtsbewegung und sagen, daß Sie dies in die Praxis umsetzen. Der Praxisbezug ist für die theoriegewohnten Studenten stets von Interesse. Die Studenten können in eigener Regie mit Ihnen eine Informationsveranstaltung an der Hochschule durchführen, und sie können Ihnen auch sagen, welche Lehrenden für die neue Beziehung aufgeschlossen sind. Diesen könnten Sie dann Ihre Initiative wiederum vorstellen – Sie rufen an oder schreiben einen Brief – und anfragen, ob nicht ein Interesse besteht, im Rahmen einer Veranstaltung einmal über Ihre Praxiserfahrungen zu berichten.

Andere Gruppen informieren

Sie können andere Elterngruppen oder Institutionen und Vereine, die sich mit der Eltern-Kind-Beziehung beschäftigen, über Ihre Initiative und Ihre neue Praxis informieren. Sie bieten an, einen Abend einmal vorbeizukommen und zu berichten und für Fragen da zu sein. Sie rufen an und machen einen Besprechungstermin mit dem zuständigen Leiter oder Referenten aus. Wenn Sie das Telefonbuch einmal sorgfältig durchlesen, werden Sie sicher viele Gruppen finden, die in Frage kommen (Gewerkschaften, Kindergärten, Elterngruppen, Schulkollegien, Gemeindegruppen – bei jeder Gemeinde anfragen –, Erwachsenenbildungsstätten, Parteien, Kinderheime, Müttergruppen usw.).

Mit anderen zusammenarbeiten

Sie können auch mit anderen Gruppen zusammenarbeiten. Sie gehen zu einem Mitgliedertreffen einer Gruppe oder eines Vereins und sehen sich die Leute an. Sie sagen, was Sie tun wollen und finden heraus, ob es Gemeinsamkeiten gibt. Beispielsweise könnte es in Ihrer Stadt einen Kinderschutzbund-Ortsverband geben, in dem man sich für die neue Beziehung interessiert. Sie können auch beim *Freundschaft mit Kindern* – Förderkreis e. V. anfragen, ob es bei Ihnen eine Förderkreisgemeinschaft gibt. Förderkreismitglieder haben dieselben Ziele wie Sie und helfen Ihnen sicher.

4. *Freundschaft mit Kindern* – Förderkreis e. V.

Im Oktober 1978 gründete ich mit einigen Freunden einen gemeinnützigen Verein, um die Verbreitung der neuen Beziehung auf eine organisatorische Basis zu stellen. Wir überlegten, daß es sinnvoll sein könnte, als ein rechtsfähiger, eingetragener Verein die Öffentlichkeitsarbeit durchzuführen. Wir hatten in den Monaten zuvor erfahren, daß es viele Menschen gab, die sich für die neue Beziehung interessierten, und wir fragten uns, wie wir es schaffen könnten, bundesweit unsere Konzeption – *Freundschaft mit Kindern* genannt – bekannt zu machen. Mit acht Personen gründeten wir dann am 30. Oktober 1978 den »*Freundschaft mit Kindern* – Förderkreis e. V.«. Er ist als gemeinnützig anerkannt, hat seinen Sitz in Münster/Westfalen und ist bundesweit tätig.

Als Ziel des Vereins legten wir in der Satzung fest (§ 2): »Der Zweck des Vereins ist es, diejenige Art des Zusammenlebens von erwachsenen und jungen Menschen zu fördern, in der Selbstbestimmung und Gleichberechtigung aller Menschen unabhängig von ihrem Alter die Grundlage ist und in der junge Menschen von Geburt an in der Ausübung ihrer Menschenrechte unterstützt werden. Der Verein will Erwachsene für die neue Lebensart *Freundschaft mit Kindern* gewinnen, wie sie im gleichnamigen Grundsatzpapier des Vereins dargestellt ist. Der Verein ist der weltweiten Kinderrechtsbewegung verbunden. Der Verein weist Wohlfahrtspflege, Jugendhilfe und Volksbildung auf die im Grundgesetz der Bundesrepublik Deutschland auch für junge Menschen garantierten Grundrechte hin und betreibt als politisches Ziel die Verwirklichung dieser Rechte im Alltag junger Menschen.«

Seinem Selbstverständnis nach ist der Förderkreis eine Erwachsenen-Selbsthilfeorganisation zur Verbreitung und zum Erlernen der neuen Beziehung *Freundschaft mit Kindern*. Die Mitglieder des Förderkreises sind *Förderer*. Sie unterstützen durch ihre Förderschaft das Ziel des Vereins. Dabei ist es grundsätzlich möglich, daß über einen Mitgliederbeschluß das

Vereinsziel geändert wird und daß z. B. die hier beschriebene neue Beziehung nicht mehr als Anliegen des Förderkreises propagiert wird. Ich halte es schon für wichtig, sich klar zu machen, daß die neue Beziehung (wie ich sie beschrieben habe) das eine, das Anliegen des Förderkreises das andere ist, und daß es auch einmal so kommen könnte, daß der von mir gegründete Verein sich – durch Mitgliederbeschluß – von meinen Auffassungen trennt. Gegenwärtig jedoch erfüllt der Förderkreis mit viel Erfolg seine Aufgabe, um deretwillen er gegründet wurde: *Freundschaft mit Kindern,* die neue Beziehung, in Deutschland bekannt zu machen und Unterstützung zum Erlernen anzubieten.

Über die Aufgaben des Förderkreises gibt ebenfalls die Satzung Auskunft (§ 3): »Der Verein erfüllt seinen Zweck insbesondere durch die Wahrnehmung folgender Aufgaben:

– gegenseitiges Unterstützen der Mitglieder in der Erfahrung und Aufarbeitung eigener Kindheitserinnerungen, um gemeinsam auf dem Weg der neuen Lebensart voranzukommen

– Ermutigen der Mitglieder, die Hilfe junger Menschen zu suchen, die Erwachsene auf dem Weg der neuen Lebensart unterstützen wollen

– Einflußnehmen auf Öffentlichkeit, Organisationen, Exekutive und Legislative auf Orts-, Landes- und Bundesebene, um kinderfeindliche Strukturen zu verändern

– Aufklären über die Ursachen für Geringschätzung, Bevormundung, Unterdrückung und Mißhandlung von jungen Menschen

– Beraten und Unterstützen aller Menschen, die privat oder beruflich die neue Lebensart mit Kindern praktizieren

– Initiieren von Forschungsaufgaben und Ausrichten von Bildungsveranstaltungen, die dem Vereinszweck dienen

– Einrichten und Unterhalten von Betrieben der Wohlfahrtspflege

– Weiterentwickeln des Grundsatzpapiers *Freundschaft mit Kindern* im Sinne des Vereinszwecks

– Beschaffen der finanziellen Mittel zur Durchführung seiner
  Aufgaben.«

Der Förderkreis arbeitet mit verschiedenen Schwerpunkten:
Aufklärende Arbeit, Beratende Arbeit, Politische Arbeit.
Dabei haben die aufklärende und die beratende Arbeit ihren
eigenen politischen Stellenwert; es gibt aber innerhalb des
Förderkreises auch Aktivitäten, die direkt in den politischen
Bereich hineinwirken.

Aufklärende Arbeit

Hierzu gehören alle Bemühungen, die Öffentlichkeit darüber
zu informieren, daß ein erziehungsfreies Miteinander mit sich
selbst und Kindern möglich ist. So wurden bisher etliche Radio-
und Fernsehsendungen über die neue Beziehung durchgeführt
oder mitgestaltet, Artikel in Zeitungen und Zeitschriften,
Büchern, Lexika usw. geschrieben, Informationsabende und
Seminare durchgeführt. Es wurden verschiedene Flugblätter
bundesweit verteilt und die *Freundschaft mit Kindern*-Bro-
schüre bis Ende 1981 ca. 7000 mal abgegeben. Die Bundesge-
schäftsstelle des Förderkreises versendet bestelltes Informationsmaterial und beantwortet Fragen.

Beratende Arbeit

Im Laufe des Jahres 1980 entwickelten sich die »*Freundschaft
mit Kindern*-Intensivgruppen«. Die Förderkreismitglieder
(und interessierte Nichtmitglieder) kommen an Wochenenden
zusammen, um in intensivem emotionalen Lernen die neue
Beziehung tiefer zu verstehen. Parallel zu diesen bundesweit
ausgeschriebenen Wochenenden gibt es auch verschiedene
regionale wöchentliche Intensivgruppen. Gelegentlich werden
Mitglieder des Förderkreises auch zu Einzelberatungen gebe-
ten, doch ist dies bislang mehr eine private Auswirkung der
Arbeit des Vereins. Die beratende Arbeit wird vorwiegend in
Gruppen durchgeführt. Hierbei konnte die von mir entwickelte

therapeutische Form der »antipädagogischen Encountergruppe« weiter ausgebaut werden (über sie informiert ein Papier des Förderkreises). In den Bereich der beratenden Arbeit des Vereins gehört auch eine erste gemeinsame Familienwoche, die im Juli 1981 mit 30 Erwachsenen und 20 Kindern in Wetzlar stattfand: Eine Kombination von Befreiung mit Erwachsenen und Lernen von Kindern.

Politische Arbeit

Unmittelbar in den politischen Bereich wirken sollen verschiedene Aktionen des Förderkreises und einzelner Mitglieder. So entwickelte beispielsweise die Schulgruppe des Förderkreises eine Grundkonzeption für die erziehungsfreie Schule, das »Lernzentrum«. In ihr werden in 6 Forderungen die Positionen der Kinderrechtsbewegung auf die Schule übertragen: Lernzwang, Schulpflicht und Beurteilungssystem sollen aufgehoben werden, der Lehrer soll »die Funktion des kinderloyalen Unterstützers (erhalten). Er steht als Vertrauter und Freund Kindern zur Seite und ist von Erwachsenenweisungen unabhängig. Er bietet sich den Kindern als Person und fachlicher Experte an, wobei die personale Beziehung Vorrang hat« (Position 4 des Lernzentrum-Papiers). Die Lehrer sollen eine kommunikationswissenschaftliche Ausbildung statt einer pädagogischen erhalten und das Lernzentrum soll am Prinzip »Haus der offenen Tür« orientiert sein, auch ehrenamtliche Mitarbeiter haben und ganztägig geöffnet sein. Insgesamt wird das Prinzip einer Angebotsschule gefordert, in der die Kinder über ihr Lernen selbst entscheiden. Um auf die grundsätzlich kinderfeindlichen Umstände der Schule hinzuweisen, wurde am 1. Februar 1980 – dem Tag der Ausgabe der Halbjahreszeugnisse – in Wiesbaden erstmals in Deutschland eine öffentliche Zeugnisverbrennung durchgeführt, an der sich Eltern und Kinder beteiligten und über die in Funk, Fernsehen und Presse berichtet wurde.

Zur politischen Arbeit gehört auch die Proklamation des »Deutschen Kindermanifestes« vom 3. Mai 1980. Ich hatte die Forderungen der Kinderrechtsbewegung (s. o. bei Richard Farson und John Holt) ausführlich in 22 Artikeln zusammengestellt und auf deutsche Verhältnisse übertragen. Das Kindermanifest wurde der Öffentlichkeit anhand einer 150 Mediatoren umfassenden Liste von deutschen Journalisten von Presse, Funk und Fernsehen übergeben und am Tag der Proklamation auf dem »Friedensmarkt 1980« in Münster vor dem »Mahnmal der Opfer der Kriege und Gewalt« am historischen Friedenssaal, in dem der 30jährige Krieg beendet wurde, feierlich verlesen. Der Sinn des Deutschen Kindermanifestes ist es, auf die Gleichberechtigung des Kindes in ihren Auswirkungen aufmerksam zu machen und sie einmal grundsätzlich – unabhängig von der aktuellen gesellschaftspolitischen Situation – einzufordern. Dieses grundsätzliche Einfordern, das die Realisierung zunächst außer acht läßt und jeden einzelnen aufruft, auf seine Weise und in einer die politischen Verhältnisse berücksichtigten Form dafür zu arbeiten, ist oft nicht verstanden worden. Es wurde gemeint, der Förderkreis wolle diese Rechte hier und jetzt verwirklichen – eine Utopie. Der Ansatz des Förderkreises ist jedoch vielmehr, in langfristiger Arbeit durch die Verbreitung der neuen Beziehung eine Veränderung der Erwachsenen-Kind-Beziehung zu bewirken, in der dann die Artikel des Kindermanifestes von selbst Wirklichkeit werden. (Über das Deutsche Kindermanifest informiert kurz ein Papier des Förderkreises, ausführlich die Broschüre »Kinderrechtsbewegung und Deutsches Kindermanifest«).

VIII Aktuelles Schlußkapitel
für die Taschenbuchausgabe

Gut zehn Jahre nach der Erstausgabe erscheint »Unterstützen statt erziehen« als Taschenbuch. Was läßt sich heute hinzufügen – nach dieser langen Zeit erziehungsfreien Lebens? Was kann ich aus dem Erleben mit antipädagogischen Familien und aus der Erfahrung mit meinen eigenen inzwischen elf und dreizehn Jahre alten Kindern ergänzen? Was ist die Quintessenz aus rund 1000 Vorträgen und Seminaren über »Unterstützen statt erziehen« mit den unzähligen Gesprächen und Diskussionen, die ich an Universitäten und Volkshochschulen, in Lehrerkollegien, Kindergärten, Gymnasien und Elterngruppen durchgeführt habe?

Das postpädagogische Konzept wurde von mir weiterentwickelt zu einer Lebensphilosophie, die das Pädagogische in allen Lebensbereichen ablöst. Das neue Zeitalter, an dessen Beginn wir stehen, ist erziehungsfrei: Kinder sind in der von »oben« und »unten« freien Perspektive der Einen Welt, in der wir leben, keine Erziehungsmenschen. Sie haben ihren festen Platz in unserer Mitte, wir leben in normalen Beziehungen miteinander, jenseits aller Pädagogik.

»Wie geht das? Was muß ich beachten, wenn ich erziehungsfrei leben will?« Die Praxis ist das, was Zuhörer und Leser am meisten interessiert. Ich greife dies gern auf und möchte das Buch mit einem aktuellen Praxiskapitel ergänzen. »Unterstützen statt erziehen« ist etwas, das funktioniert und sich gut bewährt hat und dessen spezifische antipädagogische Sensibilität das Wissen über gelungene Beziehungen erweitert. Ich will Sie an diesem Wissen teilhaben lassen.

1. Erziehungsfreier Alltag hier und heute

In vielen Diskussionen geht es nur um das »Ob«: Ob es denn möglich sei, sich vom Pädagogischen zu lösen; ob das denn sinnvoll sei; ob das den Kindern nicht schade; ob das nicht Utopie sei; ob das nicht egoistisch sei; ob das nicht unverantwortlich sei; ob das überhaupt irgendwie konstruktiv funktionieren könne. Meine Antwort ist stets dieselbe: »Es ist möglich, es funktioniert, es ist konstruktiv.«

»Aber was machen Sie denn, wenn Ihr Kind in die Steckdose fassen will?« Die Menschen wollen dann wissen, wie es geht, wenn man jenseits der Erziehung lebt. Auf ihre konkreten Fragen habe ich immer auch konkrete Antworten parat – doch ich halte sie zurück. Der Tonfall der Frage legt mir das nahe: Die Aufnahmebereitschaft für den erziehungsfreien Sinn meiner Antwort ist immer wieder zu wenig ausgeprägt. Wenn ich antworte, daß ich mein Kind von der Steckdose zurückhalte – was ist damit gewonnen? Ist dann etwas von den erziehungsfreien Dingen deutlich geworden?

»Wenn Sie verstehen wollen, wie erziehungsfreie Menschen mit den Anforderungen der Praxis zurechtkommen, wenn Sie interessiert, was eigentlich das Erziehungsfreie an unserer Praxis ist, dann bitte ich Sie um etwas Geduld. Es geht nicht um konkrete Lösungen, sondern um Lösungen *auf erziehungsfreie Art,* und das zu verstehen ist kompliziert.« Es beginnt ein Gespräch, in dessen Verlauf nach und nach deutlich wird, was die erziehungsfreie Praxis charakterisiert und worin sie sich wesentlich von der pädagogischen Praxis unterscheidet. Von einem bestimmten Punkt an kann sich dann der Gesprächspartner selbst neue Fragen – im erziehungsfreien Sinn – beantworten.

Die erziehungsfreie Praxis ist mit denselben Fragen und Problemen konfrontiert, wie sie in allen Familien auftauchen. Eine Herdplatte ist heiß, die Straße ist gefährlich, die Schulpflicht besteht, zu spät ins Bett gehen ist ungesund, Zucker verdirbt die Zähne, zuviel Fernsehen ist schädlich, Hustensaft

216

ist nötig, im Auto wird sich angeschnallt, an den Haaren ziehen tut weh, zu spät kommen bringt Ärger und so weiter und so fort.

»Läßt Du Dein Kind ... verhungern, verbrennen, ertrinken, überfahren, andere schlagen, Sachen zerstören ...?« Hunderttausend Fantasien. »Nein, lasse ich nicht.« Eine einzige, klare Antwort.

Die erziehungsfreie Sicht katapultiert uns nicht aus der Wirklichkeit. Der erziehungsfreie Alltag findet hier und heute statt. Und dennoch ist es anders in unserer Praxis als in der Wohnung nebenan, in der die Eltern mit der pädagogischen Sicht vom Kind leben. Was den Unterschied ausmacht, ist die erziehungsfreie Einstellung. Und auch diese findet hier und heute statt – *in* uns.

Es ist falsch, wenn man die Praxis nur unter dem Aspekt der anfaßbaren Dinge und der körperlich beobachtbaren Abläufe sieht, denn Menschen existieren nicht nur im Bereich des Körperlichen, wie Roboter. Wir haben auch eine unsichtbare Welt: die Welt der Gefühle, der Wertungen und Interpretationen. Alles Dingliche und jede Handlung wird von uns mit unserer Inneren Welt begleitet. Die Wirklichkeit von Robotern ist die Äußere Welt. Die Wirklichkeit des Menschen ist mehr. Sie besteht aus zwei Dimensionen: Außen und Innen, Dinge und Gefühle, Körper und Seele. *Zusammen* ergeben sie die Wirklichkeit des Menschen.

Du kommst nach Hause und willst die Tür aufschließen, doch der Schlüssel paßt nicht. Das ist etwas zum Anfassen, aus der Welt der Dinge: Dieser Schlüssel paßt nicht. Wenn du mit dem Schlüssel vor der Tür stehst, ereignet sich auch etwas *in* dir. Wir fühlt sich das an, mit einem Schlüssel, der nicht paßt, vor der Tür zu stehen? »Der Schlüssel paßt nicht« ist der eine Teil der Wirklichkeit, der physische Teil. »Ich bin ratlos (oder verärgert, belustigt)« ist ihr psychischer Teil. »Der Schlüssel paßt nicht, und ich bin ratlos« ist die (ganze) Wirklichkeit.

Die Wirklichkeit des Beispiels besteht aus einem dinglichen Teil (nicht passender Schlüssel) und aus einem emotionalen

Teil (ratlos sein). Für unsere Thematik ist nun folgendes interessant: Die erziehungsfreie Praxis ist nicht – wie vermutet wird – in ihrem dinglichen Teil verschieden von der Praxis pädagogischer Menschen. Denn wie in der pädagogischen Welt gibt es auch für uns für ein Problem entweder vielfältige oder stets dieselben Lösungen. Auch bei uns lassen die einen ihre Kinder Süßigkeiten essen und die anderen nicht (Vielfalt der Lösungen), auch bei uns verhindert jeder, daß sein Kind unter den Lastwagen kommt (Gleichheit der Lösungen).

Wenn man die Äußere Welt betrachtet, sieht die erziehungs-freie Praxis genauso aus wie die pädagogische, in der Vielfalt oder Gleichheit der Lösungen konkreter Probleme. Wenn man einen Stummfilm sieht, erkennt man die Handlungen. Die eine Mutter holt ihr Kind von der Steckdose fort, die andere auch. Welche von beiden ist die erziehungsfreie? Das läßt sich so nicht herausfinden. Nicht, wenn man die Welt der Gefühle unberücksichtigt läßt und nur auf die Handlung sieht (keinen Ton beim Film hört).

Der Unterschied von Antipädagogik und Pädagogik liegt in der Welt der Gefühle, in der psychischen Dimension. Wenn wir uns die Szene mit eingeschaltetem Lautsprecher ansehen, wird es deutlich. Jetzt erhalten wir Informationen über die Gefühle, die sich in der Höhe und Tiefe der Stimme, in ihren Schwingungen und ihrem Ausdruck mitteilen. Zusammen mit den anderen Körperbotschaften der Seele (Mimik, Gestik u. a.) erfahren wir etwas über die »Art« dieser und der anderen Mutter. An den verschiedenen »Arten« der beiden Mütter erkennen wir den Unterschied zwischen traditioneller und erziehungsfreier Praxis.

2. Selbstverantwortlich von Geburt an

Bevor wir uns weiter mit der erziehungsfreien Praxis beschäf-tigen, fasse ich den Unterschied zwischen der pädagogischen und der antipädagogischen Sicht vom Kind noch einmal zusammen. Die »ganze Art« der erziehungsfreien Mutter wird von ihrer antipädagogischen (oder: postpädagogischen) Position geprägt.

Entsprechend den Grundaussagen der Antipädagogik werden Menschen als von Anfang an zur Selbstverantwortung befähigt angesehen, und zwar zu 100 Prozent. »Ich bin für mich selbst verantwortlich« ist die Mitteilung des Neugeborenen, wie erziehungsfreie Menschen es wahrnehmen. »Liebe mich, unterstütze mich, sorge für mich, sage authentisch nein, wenn Dir etwas zu viel wird – aber erkenne meine Selbstverantwortung: Du bist nicht für mich verantwortlich, denn dies bin ich selbst. Ich fühle selbst, was für mich gut ist und was für mich schlecht ist. Du kannst niemals besser wissen als ich, was für mich das Beste ist.«

Diese psychische Wahrnehmung vom Kind ist radikal anders als die pädagogische Interpretation. Beide Wahrnehmungen – die postpädagogische und die pädagogische – sind keine objektiven Aussagen, sondern subjektive Wahrheiten, anthropologische Hypothesen. Es sind letztlich unsere eigenen Fantasien vom Menschen, und sie spiegeln die jeweilige Sicht des Interpreten, nicht aber Objektives. Das gilt stets bei Aussagen über den Menschen, in den Humanwissenschaften, anders ist es bei Erkenntnissen über Dinge, in den Naturwissenschaften. Wir verstehen also die Kinder – und damit uns selbst – auf andere Weise als die Tradition, als unsere Eltern uns sahen, als die pädagogische Wissenschaft Kinder sieht.

»Ich bin kein Erziehungsmensch, sondern ein ganz normaler Mensch. Du mußt mich nicht erst zu einem vollwertigen Menschen machen, ich bin es von Geburt an. Du mußt mich nicht erziehen. Deine subjektiven Mitteilungen und Erfahrungen sind willkommen. Deine subjektiven Behinderungen sind unangenehm, aber ich werde damit schon klarkommen. Doch wenn du ausgibst, daß irgend etwas objektiv zu meinem Besten geschehen soll und daß ich etwas wirklich noch nicht richtig beurteilen könne und daß ich erst lernen müsse, zu erkennen, was gut und was schlecht für mich ist – dann erkennst du nicht *meine* Wirklichkeit, sondern *deine*. Dann fällst du mit der traditionellen, der pädagogischen Sicht über mich her, mit dem Führungsanspruch kultureller Aggression, wie ihn früher die Weißen gegenüber den Afrikanern und Indianern oder die Männer gegenüber den Frauen hatten. Ich erwarte deinen Respekt und deine Achtung vor meiner Fähigkeit, *selbst* mein eigenes Bestes wahrnehmen zu können. Ich habe eine eigene Innere Welt wie du. Laß uns Beziehungen von dieser Basis aus aufnehmen, von Gleich zu Gleich.«

Die antipädagogische Aufklärung sagt, daß die Botschaften des Kindes eindeutig sind. Wir nehmen sie in uns wahr – als Botschaften der eigenen Kindheit, in emotionaler Verbundenheit zu den heutigen Kindern – und tragen sie in die Erwachsenenwelt. Wir gründen unsere Beziehungen zu Kindern auf diese Grundlage, zu uns selbst und zu allen Menschen. Jeder, der erziehungsfreie Praxis realisiert, fühlt diese Dinge als subjektive Wahrheit in sich und teilt sie auf der gefühlsmäßigen Ebene in der Stimmlage, der Gestik und Mimik auch mit.

Entsprechend den Grundaussagen der Antipädagogik werden Menschen also als von Anfang an zur Selbstverantwortung befähigt angesehen. Das ist eine anthropologische Hypothese, eine psychische Wahrheit – so wie die Auffassung, daß Menschen dies nicht können, die psychische Wahrheit der pädagogischen Weltsicht ist. Die postpädagogische Mutter, die ihr Kind von der Steckdose fernhält, fühlt, daß ihr Kind wie sie selbst und alle Menschen das eigene Beste selbst spürt. Die psychische Wahrheit der Antipädagogik ist in ihr präsent. Das bedeutet nicht, daß sie dauernd darüber nachdenkt. Präsent sein heißt, daß die erziehungsfreie Sicht in ihr »ist«, zu ihr gehört, wie z. B. auch ihre Liebe zu ihrem Kind.

»Ich liebe dich, doch ich bin nicht für dich verantwortlich.«
»Deine Liebe tut mir gut, und deine Achtung vor meiner Inneren Welt und meiner Verantwortung für mich unterstützen mich.«
»Ich liebe dich, und ich bin für dich verantwortlich.« – »Deine

Liebe tut mit gut, aber daß du für mich die Verantwortung beanspruchst, ist schrecklich.«

Die eine Mutter hält ihr Kind von der Steckdose fern und fühlt sich dabei *nicht* für ihr Kind verantwortlich.

Die andere Mutter hält ihr Kind von der Steckdose fern und fühlt sich dabei *sehr wohl* für ihr Kind verantwortlich.

Wenn auch beide Mütter in der Welt der Dinge das gleiche tun, in der Welt der Gefühle besteht ein großer Unterschied. Deswegen sind die Wirklichkeiten, die wir beobachten und die so gleich aussehen, gänzlich unterschiedlich: erziehungsfreie Wirklichkeit hier und pädagogische Wirklichkeit dort.

»Ist das nicht belanglos? Es passiert doch dasselbe! Der gefühlsmäßige Unterschied ist für die Kinder unerheblich. Für die Kinder geht es doch darum, ob sie etwas tun können oder nicht!«

Eine solche Reaktion übersieht, was das Verantwortungsgefühl des Erwachsenen für Kinder bedeutet. »Ich bin für dich verantwortlich« heißt: »Du bist es noch nicht.« Wenn ich aber spüre und tief weiß, daß ich sehr wohl selbst das eigene Beste wahrnehmen kann, dann ist die psychische Aussage des Erwachsenen – sein Verantwortungsgefühl – ein Angriff auf mein Selbst, auf meine Identität, eine psychische Aggression. Diese psychische Aggression ist um so verwirrender, als sie stets mit Liebe einhergeht, denn Liebe und Verantwortung gehören zusammen – sagt die Tradition. »Kannst du mich nicht lieben und mir dabei meine Verantwortung für mich lassen?« – »Du bist nicht so jemand, der selbst spüren kann, was für ihn gut ist.« – »Doch« – »Nein« – »Doch« – »Nein« usw. usw.

Diese Konfrontation beginnt am Geburtstag, sie findet am zweiten Tag statt, am dritten Tag, die erste Woche, die zweite Woche, die dritte Woche, den ganzen ersten Monat meines Lebens, den zweiten, den dritten Monat, das erste Jahr, das zweite Jahr, das dritte Jahr – 16, 17, 18 Jahre, mein (Kinder-) Leben lang immer und immer wieder, ohne Alternative, in großen und kleinen, in ärgerlichen und schönen Dingen – stets und überall dieser Angriff auf mein Selbst. Aufzuwachsen in einem solchen psychisch aggressiven Alltagsklima hat verheerende Folgen für die Kinder: Sie beginnen, den Glauben an sich zu verlieren. Ihre Selbstliebe nimmt ab und mit der Zeit auch ihr mitgebrachtes Selbstverantwortungsgefühl. Im gleichen Umfang verlieren sie das Vertrauen in die anderen Menschen, repräsentiert durch diese Erwachsenen. Wer Kinder liebt *und* sich für sie verantwortlich fühlt, verkennt die Realität der Kinder und verletzt sie dadurch psychisch schwer. Geschädigt an Selbstvertrauen und sozialem Vertrauen verlassen so aufgewachsene junge Menschen die Kindheit und gehen mit dieser erlernten – pädagogischen – Einstellung dann später an die Erziehung ihrer Kinder heran.

Es ist also nicht belanglos, welche Einstellungen die Kinder bei den Erwachsenen vorfinden, ob sie eine erziehungsfreie und damit von dieser psychischen Aggression freie Beziehung haben oder nicht.

»Aber können denn die Kinder wirklich selbst das eigene Beste wahrnehmen?« Wer so fragt, sucht objektive Sicherheit. Die gibt es jedoch nur im Bereich der Naturwissenschaften, nicht aber bei Fragen nach der psychischen Beschaffenheit des Menschen, da sind wir auf Interpretationen und Hypothesen angewiesen. Ich frage dann:

»Welche Erwachsenen hättest du damals gern gehabt? Solche, die deine Innere Welt achten und davon ausgehen – aufgrund ihrer Sicht vom Menschen –, daß du schon ein vollwertiger Mensch bist und nicht erst dazu gemacht werden mußt; solche, die dir zugestehen, daß du von Anfang an für dich selbst verantwortlich bist und daß du selbst dein eigenes Bestes spüren kannst; solche, die dich lieben und sich um dich kümmern ohne die psychische Aggression des ›Ich weiß besser als du, was für dich gut ist‹ – oder Eltern, Lehrer, Verwandte, Erwachsene, die glauben, dich erst zu einem richtigen Menschen machen zu müssen, die dir in ihrer Liebe deine Verantwortung für dich absprechen, deine Innere Welt als nicht vorhanden einstufen und in dir – in bester Absicht –

ihre Werte ungefragt einpflanzen, die dir aufgrund ihres Verantwortungsgefühls immer wieder sagen ›Das kannst du noch nicht entscheiden‹, ›Sieh das ein‹ und ›Ich habe recht‹, die nicht von Gleich zu Gleich, sondern von oben nach unten ihre Beziehungen zu dir realisieren? Und überlege: Welche Eltern und Erwachsenen um sich herum wünschen wohl deine Kinder?«

Die Antwort fällt stets eindeutig aus, oft stumm und betroffen. Auf die Frage, wie wir Menschen – auch uns selbst und unsere Kinder – sehen wollen, gibt es nur persönliche, subjektive Antworten. Wir haben als Kinder gut gelernt, die pädagogische Fantasie vom Menschen als einzig gültige anzusehen, uns selbst schließlich so zu sehen, und meinen heute, daß dies die Wirklichkeit wäre. Die Antipädagogik klärt hier auf: Es gibt eine Alternative, eine konstruktive Alternative. Wir sind selbstverantwortliche Menschen von Anfang an, voller Selbstliebe und voller Sozialität. Auf *dieser* Basis leben erziehungsfreie Menschen, auf *dieser* Basis findet ihre Praxis statt.

3. Die Achtung vor der Inneren Welt

Der Kern der erziehungsfreien Einstellung ist die Achtung vor der Inneren Welt jedes Menschen, auch vor der Inneren Welt des Kindes – und zwar so, wie dies sich selbst versteht (nach unserer Wahrnehmung): »Ich bin selbstverantwortlich von Geburt an und spüre selbst am besten, was für mich gut ist.« Den Sinn, die Verwirklichung und die Konsequenzen einer Praxis, die dieser Einstellung enspricht, möchte ich mit Hilfe eines Bildes deutlich machen: Hören Sie mit mir den beiden Kindern, die von ihren Müttern von der Steckdose ferngehalten wurden, eine Weile zu. Sie sind etwa 18 Monate alt und sprechen nicht unsere Erwachsenensprache. Aber ihre Gefühle sind vorhanden. Die Kinder nehmen die psychischen Botschaften der Menschen, die um sie herum sind, deutlich wahr und reagieren auf der emotionalen Ebene. Psychische

Wahrnehmung und emotionale Reaktion übersetze ich jetzt in die gewohnte intellektuelle Sprache der Erwachsenen:

John: »Deine Mutter hat dich auch nicht gelassen.«
Dirk: »Nein. Das ärgert mich.«
»Mich auch.«
»Sie lassen uns nicht tun, was wir wollen.«
»Stimmt.«
»Es ist unmöglich.«

*

John: »Deine Mutter hat dabei so eine schaurige Ausstrahlung.«
Dirk: »Sie hat schöne Ausstrahlungen. Sie liebt mich. Aber sie hat auch dieses schreckliche Zeug.«
»Was ist das? Meine Mutter hat das nicht.«
»Sie fühlt sich für mich verantwortlich.«
»Sie fühlt sich für dich verantwortlich?«
»Sie meint, daß sie besser weiß als ich, was für mich gut ist.«
»Das meint meine Mutter auch.«
»Nein, da ist ein Unterschied.«
»Ein Unterschied?«
»Meine Mutter meint das nicht nur aus ihrem subjektiven Wissen. Sie gibt mir zu verstehen, daß sie *objektiv* besser weiß als ich, was für mich gut ist. Sie sagt, Erwachsene können alles besser beurteilen und bewerten als Kinder. Sie beansprucht die richtige Interpretation.«
»Das meint sie doch nicht im Ernst.«
»Doch. Davon ist sie felsenfest überzeugt.«
»Niemals kann ein Mensch besser interpretieren als ein anderer. Jeder tut es auf seine Weise. Alle sind gleichwertig – alle Philosophien, Religionen, Weltdeutungen. Wir sind *eine* Welt, ein Raumschiff Erde. Niemals steht in der Inneren Welt einer über dem anderen. Das gilt doch auch für sie.«

»Sie glaubt, daß das woanders gilt, bei Männern und Frauen, Weißen und Schwarzen, aber nicht bei Erwachsenen und Kindern.«

»Da hält sie ja an völlig überholten Ansichten fest.«

»Ja, natürlich. Aber es ist die Sicht ihrer Eltern und deren Eltern und der Wissenschaft. Das hat lange Tradition.«

»Weiß ich, aber meine Mutter ist woanders. Die antipädagogische Aufklärung kann doch an deiner Mutter nicht spurlos vorübergegangen sein. Die Evolution der menschlichen Beziehungen betrifft doch auch sie.«

»Schön wär's. Aber sie erkennt nicht, daß wir selbstverantwortlich sind, von Anfang an. Sie setzt auf Erziehung.«

*

John: »Hast du mit ihr noch nicht darüber gesprochen?«

Dirk: »Tausendmal. Sie versteht es nicht.«

»Meine Mutter sagt, daß sie Selbstverantwortung als Kind auch gefühlt hat und daß sie es beinahe verloren hat. Weil die Erwachsenen es damals nicht gelten lassen wollten.«

»Und?«

»Sie hat sich nicht beirren lassen. Sie hat es versteckt, und keiner hat gemerkt, daß sie immer noch an sich glaubte. Heute sagt sie es offen, und viele andere sehen das auch so. Sie unterstützen sich gegenseitig, damit ihnen dieses Wissen aus ihrer Kindheit nicht verlorengeht, damit es sich entfaltet. Ich helfe ihr dabei.«

»Wenn ich mit meiner Mutter über diese Dinge rede, wird sie ärgerlich. Sie sagt dann, daß ich trotzig und ungezogen bin. So, wie ihr das die Interpretationen der kulturimperialistischen Wissenschaften einreden.«

»Das liegt nicht an den Wissenschaften, sondern an den Menschen, die diese Wissenschaften besetzt halten.«

»Das ändert aber nichts daran, daß meine Mutter es glaubt.«

»Das muß ja alles sehr anstrengend für dich sein.«

»Ist es auch.«

*

Dirk: »Meiner Mutter geht es auch schlecht dabei.«

John: »Weil du dir ihren Überfall auf deine Innere Welt nicht
gefallen läßt.«

»Natürlich nicht. Niemals!«

»Und deswegen hast du dich losgerissen und bist nochmal auf
das Ding da los.«

»Klar. Auf die Schweineschnauze.«

»Sie sagten ›Steckdose‹. Aber wir haben es doch gestern im
Bilderbuch gesehen, es sah aus wie die Schnauze von einem
Schwein.«

»Also, ich muß meiner Mutter klarmachen, daß sie in meiner
Inneren Welt nichts zu suchen hat mit ihren Ansprüchen.
Sie kann mich besuchen, aber sie hat kein Recht, ihre
Erkenntnisbäume in mein Land zu pflanzen, wenn ich das
nicht will! Wenn sie anderer Meinung ist als ich und das
Ding da unten an der Wand nicht für eine Schweine-
schnauze, sondern für eine ›Steckdose‹ hält, dann ist das
ihre Sicht.«

»Die kann sie dir sagen, aber es muß klar sein, daß ihre Sicht
nicht objektiv richtig ist und daß du eine andere haben
kannst und nichts einsehen mußt.«

»Genau das tut sie nicht.«

»Wir sollten einen Weltkongreß einberufen. Alle Menschen in
unserem Alter würden das Ding für eine Schweineschnauze
halten.«

»Wenn sie vorher das Buch gelesen haben. Und das Kongreß-
ergebnis steht gleichrangig neben dem Ergebnis des Er-
wachsenenkongresses.«

»Aber du sollst einsehen, daß es keine Schweineschnauze,
sondern eine ›Steckdose‹ ist.«

»Und daß sie recht hat. Das macht mich kaputt.«

»Und weil sie es nicht schafft, geht es ihr auch schlecht.«

*

Dirk: »Deine Mutter hat doch auch ›Steckdose‹ gesagt.«

John: »Stimmt. Aber es war *ihre* Sicht. *Meine* hat sie gelten lassen.«

»Sie läßt deine Sicht gelten? Immer?«

»Immer.«

»Was hältst du von ihrer Interpretation?«

»Eigentlich redet sie keinen Unsinn.«

»Du glaubst ihr?«

»Sie ist vertrauenswürdig.«

»Weil sie deine Innere Welt gelten läßt.«

»Ja.«

»Ich komme gar nicht mehr auf die Idee, meiner Mutter noch irgendwo zu vertrauen.«

»Aber sie hat mich nicht überzeugt. Steckdose? Es wird sich schon noch klären.«

»Bist du denn freiwillig weggeblieben, wenn du anderer Meinung warst?«

»Ich habe gemerkt, wie wichtig ihr das war. Ich bekomme so etwas immer mit. Und sie merkt meine Dringlichkeiten.«

»Das kann sie auch merken, weil sie in dir nichts durchsetzen will. Da ist sie offen für das, was dir wichtig ist.«

»Genau. Und ich bekomme ihre Dringlichkeiten mit, weil ich mich nicht verteidigen muß.«

»Ich kann so etwas nicht merken. Ich muß dauernd aufpassen, daß sie nicht schon wieder ihre Pflöcke in mein Land rammt.«

»Ich bekomme also mit, wie wichtig ihr das ist, daß ich von der Schweineschnauze wegbleiben soll. Ich habe mich gefragt, ob mir meins wichtiger ist.«

»Und?«

»Sie hat auf solche Dringlichkeit gesetzt, sie hatte solche Not, daß ich ganz erstaunt war.«

»Du hast nachgegeben.«

»Nein. Das ist nicht der richtige Ausdruck. Ich gebe ihr, was sie braucht, wenn es ihr dermaßen wichtig ist. Warum auch nicht. Ich liebe sie doch.«

»Wie du das sagst . . . Aber ich versteh' dich. Du erlebst keinen Krieg mit ihr, keinen psychischen. Du fühlst dich nicht innerlich angegriffen, hörst hin, wenn sie Probleme hat, und kannst großzügig sein.«

»Großzügig? Es ist doch selbstverständlich, daß ich jemandem helfe, wenn ich kann, und wenn ich ihn liebe, um so eher.«

*

Dirk: »Was machst du, wenn dir etwas genauso wichtig ist?«

John: »Dann sehe ich zu, daß passiert, was ich will.«

»Auch wenn du merkst, daß es deiner Mutter wichtig ist?«

»Wenn 100 Prozent meiner Dringlichkeit gegen 100 Prozent ihrer Dringlichkeit stehen, sorge ich für mich.«

»Da hast du keine Chance. Erwachsene sind immer überlegen.«

»Nein. Sie können nur ungefähr 40 Prozent aller 100-zu-100-Prozent-Konflikte gewinnen.«

»Aber sie haben Macht.«

»Nicht nur sie. Sie haben Muskelkraft, Finanzmacht und intellektuelle Überlegenheit. Das ist zwar sichtbar, aber wir sind ihnen in 60 Prozent aller Konflikte überlegen – durch unsere psychologischen und psychosomatischen Machtmittel.«

»Du meinst die Macht unserer Emotionen und Töne?«

»Ja. Wenn du die richtigen Gefühle ansprichst und die genau für deine Mutter passenden Frequenzen raus hast, läßt sie dich machen.«

»Meine Mutter nennt das Quengeln, Nörgeln, Jaulen, Heulen . . .«

»Hör auf, das ist die diskriminierende Sprache der alten Zeiten. Meine Mutter würde nie so von mir reden.«

»Weil sie deine Innere Welt achtet. Da merkt sie, daß du nicht *gegen sie*, sondern *für dich* bist.«

»Ja. Das ist sehr entscheidend. Meine Machtmittel setze ich nie gegen sie, sondern nur für mich ein. Damit greife auch ich sie nicht in ihrer Inneren Welt an, und sie muß sich nicht verteidigen, zum Beispiel dadurch, daß sie mich diskriminiert.«

»Ihr habt einen ehrlichen Kampf. Von König zu König.«

»Mir kommt Autorität zu, ebenso wie ihr. Das kommt aus der Liebe zu uns selbst, und es ist nie gegen andere gerichtet.«

»Du hast eine Königsbeziehung.«

»Ja.«

»Ich habe eine Erziehungsbeziehung. Erzieher oben, Zögling unten. Verschleiert als ›demokratisch-partnerschaftliches‹ Verhältnis.«

»Es gibt auch eine Partnerschaft zwischen Herrscher und Sklave.«

»Es ist nicht *wirklich* von Gleich zu Gleich.«

»Weil sie meinen, daß du noch kein richtiger Mensch bist.«

»Geh mal in eine Universität und hör dir an, was da über Kinder gelehrt wird.«

»Ich weiß, Pädagogik.«

*

John: »Ich kann mich aber oft genug auch nicht durchsetzen.«

Dirk: »Was machst du dann, wenn du bei so einem 100-zu-100-Prozent-Konflikt nicht gewinnst?«

»Na, nicht das, was ich wollte.«

»Ich meine es nicht auf der Handlungsebene. Wie fühlst du dich? Wenn meine Mutter sich durchsetzt, geht es mir ganz schlecht. Erstens kann ich nicht tun, was ich will. Handlungsebene. Das ist schlimm genug. Aber dazu kommt noch auf der Gefühlsebene ihr ›Sieh das ein‹ und ›Ich habe recht‹ und ›Es ist für dich besser so‹. Diese Selbstverständlichkeit des Richtigen, diese borniere Arroganz, diese Finger in meiner Seele!«

»He, beruhige dich. Sie ist nicht da. Ich versteh' dich. Es ist schrecklich, wenn Erwachsene so drauf sind.«

»Am schlimmsten ist, daß sie nichts, absolut nichts davon merkt, was bei mir abläuft, an Selbstwertzweifeln und Schuldgefühlen, daß ich etwas verkehrt gemacht haben soll.«

»Das kann sie nicht merken, weil sie voll bester Absicht ist. Sie liebt dich wirklich und meint, daß sie dir etwas Gutes tut, wenn sie so ist und sich um deine ›Einsicht‹ bemüht. Ihr fehlt das Bewußtsein, etwas Unrechtes zu tun.«

»Wie fühlst du dich, wenn deine Mutter sich durchsetzt?«

»Ich ärgere mich. Oder ich bin wütend. Das geht aber ziemlich schnell vorbei, und meine Wut schlägt nicht in Haß um.«

»Weil sie es für sich und nicht gegen dich tut.«

»Ja, irgendwie merke ich das immer. Und was soll ich mich lange über etwas aufregen, was doch nicht zu ändern ist?«

»Du gibst deine Ziele auf?«

»Nein. Ich bin nur realistisch. Wenn ich eine Chance sehe, dann versuche ich, daß passiert, was ich will. Aber wenn ich keine Möglichkeit sehe? Ich kann Niederlagen akzeptieren.«

»Du fühlst dich nicht schlecht dabei?«

»Es sind Niederlagen meines Tuns, nicht meines Werts, vergiß das nicht. Mein Wert wird von meiner Mutter *nie* angegriffen.«

»Eine Niederlage meines Tuns ist für mich immer auch eine Herabsetzung meines Werts. Ich muß *immer* wertvoller werden.«

»Trotzdem will ich meine Ziele erreichen. Was jetzt nicht geht, geht vielleicht später. Anderes kann ich auch wirklich abhaken, und vieles ändert sich ja auch.«

»Woran hältst du zum Beispiel fest?«

»Am Süßkram. Das gebe ich nicht auf. Sie ist voll dagegen,

aber es schmeckt einfach! Und sie gibt ihr Leben lang nicht auf, daß das ungesund sein soll.«

»Gibt es bei euch in dieser Frage dann nicht dauernd Streit?«

»Streit trifft es nicht. Hast du beim Süßkram Streit?«

»Jedesmal. Und jedesmal diese Nörgelei, daß ich das einsehen soll und daß sie recht hat und nur mein Bestes will. Und neuerdings diese ›Gespräche‹.«

»Was für ›Gespräche‹?«

»Sie ist modern. Sie liest solche Bücher, geht in Kurse und Seminare und lernt, was die beste Methode für den Umgang mit Kindern ist. Da sind ›demokratisch-partnerschaftliche‹ Gespräche angesagt, auf Augenhöhe, mit Ich-Botschaften, mit allen psychologischen Tricks.«

»Von Erzieher zu Zögling, von oben nach unten. Die Methoden werden raffinierter, nichts ändert sich wirklich.«

»Nein, es ist nicht wie bei dir, von Gleich zu Gleich.«

»Unser Konflikt ist offen und klar, ohne Tricks oder Manöver um meine Einsicht. Ich sehe oft, daß ihre andere Interpretation besser paßt, und ich kann dann auch zustimmen. Aber bei anderen Sachen eben nicht, wie beim Süßkram. Ich ändere mich nicht, sie ändert sich nicht. Das ist kein Drama, es ist eher ein bißchen komisch.«

»Du siehst sowas mit Humor?«

»Warum nicht?«

»Wenn sie dir keinen Süßkram läßt?«

»Ich komm' schon noch mal dran. Sie läßt mir keinen Süßkram, aber sie läßt mir meine Innere Welt, und zwar immer. Sie tastet meine Selbstachtung und meinen Wert nicht an.«

»Du kannst ihrer Meinung nach ein Süßkram-Fan sein und bleiben?«

»Ja. Sie weiß, daß ich so jemand bin. Sie achtet mich.«

»Und nimmt dir trotzdem den Süßkram weg.«

»Das ist kein Widerspruch.«

»Sie sorgt für das Kind, das sie selbst ist.«

»Wir tun beide im Grunde dasselbe: Jeder sorgt für sich und tastet dabei die Würde des anderen nicht an. Das ist bei allen

Konflikten, auch bei meinen Niederlagen, schon ein sehr verbindendes und verläßliches Gefühl.«

*

Dirk: »Meine Mutter will, daß ich dem Süßkram abschwöre.«
John: »Sie will ihn dir nicht nur konkret wegnehmen?«
»Ich soll auch einsehen, daß Süßkram schlecht ist. Und daß ich schlecht bin, wenn ich Süßkram will.«
»Sie will dich erziehen.«
»Ja.«
»Kultureller Imperialismus.«
»Was macht deine Mutter? Gibt sie ihren Wunsch auf, daß du auch mal Süßkram ablehnst? Daß du dich änderst?«
»Nein, sie gibt ihre Wünsche nicht auf. Aber sie ist auch ganz realistisch. Sie kennt meine Einstellung und weiß, daß ich mich nicht ändere. Das respektiert sie, wenn sie auch hofft, daß ich meine Meinung mal ändern könnte.«
»Könntest du?«
»Bei Süßkram? Kann ich mir nicht vorstellen. Aber möglich ist alles. Mich drängt ja keiner, ich kann es mir jederzeit überlegen.«
»Bei dir ist alles so unproblematisch.«
»Also, Probleme habe ich auch.«
»Aber sie sind leichter, nicht so voller existenzieller Dramatik, niemand geht dir an die Seele.«
»Die Achtung vor unseren Inneren Welten ist immer präsent. Dieser Fluß wird nicht durch Erziehungsmentalität beeinträchtigt. Das ist schon sehr entspannend.«
»Es kommt mir wunderschön vor.«
»Ich wünsche dir das auch.«

*

John: »Du wirst erzogen.«
Dirk: »Ich habe mal gehört, wie jemand gesagt hat, *du*

würdest erzogen, und zwar erfolgreich. Gut erzogen wärst du.«

»Die Leute sehen nicht, woher unsere Harmonie kommt. Sie denken, es wäre gute Erziehung. Dabei ergibt sich Harmonie nur dann, wenn Erziehung ganz und gar verschwunden ist.«

»Wenn sie sich nicht anmaßen, besser zu wissen als wir, was für uns gut ist. Wenn sie nicht meinen, über uns zu stehen, wegen Erfahrung, Alter und was weiß ich.«

»Wir brauchen ihre Fürsorge und Liebe, aber nicht ihr ›Ich weiß besser als du, was für dich gut ist‹, nicht diese Stellvertreter-Verantwortung.«

»Gibt es eine Möglichkeit, das alles meiner Mutter beizubringen?«

»Willst du sie erziehen?«

»Ach so.«

»Es ist ihre Welt, dich pädagogisch zu sehen. Kannst du ihr ihre Sicht nicht lassen?«

»Sie soll mich so nicht sehen. Ich bin kein Erziehungsmensch, ich bin ein normaler Mensch.«

»Sie sieht das anders. Es ist ihre Realität, daß sie für dich verantwortlich ist.«

»Aber nicht meine! Ich bin für mich selbst verantwortlich.«

»Es ist ihre Wahrnehmung von dir, ihre Innere Welt. Daß sie so von dir denkt, ist wiederum deine Realität. Da kommst du nicht dran vorbei. Du kannst doch auch nicht fliegen. Wenn sie pädagogisch ist – willst du ihre Seele ändern? Willst du das mit ihr machen, was sie nicht mit dir machen soll? Willst du Pädagogik mit Pädagogik vertreiben?«

»Gibt es keine Chance?«

»Nicht so, nicht auf diesem Weg, nicht pädagogisch. Wenn sie Kontakt zu erziehungsfreien Menschen hätte, immer wieder Kontakt. Vielleicht würde sie sich doch irgendwann mal angesprochen fühlen. Aber das muß ihr alles etwas sagen, in ihrem Herzen. Es kann sein, daß nichts mehr zu machen ist. Viele haben keinen Kontakt mehr zu den

Wahrheiten der Kindheit, ihrer und unserer Wirklichkeit. Sie wird wahrscheinlich ihr Leben pädagogisch verbringen.«

»Willst du mir angst machen?«

»Ich bin nur realistisch. Wenn du weißt, was auf dich zukommt, kannst du dich besser wappnen.«

»Wie sollen denn meine Kindheit aussehen, meine Jugend, meine nächsten 17 Jahre?«

»Schön wie bei uns allen, aber eben auch schrecklich. Du wirst viel vom Glauben an dich und an die Konstruktivität und Sozialität in uns verlieren. Du wirst anfangen, dich selbst pädagogisch zu sehen. Du wirst dich nicht mehr lieben können, wie immer du bist . . .«

»Hör auf!«

»Ich sage dir nur die Wahrheit.«

»Wie soll ich das aushalten? Das kann niemand aushalten.«

»Du wirst es aushalten, solange du dich nicht aufgibst, solange du leben willst. Lieber glaubst du all diesen Unsinn, als daß du sterben willst.«

»Gibt es keine Hilfen?«

»Ich halte zu dir, meine Mutter hält zu dir. Alle erziehungsfreien Menschen, denen du in den nächsten Jahren begegnen wirst, werden dich darin unterstützen, den Glauben an dich nicht aufzugeben.«

»John, du bist mein Freund.«

»Ich liebe dich, Dirk.«

4. Die positiven Wirkungen

In der erziehungsfreien Praxis fühlen sich Kinder ganz grundlegend gemocht, wie immer sie sind. Wertschätzung, Zuwendung und Liebe der Eltern sind Selbstverständlichkeiten. Sie kommen aus der Selbstakzeptanz und Selbstliebe der Erwachsenen, von daher sind sie selbstverständlich. Sie sind keine Norm, deretwegen wir uns zugunsten der Kinder in die Pflicht nehmen. Die Achtung vor der Inneren Welt des Kindes wird niemals irgendwelchen Werten, Erfahrungen, Einsichten untergeordnet. In den Konflikten begegnen sich gleichwertige Könige. Eine andere Einschätzung, die Ablehnung eines Verhaltens, ein Ärger, Ungeduld, Wutausbruch – all das ist anstrengend, kappt aber nicht die positive emotionale Verbindung. Harmonie charakterisiert den Alltag. Die Abwesenheit von »psychischem Krieg« (»Sieh das ein«, »Es ist zu deinem Besten«, »Ich bin für dich verantwortlich«) mit seinen verheerenden Folgen (sich nicht geliebt fühlen, sich herabgesetzt fühlen, nicht mehr an sich und die anderen glauben) ist in der erziehungsfreien Familie Standard.

Diese und andere positiven Mitteilungen aus der erziehungsfreien Praxis klingen oft unglaubwürdig, aber sie sind unsere Realität. Wir sind tatsächlich in einer Weise glücklich, daß es verlegen macht, davon zu berichten. Es ist kein Glücksgedusel, sondern handfestes Glück, das in langen Jahren erziehungsfreier Praxis Bestand hat (die ältesten erziehungsfrei großwerdenden Kinder sind heute 13 Jahre alt). Jeder Tag ist in seinen vielen kleinen Situationen die Verwirklichung des Traums, hier und heute glücklich mit sich und den Kindern zu leben. Wir sagen, daß das Paradies nicht irgendwann kommt, sondern daß wir hier, heute, jetzt schon dort sind – wenn wir es bemerken und den Blick hierfür nicht länger verstellt haben. Wir haben in der Tat damit begonnen, im Paradies zu leben. Was anderes war denn das »Du kannst dich nicht so lieben, wie du bist« und das »Du mußt erst noch ein richtiger Mensch werden« wenn nicht die Vertreibung aus dem Paradies? Mit dem Bösen auf der einen, dem Guten auf der anderen Seite? Wem dient dieser Riß in der Harmonie? Die kulturanthropologische Antwort: den Herrschaftsverhältnissen des Patriarchats. Und das alles ist für uns aus und vorbei. Das tiefe Durchatmen nach dem Wegwischen all dieser finsteren Fantasien, mit denen wir in der Kindheit von uns ferngehalten wurden, ist unendlich befreiend. Unsere Kinder sind uns bei diesem von Erziehung befreiten Leben willkommen.

Was bedeutet das konkret? Ich werde aus der Fülle der täglichen Ereignisse einige Beispiele aufzählen. Ich will damit nicht sagen, daß so etwas in pädagogischen Familien nicht vorkommt – aber es kommt dort nicht in dieser Dichte und Selbstverständlichkeit vor. Diese Beispiele erziehungsfreier Praxis sind nicht gelungene Ausnahmen (so, wie man die Kinder gern hätte, wenn die Erziehung gelingt, wenn sie gut erzogen sind), sondern unser Alltag. Ein Alltag, der einem unwirklich vorkommt, wenn man die Erfahrungen und Ergebnisse pädagogischer Kommunikation vor Augen hat (und zwar die aus allen Schichten der Gesellschaft).

Unsere Kinder sind selbstverantwortlich von Geburt an, werden so von uns gesehen und hierin nicht gestört. Die Entscheidungen, die sie treffen, bringen sie nicht in Gefahr, und Unfälle sind selten. Sie sind nicht in Versuchung, ihre Fähigkeiten zu überschätzen. Wenn sie sich für eine Beurteilung überfordert fühlen, delegieren sie an uns Erwachsene die Befugnis, für sie zu entscheiden. Sie schätzen unsere Erfahrung und Kompetenz und Körperkraft und machen ungezwungen davon Gebrauch, und wir gewähren sie ihnen gern.

Unsere Kinder schlagen nicht über die Stränge. Sie sind nicht ungezogen, sondern sie wachsen erziehungsfrei auf, das heißt, sie sind nicht in Abwehrhaltung gegen pädagogische Überfälle »trotzig« und »unartig«, sondern frei von solchen Überfällen in ungehindertem Kontakt zu ihrer Sozialität. Es kommt einfach nicht vor, daß sie sich mit Messer, Gabel, Schere, Licht verletzen, Wasser durch die Wohnung schütten, Lebensmittel für Spiele mißbrauchen, Blumen abreißen, Tiere quälen, Wände beschmieren, Spielzeug zerstören. Sie sind in beiläufiger Selbstverständlichkeit achtsam.

Unsere Kinder zanken sich nicht. Ihre Konflikte explodieren nicht in Haß, körperlichen Attacken, Häme, Schuldzuweisungen und Ohnmachtsgefühlen. Die Geschwister achten sich und sie lieben sich, der Ton ihrer Beziehungen ist einfach überwältigend.

Unsere Kinder kennen nicht Rücksichtnahme im Sinne einer

Pflicht, um deren Erfüllung man sich immer wieder bemühen sollte. Sie sind im Austausch mit den Wünschen und Gefühlen der anderen, und es liegt ihnen daran, daß diese auch zufrieden sind. Ihre soziale Weisheit ist faszinierend und jenseits jeglicher Pflicht hierzu.

Unsere Kinder sind klar in ihrem »Nein«. Ihr »Nein« ist nie gegen andere gerichtet, sondern Ausdruck dafür, daß sie einen anderen Weg gehen wollen. Ihr »Nein« ist deswegen leicht zu respektieren, die gesamte Problematik »Aufsässigkeit« und »Uneinsichtigkeit« taucht überhaupt nicht auf. Wenn wir ihr »Nein« nicht gelten lassen können (aus unseren subjektiven Gründen heraus) und uns darüber hinwegsetzen, beschwört das keine Katastrophe herauf, und das gilt auch umgekehrt. Sie reagieren – vielleicht nach einem Versuch, doch noch zum Zuge zu kommen –, schlicht mit Akzeptanz, und manchmal sind sie darüber auch betrübt, selten verärgert. Ein »Nein« in unseren Beziehungen ist wie ein Baum, der über den Weg fällt und zum Anhalten und Suchen nach einem neuen Weg veranlaßt.

Unsere Kinder essen soviel, wie ihnen gut tut, und sie essen das, was ihnen schmeckt. Würden Sie einen Gast zum Essen zwingen? Sie nehmen bittere Medizin und süße Gummibärchen. Wir sind in dieser Frage sehr entspannt miteinander.

Unsere Kinder bekommen genug Schlaf, wann immer sie ins Bett gehen. Wenn wir sagen, es sei Zeit, ins Bett zu gehen, dann gehen sie. Allerdings stören wir sie damit nicht zur Unzeit. Wir begleiten unsere Kinder in den Schlaf, so wie sie es gern haben. Unsere Kinder bleiben nicht bis Mitternacht auf, sondern sie haben ganz normale Schlafenszeiten wie andere Kinder auch. Der Unterschied liegt darin, daß es hierüber kein Theater gibt.

Unsere Kinder sind beliebte Spielkameraden. Sie sind am »Unsinn« anderer Kinder nicht uninteressiert, aber sie treiben solche Dinge nicht voran, und sie weigern sich, offensichtlich gefährliche und andere schädigende Aktionen mitzumachen. Sie petzen nicht, aber wenn sie wirklich schwere Bedenken haben, vertrauen sie sich uns an. Sie halten sich von aggressiven Kindern fern und setzen sich gegen solche Kinder, wenn sie von ihnen belästigt werden, energisch zur Wehr.

Unsere Kinder wurden weder zur Reinlichkeit gedrängt, noch durften sie die Wohnung beschmutzen. Es gab Windeln und den Topf, wenn sie das wollten, später den Aufsatz auf der Toilette. Eines Tages war es dann von allein soweit, daß sie ohne uns klarkamen.

Unsere Kinder sind problemlos mit ihrer Sexualität, sie schämen sich ihrer Nacktheit nicht. Sie achten aber die Scham der anderen, und das verwirrt sie nicht. Sie wissen über all diese Dinge gut Bescheid, es ist ein normaler Bereich ihres Lebens.

Unsere Kinder reiten, fahren Schlittschuh, hören Discomusik, essen Pommes und Schokolade und Biokost, lesen Comics und »5 Freunde«, hören Cassetten und sehen »Bernhard und Bianca«, sie malen, basteln, backen – sie leben ein ganz normales Kinderleben, nur eben von einer Qualität, die wirklich beglückend ist.

Wie kommen die erziehungsfrei aufwachsenden Kinder denn mit pädagogischen Erwachsenen zurecht? Sind sie ihnen und ihrer psychischen Aggression, ihrem »Sieh das ein« und »Ich habe recht« nicht schutzlos ausgeliefert?

Unsere Kinder kennen pädagogisch eingestellte Erwachsene aus dem Bekannten- und Verwandtenkreis, aus den Kontakten zur Nachbarschaft, als Eltern ihrer Freunde, aus dem Kindergarten und der Schule, vom Einkaufen und vom Arztbesuch. Wir leben nicht isoliert, sondern wie alle Familien mitten in dieser – pädagogischen – Gesellschaft.

Unsere Kinder erfahren jedoch im Unterschied zu pädagogisch großwerdenden Kindern in ihrem Zu-Hause-Bereich Beziehungen, die frei sind von der pädagogischen Einstellung und allen ihren destruktiven Konsequenzen. Unsere Kinder werden in ihrer Selbstverantwortung, ihrem Selbstvertrauen, ihrer Selbstliebe und ihrer Sozialität nicht gestört. Mit der ursprünglichen Ich-Kraft treffen sie auf pädagogische Haltungen: Sie sind für diese Zusammenstöße bestens gerüstet.

So merken sie beispielweise, daß eine Herabsetzung und Schuldzuweisung in Wirklichkeit nichts mit ihnen zu tun haben. Sie spüren, daß der schimpfende Erwachsene in Not ist und *seine* Geschichte herausschreit, daß sein »Ich weiß es wirklich besser als du« trotz seines Anspruchs, recht zu haben, nur seine Sicht der Dinge ist. Andere Kinder hingegen kennen solche Herabsetzungen und fühlen sich von ihnen bedrängt und bedroht, und die aktuelle Schuldzuweisung ist ein weiterer Tropfen, der den Kern ihres Selbst zersetzt.

Es gibt auch in der Welt der Dinge viele Gefahren, und die Potenz, mit ihnen erfolgreich umzugehen, kommt von innen. Das ist mit den Inneren Gefahren – den »pädagogischen Dämonen« – nicht anders. Die erziehungsfrei großwerdenden Kinder stützen sich auf ihr Selbstvertrauen und kommen mit der pädagogischen Welt um sie herum insgesamt gut zurecht. Sie sind bei pädagogischen Aus- und Anfällen gelassen und nachsichtig. Sie lieben doch ihre Tante, sie können doch den Vater ihres Freundes eigentlich gut leiden – warum sollen sie ihnen dann nicht ihr Gemecker nachsehen und sich die Hände waschen und die Tür zumachen? Der Lehrer, der wegen der unerledigten Hausaufgaben eine Standpauke hält, ruft Erstaunen statt Schreck und Schuldgefühl hervor: »Was hat er denn nur? Schlecht geschlafen? Krach zu Hause?« Die Kontinuität ihres Gefühls, voll- und gleichwertig zu sein, geht durch die Erlebnisse mit pädagogischen Menschen nicht verloren. Die Welt, die sie in ihrem Glauben an sich selbst stützt, erfahren sie ja zu Hause, Tag für Tag, rund um die Uhr, in verläßlicher Sicherheit, weil ihre Eltern sie – wiederum aus deren Glauben an sich selbst, nicht um der Kinder willen – so sehen.

Die pädagogischen Erwachsenen ihrerseits mögen die erziehungsfrei aufwachsenden Kinder. Dabei kennen sie in der Regel nicht ihren postpädagogischen Hintergrund. Unsere Kinder beeindrucken sie, weil sie ich-stark, aber nicht egoistisch, psychisch ausgeglichen, aber nicht apathisch, weil sie einfach angenehm und freundlich, aber nicht anpaßlerisch und leisetreterisch sind. Sie sind offen für die Gefühle anderer Menschen, und das tut auch den Eltern ihrer Freunde und der Lehrerin gut.

Unsere Kinder sind gern gesehene Gäste in anderen Familien, in der Schule werden sie als wertvolle Stützen der Klassengemeinschaft geschätzt. Sie erhalten im Hinblick auf ihr Sozialverhalten auffallend positive Beurteilungen, und ihre schulischen Leistungen sind wie bei anderen Kindern: mal besser, mal schlechter.

Die Beurteilungen der Kinder in den Zeugnissen drücken die Wahrnehmung und Sicht der Lehrer aus – mithin einer besonders pädagogischen Umwelt. Ich möchte dies einmal dokumentieren, indem ich aus Grundschulzeugnissen erziehungsfrei aufwachsender Kinder zitiere (»Hinweise zum Arbeits- und Sozialverhalten«). Es ist für uns zunächst überraschend, aber eben doch selbstverständlich gewesen, wie sehr die Harmonie und Konstruktivität dieser Kinder auch in einer pädagogischen Umwelt wirken. (Die Kinder waren mit einer anonymen Veröffentlichung ihrer persönlichen Daten einverstanden.)

»Er erledigte seine Aufgaben stets selbständig, zuverlässig und zeitgerecht.«

»Partner- und Gruppenarbeit nahm er sehr ernst und entwickelte dort selbständig eigene Arbeitsstrategien.«

»Im Klassenverband arbeitete er mitgestaltend, bereichernd und lebhaft mit.«

»Auf dein 1. Schuljahr kannst du wirklich stolz sein: An deinen Leistungen ist nichts auszusetzen, und deine Mitschüler mögen dich alle.«

»Du warst uns in deiner beständigen, ruhigen Art eine große Hilfe.«

»Du warst stets freundlich, hilfsbereit, fleißig und sorgfältig und konntest prima selbständig arbeiten oder deine Mitschüler bei der Erledigung ihrer Aufgaben unterstützen.«

»Sie konnte sich gut an die aufgestellten Regeln halten.«

»Ihre Klassendienste erledigte sie sehr gewissenhaft und übernahm auch noch freiwillig zusätzliche Aufgaben.«

»Es gelang ihr immer, ihre Aufgaben rechtzeitig, sehr ordentlich und meistens fehlerlos zu erledigen.«

»Sie hatte viele Spielkameraden, sowohl Mädchen als auch Jungen.«

»Zu ihren Lehrern und Mitschülern hatte sie ein gutes Verhältnis.«

»Die Hausaufgaben sind zuverlässig erledigt.«

»Er handelte stets verantwortungsbewußt für die Klasse, wirkte ausgleichend in Konfliktsituationen und übernahm freiwillig zusätzliche Dienste.«

»Mit seiner ruhigen und beständigen Art bemühte er sich sehr um eine gute Atmosphäre in der Klasse und übte einen wohltuenden Einfluß auf seine Mitschüler aus. Er war dabei offen und sensibel für deren Probleme und verstand es, Streitigkeiten zu schlichten und auch zu vermeiden.«

»Sie wurde häufig in Konfliktsituationen von anderen Kindern zu Rate gezogen.«

»Sie hatte ein großes Gerechtigkeitsempfinden und vertrat ihre Meinung auf sehr bestimmte und ruhige Weise.«

5. Was will ich wirklich?

Alles, was die Antipädagogik über Kinder sagt, gilt auch für Erwachsene, die groß gewordenen Kinder. Auch wir mußten nicht erzogen werden, auch wir mußten nicht erst richtige Menschen werden, sondern sind es von Anfang an, auch wir sind selbstverantwortlich von Geburt an. Erwachsene profitieren von der Antipädagogik nicht nur in den Beziehungen zu Kindern, sondern auch unmittelbar für sich selbst, wenn auch die Antipädagogik verständlicherweise zunächst im Blick auf die heutigen Kinder erfaßt wird. Denn wir selbst sind die Kinder, um die es in unserem Leben zuallererst geht. Wir sind selbstverantwortlich von Geburt an, ein Leben lang, jederzeit:

Wie soll mein Leben weitergehen? In den nächsten drei Minuten, drei Stunden, drei Tagen? Was will *ich?* Was will ich *wirklich?*

Erwachsene, die von der Antipädagogik hören, werden stets auch direkt angesprochen. Es ist, als ob ein junger Mensch zu den heutigen Erwachsenen tritt und ihnen etwas von ihrem verschütteten Wissen der eigenen Kindheit mitteilt. Dieses Kind, von der Antipädagogik abgesandt, erinnert die großen Kinder an die Wahrheiten ihrer Kindheit – Wahrheiten, die durch Erziehung und pädagogische Tradition verlorengingen. Die Kraft der Gleichwertigkeit befreit auch die Großen: »Du kannst dich lieben, wie immer du bist. Du bist wie ich ein selbstverantwortliches Wesen. Du bist ein zu 100 Prozent vollwertiger Mensch, du mußt dich nicht besser machen und erziehen. Was die Antipädagogik von uns Kindern in die Welt trägt, gilt ebenso für dich, großes Kind.«

Wenn Erwachsene Zugang zum Sinn der Antipädagogik haben, dann setzen sie den erziehungsfreien Impuls auch für das Kind um, das ihnen zunächst anvertraut ist: für sich selbst. Sie schauen mit anderen Augen auf ihre Kindheit, bemerken erstmals, daß die damaligen destruktiven Festlegungen ihres Selbst nicht Fels, sondern Fantasieprodukte der damaligen Erwachsenen sind, bemerken überhaupt, wie dies alles ihr Denken und Fühlen im Griff hat, und beginnen, die »pädagogische Verhexung« aufzuheben – zugunsten ihres Glaubens an sich selbst. (Weiterführend zur Erwachsenendimension der Antipädagogik mein Buch *Ich liebe mich, so wie ich bin. Der Weg aus Selbsthaß, Ohnmacht und Egoismus,* erschienen als Knaur-Taschenbuch.)

»Was will ich wirklich?« ist denn auch die Frage, die den Weg zur erziehungsfreien Praxis zeigt. »Was will ich wirklich?« begleitet jemanden, der sich selbstverantwortlich fühlt. So zu denken bedeutet keine stundenlangen inneren Diskussionen, sondern wird mit der Zeit ein selbstverständlicher Reflex, gelegentlich ein kürzeres Innehalten, wenn etwas unklar ist. Die jeweilige Entscheidung orientiert sich am *Insgesamt* aller

Faktoren: Erfahrung, Wissen, Gefühle (Ängste, Mut, Zöger-
lichkeit, Hoffnung, Freude usw.), Situation, körperliche Ver-
fassung, Perspektiven, Finanzen, Zeit, Risiken, Gewinn ...
was immer eine Rolle spielen mag. Und Korrekturen – ein
neues Insgesamt – sind jederzeit möglich.

»Was will ich wirklich?« ist nicht die Frage nach den Fantasien und Träumen (zu ihnen führen andere Fragen), sondern
nach der Wirklichkeit, in der ich lebe: in Abwägung meiner
Vorstellungen und Wünsche mit den vorhandenen Möglichkeiten hier und heute. Es ist ein Realismus, der nicht nach
Verrat der Träume schmeckt, sondern es entsteht ein konstruktiver Umgang mit den Realitäten. Die Antipädagogik
eröffnet wieder den Zugang zu dieser Art, mit sich und der
Welt in Übereinstimmung zu leben. Die (heutigen) Kinder
zeigen uns Erwachsenen den Weg zur Kongruenz, denn
Kinder sind einerseits sehr realistisch und andererseits sehr
nah bei ihren Träumen, und ihnen gelingt es, die Balance zu
halten – wenn sie nicht mit pädagogischem »Sieh das ein«
gestört werden.

Wer nicht zur Schule geht, wird letztlich mit Polizeigewalt
hingezerrt und ist ein buntes Huhn unter seinen Spielkameraden. Welches Kind wird sich das zumuten? Unsere Kinder
sind keine Kulturkämpfer, sondern Realisten. Aber Realisten,
die stets Ausschau danach halten, wie sich ihre Wünsche
verwirklichen lassen. Sie sind nicht demoralisiert angepaßt,
sondern ihre Anpassung ist konstruktiv und kommt aus dem
Gespür für die Grenzen ihrer eigenen Macht. Diese Grenzen
sind flexibel, und was jetzt nicht geht, ist vielleicht gleich
möglich. Aber wenn etwas jetzt nicht geht – »Wir gehen heute
nicht schwimmen« –, dann geht es eben jetzt nicht, und darauf
stellen sich die Kinder ein. Wenn sie an einer Grenze angekommen sind, leben sie mit der Grenze und verlieren sich
nicht in endlosem Lamentieren, gemischt mit Selbtmitleid,
Schuld- und Ohnmachtsgefühlen, wie dies das Schicksal
pädagogisch großwerdender Kinder ist. Sie lassen sich auf
Grenzen ein – und sind offen für die Chancen, sie zu verän-

dern. Sie verlieren durch ein »Nein« nicht ihr Gleichgewicht, ihre Innere Harmonie zerbricht nicht, wenn sie nicht tun können, was sie wollen.

Für erziehungsfreie Erwachsene ist es schwieriger, auf Grenzen so gelassen zu reagieren, denn wir haben in unserer Kindheit gelernt, daß bei einem »Nein« immer auch eine Herabsetzung unserer Wünsche, Ideen, Interpretationen, unseres Wertes mit im Spiel war. »Nein« charakterisierte nicht nur die subjektive Position des Erwachsenen, sondern auch uns: »Das geht nicht« hieß immer auch »*Du* gehst nicht, nicht so, dein Wunsch paßt nicht, sieh es ein, ändere deine Wünsche«. »Nein« hieß, daß der Erwachsene objektiv recht und daß wir objektiv unrecht hatten. Die Grenzziehungen unserer Kindheit, die von den damaligen Erwachsenen kamen, haben uns durch die pädagogische Haltung der Grenzzieher immer auch demoralisiert. Grenzen, die heute auftauchen, haben deswegen den Geschmack der persönlichen Niederlage.

»Tut ihr immer, was ihr wollt?« Unsere Antwort bezieht sich auf das, was unser *Insgesamt* von Erfahrung, Wissen, Gefühl, situativen Bedingungen, langfristigen Perspektiven usw. uns nahelegt. Es geht nicht um die vordergründig annehmlichste Lösung. Den Arbeitsplatz zu verlieren, weil das schöne Wetter zu ungenehmigtem Urlaub lockt: Ist das wirklich mein Vorteil? Wohl kaum. Aber wenn es tatsächlich so wichtig ist, genau diese verrrückten Dinge zu tun, dann tue ich sie.

Korrekturen unserer Gesamteinschätzung sind jederzeit möglich: Dann will ich etwas anderes als gerade noch. Dabei war das »eben« nicht falsch. Eben war die Einschätzung so, jetzt ist sie anders. Die Vergangenheit wird nicht herabgesetzt, die moralisierende Meßlatte »Richtig-Falsch« erfaßt uns nicht mehr. Was ich tue, ist vor mir verantwortet, es entspricht meiner Einschätzung und meiner Moral. Es ist eine subjektive Entscheidung, die sich nicht zu Recht von außen, an moralisierenden objektiven Maßstäben messen läßt. Wir machen keine Fehler, weil der Gedanke, etwas könne falsch sein, den, der aber so entscheidet, diskriminiert: Denn ich habe ja so entschieden, wie es meiner Sicht der Dinge entspricht. Dieser Sicht gebührt Achtung, denn sie ist ein Teil von mir.

Die Welt einzuteilen in Gut und Böse, Richtig und Falsch, Oben und Unten als objektive Kategorien, an denen die Menschen gemessen werden, ist das Herzstück des alten Denkens und für postpädagogische Menschen vorbei. Das macht nicht überheblich, sondern schärft ganz im Gegenteil den Blick für die Motive und Interpretationen des anderen und seine oft so fremden und unverständlichen Entscheidungen.

Die Achtung vor der Inneren Welt des anderen schließt jede objektive Moral aus und öffnet der Demut die Tür. Die postpädagogische Ethik ist voller Konstruktivität und zeigt, daß das Oben-unten-Denken, daß die Pädagogik als ein ideologischer Teil des Patriarchats in alle Lebensbereiche wie ein Krebsgeschwür vorgedrungen ist. Nicht, daß Krebs böse ist! Er ist ein sinnvoller Ausdruck gewordener Umstände. Aber selbstverständlich kann man ihn zu überwinden versuchen – ohne Diskriminierung. Ebenso wie jegliche Erziehung: »Was will ich wirklich? Was kommt dem Kind zu, für das ich verantwortlich bin und das mir anvertraut ist – was kommt *mir* zu?«

An dieser Stelle taucht immer wieder die Frage danach auf, ob das nicht unsozial und Egoismus sei. Ich frage dann zurück: »Sind Menschen soziale Wesen, oder müssen sie erst dazu gemacht werden?« Die Antipädagogik fällt hier, in der Frage nach der Sozialität des Menschen, eine weitere Grundentscheidung, die sich ebenfalls radikal von der Oben-unten-Tradition unterscheidet (neben dem Grundsatz, daß Menschen von Geburt an zur Selbstverantwortung befähigt sind): *Menschen sind konstruktive soziale Wesen von Geburt an.* Der Mensch will vom anderen – dessen Lächeln. Die Gewogenheit der Gemeinschaft, in der wir konkret leben (Eltern, Partner, Freunde), das Angenommensein durch andere liegt uns am Herzen und tut uns gut. Wir sorgen für die Zufriedenheit eines anderen Menschen, weil uns seine Zufriedenheit gut tut. Wir sind konstruktive soziale Wesen *um unseres eigenen Vorteils willen.* Sozialität muß niemandem erst beigebracht werden, sondern sie ist ein konstitutiver Teil von uns. Wir sind sozial (fürsorgend, freundlich, hilfsbereit, solidarisch, aufopfernd usw.), weil wir uns selbst lieben und uns in unserer Selbstliebe um unseren Vorteil kümmern – und weil dieser Vorteil in den sozialen Angelegenheiten dein Lächeln ist, das mir gut tut.

Wenn Menschen aber in ihrer Selbstliebe gestört werden – so wie es ist, wenn sie erst noch richtige Menschen werden müssen, wie dies das pädagogische Denken den Menschen vorgaukelt –, fehlt ihnen die Selbstverständlichkeit, mit allen Umständen zum eigenen Vorteil umgehen zu können, auch mit den »Umständen«, die die anderen sind. Wer sich selbst nicht (mehr) richtig lieben kann, kann sich auch nicht richtig um sich selbst kümmern, und in diesem Fall um das Lächeln des anderen, das gut tut. Er verfehlt den anderen immer wieder im Egoismus. Selbstliebe ist somit dem Egoismus entgegengesetzt: Sie ist der Schlüssel zur Sozialität des Menschen.

Die pädagogische Tradition lehrte uns: In der Wiege liegt ein niedlicher kleiner Wolf – paß auf, daß aus ihm nicht ein großer böser Wolf wird! Menschen sind gefährlich, das Böse ist in ihnen, sie müssen durch Erziehung erst zu sozialen Wesen gemacht werden! Hinter dieser Sicht steht der Glaube an die Aufteilung der Welt in Oben-Unten und Richtig-Falsch und Gut-Böse, das patriarchalische Paradigma – für uns überholt und vorbei: Wir *sind* konstruktiv von Geburt an, Ebenbilder Gottes, beauftragt, uns um das Kind zu kümmern, das wir selbst sind – als Teil des Ganzen, auch als Teil des sozialen Ganzen. Wer sich um sich selbst kümmert, kümmert sich auch um den anderen, denn er ist Teil von mir.

6. Praxisbeispiel Konflikt

In den Gesprächen über die erziehungsfreie Praxis kommt stets die Frage danach, wie wir mit Konflikten umgehen. Es ist, als ob »Unterstützen statt erziehen« und die gesamte

Antipädagogik hier, in der Konfliktthematik, auf dem Prüfstand stehen. Deswegen gehe ich auf diese Thematik in einem eigenen Kapitel ein. Zunächst stelle ich Überlegungen, die immer wieder vorkommen, als »Sieben Fragen zum Konflikt« vor:

Sieben Fragen zum Konflikt

1. Was will ich wirklich?
   Es kommt auf das Insgesamt meiner Einschätzung an.
2. Kann ich die Position des anderen als Ausdruck seiner Inneren Welt achten?
   »Hier stehe ich, ich kann nicht anders« statt »Sieh das ein«.
3. Habe ich bei Achtung vor der Inneren Welt des andern eine realistische Chance, daß geschieht, was ich will?
   Falls ja: Ich setze mich ein und setze es durch.
   Falls nein: Ich akzeptiere diese Grenze.
4. Will ich die Beziehung zum anderen aufrechterhalten?
   Falls ja: Dann ist der Konflikt kein Drama.
   Falls nein: Es ist Zeit zu gehen.
5. Warum sollte ich der Liebe des anderen nicht trauen?
   Der andere tut stets etwas für sich, nicht gegen mich. Seine Liebe zu mir nimmt nicht ab, wenn er Wege geht, die nicht meine sind.
6. Warum sollte ich meine Träume verraten?
   Ich kann stets zu mir halten, auch bei Niederlagen. Ich bin mir meines Wertes sicher. Ich warte auf eine neue Chance.
7. Warum tue ich nicht das, was meine Liebe mir sagt?
   Ich vergebe mir nichts, wenn ich den anderen machen lasse. Ich kann ihn sogar begleiten. Er ist meiner Liebe wert.

Ein Beispiel soll diese Überlegungen verdeutlichen:
»Mein Kind räumt sein Zimmer nicht auf.«

1. Was will ich wirklich?
   Ich will, daß 99 Dinge im Kinderzimmer an den Platz

gestellt werden, den ich mir für sie vorstelle. (Es geht nur darum und nicht um pädagogische Ziele wie »Rücksichtnahme«, »Ordnung muß sein« usw.).

2. Kann ich die Position des anderen als Ausdruck seiner Inneren Welt achten?

Ja. Mein Kind muß nicht »einsehen«, daß ich recht habe.

3. Habe ich bei Achtung vor der Inneren Welt des anderen eine realistische Chance, daß geschieht, was ich will?

Falls ja: Dann setze ich mich für mich ein und greife zu den Mitteln, die zum Erfolg führen. Zum Beispiel »Es gibt 5 Mark fürs Aufräumen« (freundlich), »Ohne Aufräumen kein Geld fürs Kino« (unfreundlich). Die Machtmittel, die ich einsetze, unterliegen wie stets der Frage »Was will ich wirklich?«

Falls nein: Dann wird nicht aufgeräumt.

4., 5. und 6. stützen mich in der Gesamteinschätzung unseres Konflikts und meiner Stellung in der Beziehung. Diese Fragen helfen mir vor allem in der Niederlage:

4. Will ich die Beziehung zum anderen aufrechterhalten?

5. Warum sollte ich der Liebe des anderen nicht trauen?

6. Warum sollte ich meine Träume verraten?

7. Warum tue ich nicht das, was meine Liebe mir sagt?

Ich liebe mein Kind. Kinder haben eine andere Ordnung als Erwachsene. Ich vergebe mir nichts, wenn ich in seinem Zimmer die Ordnung, die *ich* wünsche, selbst herstelle. Ich *muß* das nicht tun, aber ich *kann* es tun. Mit Humor und ohne Ärger.

Die Antworten zu den Fragen 3 und 7 sind mögliche, nicht die einzigen Antworten (die Antworten zu den anderen Fragen sind eindeutig). Jeder findet für seine erziehungsfreie Praxis selbstverständlich seine eigenen Lösungen. Entscheidend ist, wie immer, die »ganze Art« des Erwachsenen, der im Konflikt handelt.

Konflikte kommen im Alltag immer wieder vor, und wenn wir uns im Konflikt mit Kindern durchschnittlich dreimal am Tag durchsetzen (eine geschätzte Zahl, die wahrscheinlich viel höher ist), dann sind das etwa 1000 Steine, die wir im Jahr in den Weg unseres Kindes rollen, bei 18 Kinderjahren 18000 Steine, bei zwei Eltern 36000, hinzu kommen Verwandte, Bekannte, Erzieher im Kindergarten, Lehrer: 100000 Steine warten auf die Kinder, Behinderungen, Niederlagen. Antipädagogik hat kein Rezept – weder in der Theorie noch in der Praxis –, wie sich dieser riesengroße Steinhaufen verringern läßt. 100000 Steine sind die Realität jedes Kindes. Sie sind mal kleiner, mal größer, belanglos oder ärgerlich – aber: Sie sind da.

Es wird oft erwartet, daß Antipädagogen die Kinder *tun* lassen, was diese selbst entscheiden. Das sei doch die Quintessenz aller antipädagogischer Theorie! Aber wer so denkt, hat den Sinn der Antipädagogik nicht verstanden. Es ist schön, wenn ich den Steinhaufen meines Kindes auf 99312 verringern kann, aber die Behinderungen der Kinder durch die Erwachsenen zu beseitigen ist *nicht* das Thema der Antipädagogik (eher das Anliegen der »antiautoritären Erziehung«, mit der die Antipädagogik nichts zu tun hat) – wiewohl sicher ein Drittel aller Steine in antipädagogischen Beziehungen gar nicht erst auftauchen. Es geht bei der Antipädagogik nicht um die Welt der Dinge (Abbau von Behinderungen auf der Handlungsebene), sondern um die psychologische Ebene:

Muß ein Stein, müssen alle diese vielen Steine nicht nur schwer (das heißt ärgerlich), sondern auch noch giftig sein – behaftet mit dem seelischen Gift »Sieh das ein – es ist wirklich zu deinem Besten. Das kannst du nicht beurteilen. Ich weiß es besser als du. Du bist noch kein vollwertiger Mensch. Du mußt erst ein richtiger Mensch werden, dafür trage ich die Verantwortung. Und deswegen mußt du tun, was ich sage. Weil ich es besser weiß.« Dieses Gift wird vermieden.

»Setz die Mütze auf« – »Will nicht«. Sie haben einen Konflikt mit Ihrer dreijährigen Tochter. Die Welt der Dinge wird interpretiert: Körpertemperatur, Wind, Regen. Wer interpretiert richtig? Die antipädagogische Antwort ist unmißverständlich: Jeder interpretiert auf seine Weise, jeder hat recht. Niemals steht im Interpretieren und Bewerten der eine über dem anderen. Ich sage dir meine Erfahrung und meine Sicht der Dinge, du sagst mir deine. Ich sage es vielleicht mehrmals, du antwortest mehrmals. Dann kann es sein, daß wir übereinstimmen: »Ich setz' die Mütze auf« oder »Na gut, dann geh ohne«. Oder wir bleiben bei unseren entgegengesetzten Beurteilungen. In diesem Fall läßt der Erwachsene dem Kind seine eigene Sichtweise, er überschreitet nicht die Landesgrenze der Inneren Erkenntnis im Kind, er pflanzt nicht in der Seele des Kindes seine Erkenntnisbäume gegen dessen Willen – genau dies aber ist Aufgabe und Verpflichtung für jeden pädagogischen Menschen, der für Kinder im allgemeinen die Verantwortung trägt und für ihre »richtige« Innere Entwicklung (die »richtigen« Beurteilungen, Werte, Sichtweisen) im besonderen.

In der psychischen Dimension liegt der Unterschied der Systeme: Anerkennung der souveränen Inneren Welt des Kindes – Feststellen des Nichtvorhandenseins einer solchen Inneren Welt beim Kind. Achtung vor der Inneren Souveränität, Beziehung und Austausch zu einem Menschen mit Innerer Souveränität – Nicht(be)achtung der Inneren Souveränität, Beziehung und Austausch zu einem Noch-nicht-Menschen.

Wie kommt es bei antipädagogischen Erwachsenen zum Tun? Verantwortlich in meinem Leben bin ich für mich selbst. Was will ich, was will ich wirklich? Ich bringe in meine Entscheidung meine Gefühle ein, mein Wissen, meine Erfahrung. Situative Faktoren kommen hinzu, Perspektiven, Ziele, Ängste und Grenzen. All meine Befindlichkeiten bilden das Insgesamt, aus dem heraus ich dann handle, vor Ort, jetzt: »Dann bleibst du drin« oder »Dann geh ohne Mütze«.

Ich *muß* mich nicht durchsetzen, aber oft ist es mir unverzichtbar. Wenn ich dann eine Chance habe, setze ich mich auch durch. Als Erwachsener gelingt das in Konfliktbereichen, wo ich die besseren Machtmittel habe: Muskelkraftkonflikte,

Finanzkonflikte, Argumentationskonflikte. Das sind 40 Prozent aller Konflikte mit Kindern. Die Kinder haben zu 60 Prozent die Chance, einen Konflikt zu ihren Gunsten zu entscheiden, denn sie sind uns bei den vielen psychosomatisch ausgetragenen Konflikten überlegen, mit ihren psychologischen und emotionalen Machtmitteln, diesen fein abgestimmten Tönen für unsere jeweiligen Empfindlichkeiten: Sie kennen genau die Stimmlage, die bei diesem Erwachsenen so, beim anderen anders zum Erfolg führt. Ihre Machtmittel werden in der alten Denkweise als »Jammern« und »Nörgeln« diskriminiert, aber auch dies läßt sich überwinden. Die Kinder tun nichts anderes als wir Erwachsene: Sie setzen ihre vorhandenen Machtmittel ein für das Kind, das ihnen anvertraut ist – für sich selbst.

Es geht jedoch nur selten um das Sich-Durchsetzen: Die erziehungsfreie Praxis ist gänzlich anders! Wiewohl Machtmittel da sind und Erwachsene (zu 40 Prozent) und Kinder (zu 60 Prozent) sich durchsetzen könnten, kommt es wirklich selten vor. Das klingt paradox, ist aber eine überzeugende Konsequenz antipädagogischer Kommunikation.

Auf der psychischen Ebene findet ja kein Angriff gegen die Innere Welt des Kindes statt (»Sieh das ein«) mit der entsprechenden Verteidigung. Da ich keinen Angriff führe mit meinem »Setz die Mütze auf« (was sich im Tonfall, der »ganzen Art« mitteilt), muß das Kind sich nicht verteidigen. Sein »Will nicht« ist seine Interpretation, sein Interesse (keine Verteidigungsaktion; auch dies wird am Ton, der »ganzen Art« des Kindes erkennbar). Beim »Will nicht« des Kindes geht es um die Sichtweise eines Menschen mit Innerer Souveränität – es steht nicht das Abendland auf dem Spiel, »Trotz«, den es zu brechen gilt.

Frei von Abendlandretten oder Trotzbrechen wird nun anderes möglich: psychologisches Hören, Empathie. Ich bekomme deine Dringlichkeit mit, wie wichtig dir dein Interesse ist, wer *du* bist. *Dies ist ein gravierender Unterschied zur pädagogischen Praxis:* Empathie wird als Standardgröße im Alltag möglich. Und das Kind bekommt meine Dringlichkeit mit, *auch dies ist ein gravierender Unterschied zur pädagogischen Praxis*. Das Kind muß sich nicht verteidigen – denn es wird nicht angegriffen – und kann mich psychologisch hören, wie wichtig mir mein Interesse ist, wer *ich* bin.

Wir informieren uns also über unsere Interessen und zugleich (auf der emotionalen Ebene) über unsere Dringlichkeiten. Dies geht ein paarmal hin und her, mal mit Worten, mal mit Erklärungen, mal ohne. Dann kann es zwar vorkommen, daß sich einer durchsetzt, aber die Regel ist, daß der eine den anderen machen läßt. Die Dringlichkeiten zweier Menschen sind selten genau gleich wichtig. »Dann mach du« – dies liegt näher: aber nur, wenn nicht Souveränität, Selbstachtung, Würde und andere existentielle Wichtigkeiten auf dem Spiel stehen (was aber der Kern jedes pädagogischen Konflikts ist). Die erziehungsfreie Praxis funktioniert tatsächlich genau so, und wir erleben den Alltag mit Kindern als großes Geschenk – das sich nicht inszenieren läßt (»Antipädagogik anwenden« ist unsinnig), sondern sich aus der Haltung ergibt.

Die Praxis der erziehungsfreien Lebensführung enthält somit viel Harmonie. Die Konflikte zerstören sie nicht, wie heftig die Konfrontation auch sein mag. Diese Harmonie ist eine realistische, den Konflikt einbeziehende Größe, und sie ist in der ganzen Wohnung zu spüren, wenn man antipädagogische Familien besucht. Auch auf unseren Familienseminaren erlebt man sie, wenn 50 Erwachsene und 50 Kinder zusammen sind – zur Überraschung von Gästen, die antiautoritäres Chaos erwartet haben.

Harmonie läßt sich nicht vorführen – sie ergibt sich, und sie ist unsere Realität. Sie ist nicht zu verwechseln mit dem Unterordnen, dem Verzicht auf Wünsche. *Wenn* die Interessen mit ihren emotionalen Dringlichkeiten 100 Prozent gegen 100 Prozent stehen, dann setzt sich jeder mit Nachdruck und all seiner Energie für sich ein. Das ist nicht zahm – das ist wild. Bei aller gegenseitiger Achtung – niemand wird psychisch angegriffen, niemand muß sich in Abwehr aufreiben –, mit vollem Einsatz wird für das Kind eingetreten, das einem anvertraut ist, für das Kind, das ich bin. Dieses Ringen geht oft sekundenschnell, durch Blicke, Körpersprache, Töne, auch Worte und auch körperliche Auseinandersetzung. Es ist immer rasch vorbei, entschieden, je nach Machtmitteln und realistischer Einschätzung der Situation und der eigenen Möglichkeiten. Die Konfliktpartner kennen sich – wir leben ja nicht den ersten Tag zusammen –, und wenn ein Einsatz nicht Erfolg verspricht, wird die Niederlage als Realität akzeptiert – *wenn* er nicht Erfolg verspricht: Sonst geht es zur Sache, die so oder so ausgeht.

Für den, der sich nicht durchsetzen kann in einem solch seltenen 100-zu-100-Prozent-Konflikt bleibt kein Stachel des Erniedrigtseins, keine Demütigung zurück. Denn bei allem verstellten Weg: Die Würde blieb unangetastet, es erfolgte kein Angriff gegen das Selbst.

In der modernen Pädagogik wird heute auf »sanfte« Durchsetzungstechniken Wert gelegt, um dem Kind die»Einsicht« in die »Notwendigkeiten« – das heißt allemal Erwachsenenvorstellungen – zu »erleichtern«. Wie »freundlich«, »demokratisch«, »partnerschaftlich« es dann »in Augenhöhe« mit »Ich-Botschaften« im »Kreisgespräch« und in den »Familienkonferenzen« und »Lehrer-Schüler-Konferenzen« auch zugehen mag: Die verheerende psychische Herabsetzung des Kindes bleibt, da der pädagogische Erwachsene nach wie vor – aus seinem Selbstverständnis heraus – die Innere Führung beansprucht und dem Kind die Fähigkeit, das eigene Beste selbst wahrzunehmen, abspricht. Die heutigen »Freundlichkeiten« kaschieren lediglich die bestehende psychische Aggression und entziehen sie effektvoll der Thematisierung und Diskussion. Diskutiert wird über die brutalen Formen der Unterdrükkung (»Schwarze Pädagogik«), und diese wird »aufgeklärt« zurückgewiesen. Das Nachdenken über Pädagogik ist damit für pädagogische Menschen eigentlich vorbei, man ist ja »so modern« mit dem ganzen pädagogischen und psychologischen Know-how, wie die Kinder »einsichtig gemacht« werden. Doch auch die »sanfte« Pädagogik hat lange Tradition, schon der französische Philosoph und Pädagoge Jean Jacques Rousseau (1712–1778) forderte die »naturgemäße« Erziehung: »Laßt ihn (den Zögling, *H. v. S.*) immer im Glauben, er sei der Meister, seid es in Wirklichkeit aber selbst. Es gibt keine vollkommenere Unterwerfung als die, der man den Schein der Freiheit zugesteht. So bezwingt man sogar seinen Willen ... Zweifellos darf es tun, was es will, aber es darf nur das wollen, von dem ihr wünscht, daß es es will.« (J. J. Rousseau, Emile oder Über die Erziehung, Reclam 1968, S. 265 f.).

In der antipädagogischen Beziehung fühlen sich die Kinder nicht angegriffen – da sie nicht angegriffen werden. Sie können die vom Erwachsenen kommenden Informationen sachlicher und emotionaler Art auf ihren Gewinn für sich abklopfen. Die meisten Informationen, die Eltern ihren Kindern mitteilen, sind wertvoll und interessant, wie stets, wenn Menschen in Kontakt und Austausch sind, wenn sie sich nahestehen und miteinander vertraut sind. Dies ist banal und gilt sowohl für antipädagogische wie auch für pädagogische Eltern. Doch während die pädagogischen Eltern ihren Kindern den Zugang zu ihren Mitteilungen durch die gleichzeitige psychische Aggression (»Sieh das ein, ich weiß es besser als du, ich habe recht«) verstellen, können unsere Kinder ganz erheblich von dem profitieren, was wir ihnen an Erfahrung, Erkenntnis, Werten, Beurteilungen, Gefühlen usw. als unsere subjektive Wirklichkeit berichten.

Erziehungsfrei aufwachsende Kinder tun also, was man ihnen sagt, sofern man nicht offensichtlichen Unsinn daherredet und sofern es sich nicht um einen der seltenen 100-zu-100-Prozent-Konflikte handelt. Aber sie tun es, weil sie die Mitteilung überzeugend finden in ihrem sachlichen und emotionalen Gehalt, weil sie *selbst* dahinterstehen, und nicht, weil sie dorthin »geführt« wurden. Auch dies ist unendlich befreiend im Umgang mit Kindern. Es ist nicht die seltene Ausnahme, wie sie in pädagogischen Familien auch vorkommt (da Kinder trotz der pädagogischen Herabsetzung viel Realitätssinn bewahren), sondern Standard und verläßliche Basis unserer Beziehungen. Kein erziehungsfrei großwerdendes Kind faßt in die Steckdose, weder in meiner Gegenwart, noch wenn es allein ist.

Ich möchte die erziehungsfreie Art des Umgangs mit dem Konflikt gern anschaulich machen und berichte deswegen von einer Situation, die ich im Sommer mit drei Kindern erlebt habe. Es ist nicht *die* erziehungsfreie Praxis, sondern meine – und damit auch oder gerade erziehungsfreie Praxis. Die Kinder waren neun und elf Jahre alt, ihre Namen habe ich verändert. Die anschließenden Fragen sind als Hilfe gedacht, den Praxisbereich »Konflikt« weiter in antipädagogischem Sinn zu verstehen.

Radtour

Ich will mit den Kindern eine Radtour machen, mit Anna, Jochen und Doris. Anna und Jochen wollen mit, aber Doris will lieber zu Hause bleiben. Aber nicht allein.
»Was willst du? Mitkommen oder dableiben?« Mir ist nicht wohl dabei. Wer ohne Lust eine Radtour macht, hält es nicht lange aus, und die anderen sind dann genervt. Ist jedenfalls meine Befürchtung. Doris kommt mit. Aber sie hängt nach und freut sich weder an den Kühen noch an den Fohlen. Sie zockelt hinterher. Die Fröhlichkeit von uns drei anderen nimmt ab. Ihretwegen. Es ist nicht so, daß wir sie verurteilen. Nur: Wie sollen wir fröhlich sein, wenn einer betrübt ist? Beim nächsten Berg ist es dann soweit: Doris kommt nicht. Wir halten an, dann kommt sie.
Jetzt führt kein Weg mehr daran vorbei, ich will klar Schiff haben. Wir reden. Nochmal: Daß sie eben keine Lust auf die Radtour hat. Aber wir. Daß sie lieber zu Hause spielen will, doch nicht allein. Aber wir wollen ihretwegen nicht auf die Tour verzichten. Auf mein »Was willst du denn jetzt? Nach

Hause, und zwar allein, oder mitfahren?« kommt nichts Genaues. Klar ist: Sie will nach Hause, und zwar mit uns. Aber wir wollen fahren, mit oder ohne Doris.

Was tun? Weiterfahren mit Doris? Noch zwei Stunden das aushalten? Abbrechen und nach Hause fahren? Anna und Jochen sind gelassen: »Dann fahren wir eben zurück.« Sehr zufrieden sehen sie dabei aber nicht aus. Also: Was will ich – was will ich wirklich? Mit den Kindern schöne Zeit verbringen. Geht das so? Nein. Denn eins der Kinder will es so nicht. Meine Radtour ist gemessen an dem, was ich will (mit den Kindern schöne Zeit verbringen) unrealistisch. Da liegt er, der Baumstamm über dem Weg. Ich halte mich an und erkenne die Realität: So geht es nicht. Ärgerlich, aber wahr. Und deswegen schon etwas weniger ärgerlich.

»Ja, wenn du absolut nicht willst . . .« Ich sage das wirklich ohne Druck, doch wollen zu sollen. Aber ich sage auch, und beschönige da nichts, daß ich lieber weiterfahren würde. Nur, daß es uns ja auch keinen Spaß macht, wenn eine dabei ist, die absolut keine Lust hat. Aber daß ich auch nicht richtig sauer bin. Nur nicht gerade erfreut. In mir schwingt keine Schuldzuweisung, aber auch kein Verniedlichen. Es tut weh, aber das laste ich ihr nicht wirklich an. Diese Psychologie ist fein und sie liegt haarscharf neben dem»Du bist schuld«. Wir sagen uns von Souverän zu Souverän, was zu sagen ist. Ohne Rechthaben. Ohne oben-unten. Ohne Anspruchsdenken. Von Person zu Person. Doris und Hubertus. Hubertus und Doris.

Wir stehen da und haben unser Dilemma. Energie, Kräfte, Gefühle, Sonne, Wind, Streß, Leidtun, Blumen, Warten. Ich spüre, daß ich mein Rad umdrehen werde. Anna und Jochen drehen sie bereits um. Stillstand, Ohnmacht, keine Idee mehr. Und die neue Richtung beginnt, der Stillstand ist überwunden.

»Ja dann . . .« Wie können wir uns freuen, wenn einer unglücklich ist? »Also los, nach Hause.« So ist das Leben! Angenommen. O.k.

»Ich glaub', ich schaff' es doch.« – »Waas?« – »Ich komm' mit.« Na dann! So ist das Leben! Luft holen, durchatmen, kein

Kommentar. Auf geht's. Doris summt vor sich hin und fährt den Berg rauf, ich schiebe. Die restlichen Stunden sind wir gut drauf.

Fragen

1. Wie hätten Sie sich in der Konfliktsituation verhalten?
2. Hat Doris etwas eingesehen?
3. Was bewirkt bei Hubertus den Umschwung, nach Hause fahren zu wollen?
4. Wie erklären Sie sich, daß Doris die Radtour fortsetzen will?
5. Liegt für Sie in der Szene eine Schuldzuweisung oder nicht?
6. Ist einer der beiden – Doris und Hubertus – dem anderen überlegen, oder haben sie eine gleichwertige Beziehung: Wie ist Ihre Wahrnehmung?
7. Wie beurteilen Sie das Verhalten von Anna und Jochen?

7. Anfang und Unterstützung

Wenn Sie erziehungsfrei leben wollen, benötigen Sie lebendigen Kontakt zu hier und heute existierenden erziehungsfreien Menschen. Allein geht es schwerer. Meine Erfahrung ist, daß das gemeinsame Erleben und die Gespräche mit anderen Menschen, die erziehungsfrei leben, viel Klarheit schaffen und sicherer machen. Gesprächspartner, die der Antipädagogik fernstehen oder sie ablehnen, sind anstrengend und für die eigene Entwicklung oft erschwerend – wenn auch solche Diskussionen ihren Reiz haben und unvermeidlich sind, gerade zu Beginn.

Sie können erziehungsfrei lebende Menschen eigentlich überall finden – es fragt sich nur, wie. Um dieses Problem zu lösen, habe ich den »Freundschaft mit Kindern – Förderkreis

e. V.« gegründet. Die Mitglieder unterstützen die Öffentlichkeitsarbeit zur Verbreitung des postpädagogischen Gedanken-
guts und haben durch die Mitgliederliste eine Möglichkeit,
sich kennenzulernen, zu verabreden und gemeinsam weiterzukommen. Sie sind herzlich eingeladen, Mitglied zu werden.
Kontakte entstehen auf unseren Mitgliedertreffen und Seminaren, und wenn die Verbindung einmal hergestellt ist, ergibt
sich das Weitere von selbst. Von den 250 Mitgliedern sind
etwa 100 miteinander bekannt und befreundet. Unsere Familienseminare zu Pfingsten und im Sommer sind als Einstieg
gut geeignet und auch für Nichtmitglieder offen.

Der Beginn der erziehungsfreien Praxis findet jedoch *in* Ihnen
statt. Sie stimmen der postpädagogischen Ideenwelt zu und
fühlen sich dieser Sicht vom Menschen verbunden. Wenn Sie
merken, daß das alles wirklich etwas für Sie ist, beginnen Sie
das Gespräch mit dem Kind, das Sie waren und sind, ein
Leben lang. Sie nehmen einen verborgenen Kontakt wieder
auf – die erziehungsfreie Praxis hat in Ihnen bereits begonnen,
mit einer eigenen Psychodynamik:

Du denkst jetzt anders über Kinder, über Menschen, auch
über dich. Die theoretischen Aussagen der Antipädagogik über die Selbstverantwortung, Selbstliebe und Sozialität des Menschen gelten – und galten – ja auch für dich.
Deine neue, doch so vertraute Einstellung geht nicht
mehr fort. Sie entfaltet sich, und sie wirkt auf dich. Du
beginnst dich zu verändern. Deine Beziehungen beginnen sich zu verändern, die Welt verändert sich, weil du
sie anders siehst.
Du mußt nicht an dir arbeiten, um erziehungsfrei zu
leben. Man kann sich dorthin nicht erziehen! Wenn die
erziehungsfreie Idee dir einmal etwas sagt und in dir lebt,
wenn du ihren Sinn aufgenommen hast, wächst sie von
allein. Die Entwicklung mit Maßnahmen vorantreiben –
ist von der alten Art. Dies aber wird dir immer wieder
passieren, anfangs mehr, später weniger. Man ist einfach

zu ungeduldig und macht immer wieder und immer noch Dinge, die man nicht mehr machen will: Schuld zuweisen, demoralisieren usw. Doch auch mit diesen eigentlich abgelehnten Erscheinungen gehst du jetzt anders um: Du weißt, daß sie ein Teil von dir sind und daß es nicht angesagt ist, sie zu beschimpfen, zu diskriminieren, zu bekämpfen. Du magst diese Teile von dir nicht, das ist kein Geheimnis, aber du beginnst ein Gespräch mit ihnen: Du achtest sie als Teil deiner Entwicklung und läßt sie als in dir gewachsen gelten. Sie wiederum wissen, daß du sie nicht magst, aber sie müssen sich nun nicht mehr gegen dein Bestreben, sie herauszuwerfen, durch um so größere Hartnäckigkeit verteidigen.

Akzeptanz und Gelassenheit gelten auch unseren »Fehlern« gegenüber, die niemals wirkliche Fehler sind und ihre Geschichte und ihren Sinn in uns haben. Nichts als Konstruktivität ist in dir, wie seltsam das auch aussehen mag. Es gibt kein objektives Gut und Böse, das sind ohnmächtig machende Fantasien des Oben-unten-Zeitalters. Du bist zu 100 Prozent ein vollwertiger Mensch. Alte Fallgruben, in die du fällst, sind unangenehm, aber kein Drama. Nach einigen Minuten oder Stunden merkst du, daß du hineingefallen bist. Bis dahin ist die Zeit schrecklich, und für diese Zeit weiß ich keinen Rat. Aber dann kommt der Moment des Innehaltens, dann die Erinnerung: »Ich bin doch eigentlich o.k. und auf einem neuen Weg. Ich kann mich lieben, wie immer ich gerade bin. Ich mache nicht wirkliche Fehler.« Du steigst aus der Fallgrube heraus und gehst weiter in die neue Richtung. Manche Fallgruben lassen sich mit der Zeit leichter vermeiden, manche werden flacher, manche gehen nie. Das ist die Realität: Du bist ein antipädagogisch eingestellter Mensch mit vielen pädagogischen Fallgruben oder pädagogischen Hörnern.»Hörner«, sagst du, »Hörner, ich liebe euch nicht. Ich mache mir nichts vor und freue mich, wenn ihr geht. Aber ich achte euch als Teil von mir, so wie ich alle Teile des Universums achte, als in sich selbst sinnvoll.« Dieses innere, erziehungsfreie Gespräch gibt dir die Harmonie zurück, die Übereinstimmung mit allen deinen Teilen, und auch deine Träume, daß diese pädagogischen Hörner doch verschwinden mögen, führen keinen Krieg mehr in dir. Alles in dir hat seinen Platz.

Selbst wenn am Anfang viel Pädagogisches in Ihnen ist, ändert das ja nichts an Ihrer neuen Sicht der Dinge und Ihrer neuen Einstellung. Die erziehungsfreie Praxis folgt der veränderten Einstellung Schritt für Schritt. Das antipädagogische Wissen – das aus unserer Kindheit kommt und das wir heute erkennen und nutzen können – und die Solidarität und Unterstützung der anderen, die dieses Wissen in sich tragen, sind die Kräfte, die Sie in Ihre eigene erziehungsfreie Praxis tragen.

*

Der »Freundschaft mit Kindern – Förderkreis e. V.« versendet Informationsmaterial und meine Schriften zur Antipädagogik. Das Informationsmaterial enthält aktuelle inhaltliche Ausführungen, eine Terminliste meiner Vorträge »Unterstützen statt erziehen« (bundesweit und im Ausland), das Seminarprogramm des »Freundschaft mit Kindern«-Instituts (Selbst-Verantwortungs-Training, Familienseminare, Fachtagungen), ein Verzeichnis meiner Publikationen und Tonband- und Videokassetten sowie Unterlagen für die Mitgliedschaft.
Wenn Sie mit mir Kontakt aufnehmen möchten und mir Ihre Gedanken zum Buch oder zu »Unterstützen statt erziehen« mitteilen wollen, können Sie mir gern schreiben. Sie erreichen mich über den Förderkreis, ich freue mich auf Ihren Brief.

Freundschaft mit Kindern – Förderkreis e.V.
Hammer Str. 268
48153 Münster
Telefon 0251-785472 · Telefax 0251-784695

Zur Vertiefung von »Unterstützen statt erziehen« und des postpädagogischen Konzepts empfehle ich heute nur noch Werke mit einem unmißverständlich authentischem antipädagogischen Gedankengut. Es kommen nur wenige Autoren in Betracht. Meine eigenen Publikationen bearbeiten verschiedene Aspekte der erziehungsfreien Lebensführung, der Leser wird in ihnen je nach Interesse stets im Verständnis des antipädagogischen Ansatzes weiterkommen. An einer Gesamtdarstellung arbeite ich zur Zeit.

Eigene Veröffentlichungen

Ich liebe mich, so wie ich bin. Der Weg aus Selbsthaß, Ohnmacht und Egoismus. Knaur Taschenbuch 1989
»Unterstützen statt erziehen« wird auf die Beziehung des Erwachsenen zu sich selbst übertragen.

Antipädagogik im Dialog. Eine Einführung in antipädagogisches Denken. Beltz Verlag, 3. Aufl. 1992
Ich antworte detailliert auf pädagogische Kritik an der Antipädagogik. Fundiertes, in die Tiefe gehendes Sachbuch für Studium und Wissenschaft.

Jenseits der Erziehung. Grundlagen und Praxisfragen der erziehungsfreien Lebensführung. »Freundschaft mit Kindern«-Förderkreis 1992
Die Einführungsschrift. Sie enthält ein Grundlagenkapitel und behandelt viele Einzelaspekte.

meine wege gehen. beziehungsgedichte. Verlag Dr. H. v. Schoenebeck 1991
Gedichtband zum emotionalen Verstehen des antipädagogischen Sinns.

Die Menschlichkeit der Schule – eine Utopie? Tagebuch eines kinderfreundlichen Lehrers. Verlag Dr. H. v. Schoenebeck 1990
Ich lasse die Leser teilhaben an einem halben Jahr Schulalltag – wie ich ihn 1976 als Lehrer mit antipädagogi-

scher Einstellung erlebt und reflektiert habe. Praxisnah, mit vielen Ideen.

Broschüren zu verschiedenen Themen. Freundschaft mit Kindern – Förderkreis. Titel: Kinder in der Demokratie (Wahlrecht für Kinder)/Kinderrechtsbewegung und Deutsches Kindermanifest (Gleichberechtigung des Kindes)/Thema Schule (Grundsätzliches und Vorschläge)/Selbst-Verantwortungs-Training (Konzept der Seminare)/Jenseits der Erziehung (Einführungsreferat).

Tonbandkassette »Antipädagogik Live«. »Freundschaft mit Kindern«-Förderkreis 1993
Mitschnitte meiner Vorträge. Doppelcassette, 2 × 60 Min. A: Grundlagen, B: Praxisfragen.

Videocassette »Antipädagogik Video«. »Freundschaft mit Kindern«-Förderkreis 1993
Video-Vortrag über »Unterstützen statt erziehen« (Grundlagen und Praxis), 60 Min.

Die im Förderkreis und die im Selbstverlag erschienen Veröffentlichungen beziehen Sie am schnellsten direkt beim »Freundschaft mit Kindern«-Förderkreis. Sie sind aber auch durch den Buchhandel erhältlich.

Andere Autoren

Ekkehard v. Braunmühl: Antipädagogik. Beltz Verlag, aktuelle Auflage
Das Buch des Erstimpulses aus dem Jahr 1975. Faszinierend kämpferisch, aber nur auf den engen Bereich des Umgangs mit (heutigen) Kindern bezogen.

Ekkehard v. Braunmühl: Zeit für Kinder. Deutscher Taschenbuch Verlag, aktuelle Auflage
Fortsetzung der »Antipädagogik«, Überlegungen zur Anwendbarkeit. Aus dem Jahr 1978

Carl R. Rogers: Der neue Mensch. Klett Verlag, aktuelle Auflage

Dieses 1980 in den USA, 1981 in Deutschland erschienene Buch ist wie alle späten Bücher von Rogers (ab 1970) voller Ermutigung für jeden, der erziehungsfrei leben will.

Die folgenden drei Bücher sind vergriffen, aber oft in (Universitäts-) Bibliotheken auszuleihen. Restexemplare können ggf. durch den Förderkreis beschafft werden. Die drei Bücher von Farson, Holt und Rochefort sind antipädagogische Kernlektüre für den Bereich der politischen und rechtlichen Gleichstellung des Kindes (Kinderrechtsbewegung).

Richard Farson: Menschenrechte für Kinder. Desch Verlag, München 1975
John Holt: Zum Teufel mit der Kindheit. Verlag Büchse der Pandora, Wetzlar 1978
Christiane Rochefort: Kinder. Trikont Verlag, München 1978

Der »Freundschaft mit Kindern«-Förderkreis gibt eine Antipädagogik-Bibliographie heraus, in der auch Autoren aus dem antipädagogischen Umfeld aufgeführt sind. Diese Literaturliste umfaßt insgesamt 73 Titel und wird in Abständen aktualisiert.

Die Bücher aus dem antipädagogischen Umfeld bearbeiten jeweils eine eigene Thematik, aber sie enthalten doch genug Nachdenkenswertes für jemanden, der mehr über antipädagogische Zusammenhänge wissen möchte, auch wenn den Autoren immer wieder Pädagogisches dazwischenkommt. Drei dieser Bücher möchte ich empfehlen:

Jean Liedloff: Auf der Suche nach dem verlorenen Glück. Beck'sche Verlagsbuchhandlung
Dieser Bestseller (jeweils aktuelle Auflagen) aus dem Jahr 1977 beinhaltet viele Augenzeugenberichte der Autorin vom erziehungsfreien Umgang venezuelanischer Urwald-

indianer. Diese Passagen sind sehr ergiebig (nicht aber die Theorie der Autorin).

Alice Miller: Am Anfang war Erziehung. Suhrkamp 1980
Die Position der Autorin ist pädagogisch, dennoch zeigt sie antipädagogische Zusammenhänge auf. Ein Text, der sehr sensibel macht für die Demütigung jeglicher Pädagogik. Ebenso ihr Buch »Du sollst nicht merken« aus dem Jahr 1981.

Osho Rajneesh: Das neue Kind. Rajneesh Verlag, Köln 1989
Wer keine Berührungsängste mit den Ideen von Osho (Bhagwan) hat, findet in diesem Buch viel unverblümte antipädagogische Substanz, erlebt in einer anderen Kultur (Indien). Doch man muß bereits Antipädagoge sein, um Gewinn aus diesem Text ziehen zu können, pädagogische Augen lesen ihn gänzlich anders.

Keine antipädagogische Literatur sind die Texte der Autoren, die eine freundliche, demokratisch-partnerschaftliche Beziehung anstreben. Ihnen allen ist das »Ich weiß (besser als du), was für dich gut ist« als Kern ihrer Sicht vom Kind gemeinsam, wenn auch sehr wohlwollend. Hierzu gehören interessante und aufschlußreiche Studien, die man als Antipädagoge nun nicht ignorieren, sondern kennen sollte: Auch dies schärft den eigenen Blick. Wer sich hier – beim Besten, was die Pädagogik zu bieten hat – kundig machen will, dem empfehle ich jeweils authentische Texte dieser Autoren: Dann kann man in einen fruchtbaren inneren Dialog mit ihnen eintreten und sie fragen, wieso sie eigentlich Antipädagogisches nicht erkennen können. Solche Autoren sind: Maria Montessori, Janusz Korczak, Alexander Neill, Thomas Gordon, Hartmut von Hentig, Rebecca Wild.

Zum Schluß empfehle ich noch ein Buch über die Schule, das sie zeigt, wie sie ist. Ein Rektor offenbart sich und uns nach 40 Dienstjahren, was wir mit der Schule unseren Kindern antun – und was zu ändern ist. Bei den Forderungen an die Erwachse-

nen kommt dann wieder pädagogisches Anspruchsdenken ins
Spiel, doch sonst ist es erste Wahl:

Bruno Huber: Die harte Schule. Tandaradai-Verlag 1990,
A-9400 Wolfsberg (Österreich), Hoher Platz 11

Die Anschrift des »Freundschaft mit Kindern«-Förderkreises
e.V. finden Sie auf Seite 260.

Knaur ®

Knaur ®

Hubertus
von Schoenebeck

Ich liebe mich, so wie ich bin

Der Weg
aus
Selbsthaß,
Ohnmacht
und
Egoismus

(03954)

Selbstliebe ohne Egoismus ist die Basis
für Frieden und individuelles Glück.
Zwar liegt diese Fähigkeit von Geburt an
in uns, kann sich jedoch nur selten
entfalten, da Kinder im allgemeinen mit
Sätzen wie »Ich weiß am besten, was
für dich gut ist« aufwachsen. Erziehungs-
prinzipien wie dieses verhindern die
Entwicklung von Selbstvertrauen und
Liebesfähigkeit und lassen im Kind
Aggressionen keimen. So lernen wir, uns
zu hassen und andere zu fürchten.
Mit diesem Buch stellt der Autor, Leiter
des Instituts »Freundschaft mit Kindern
e.V.«, eine wirksame Möglichkeit der
Befreiung von Selbsthaß, Ohnmacht und
Egoismus vor. So wird die Entwicklung
einer konstruktiven Ich-, Du- und Wir-
Beziehung möglich, in der es dem Erwachsenen wieder gelingt, sich selbst zu
lieben, angstfrei mit anderen umzugehen
und gemeinsam in Frieden zu leben.

LEBENSHILFE
PSYCHOLOGIE

John Bradshaw
Wenn Scham krank macht
Ein Ratgeber zur Überwindung von Schamgefühlen
LEBENSHILFE PSYCHOLOGIE

(84003)

Sidney B./Suzanne Simon
Verstehen Verzeihen Versöhnen
Wie man sich selbst und anderen vergeben lernt
LEBENSHILFE PSYCHOLOGIE

(84005)

Claude Bonnafont
Die Botschaft der Körpersprache
Körpersignale erkennen und deuten
LEBENSHILFE PSYCHOLOGIE

(84029)

Sue Patton Thoele
Bis hierhin und nicht weiter
Wie Frauen lernen, sich selbst zu behaupten
LEBENSHILFE PSYCHOLOGIE

(84020)

Walter Kindermann
Drogen
ABHÄNGIGKEIT, MISSBRAUCH THERAPIE
Ein Handbuch für Eltern
LEBENSHILFE PSYCHOLOGIE

(84013)

Robert Bly
EISEN HANS
Ein Buch über Männer
LEBENSHILFE PSYCHOLOGIE

(84017)